AUVERGNE
& CEVENNEN

Gabriele Kalmbach
Hans E. Latzke

AUVERGNE & CEVENNEN

Inhalt

LAND & LEUTE

Tipps für den Urlaub

UNTERWEGS
IN AUVERGNE & CEVENNEN

Das Bourbonnais

Inhalt

Inhalt

REISEINFOS VON A BIS Z

ATLAS
AUVERGNE & CEVENNEN

LAND & LEUTE

»Am Anfang schuf Gott
die Auvergne.
Und dann lange Zeit
nichts, nichts, nichts.
Und dann den Rest der
Welt.«
Henri Pourrat, 1959

Land der Vulkane

Blick vom Puy de Dôme
auf den Puy de Pariou

IM WEITEN LAND

»Dieses Land ist so schön, dass die Fremden selbst den Namen ihrer Heimat vergessen«, schrieb Apollinaris Sidonius, um 470 Bischof von Clermont, über die ins Land eingefallenen Westgoten. Heute ist die Auvergne im französischen Zentralmassiv eine der letzten intakten Landschaften Europas, ein Paradies für Wanderer und Aktivsportler, für Kunstfreunde und Genießer.

Geformt wurde diese Landschaft von Feuer und Wasser, von Vulkanen und Flüssen. So türmten sich zackig gefaltete Granitmassive auf, von Kratern gedellte Vulkankegel, Lavabuckel überzogen wie mit grünem Samt. Eine Reise in die Auvergne ist voller einmaliger Naturerlebnisse: völlig unberührte Flussläufe, wo man auf Kiesbänken beim Lagerfeuer sitzen kann. Hügelhänge bewachsen mit Weinreben oder Sonnenblumen, kleine Dörfer aus grauem Stein. Unergründliche tiefe Seen, in denen sich ein unglaublich blauer Himmel spiegeln kann. Offene, endlos weite Hochebenen, wo auf dürrem Gras rote Langhorn-Rinder weiden …

›Das weite Land‹ oder ›Les espaces ouvertes‹ auf Französisch, dieses Motto der Tourismuswerbung trifft die Sache genau. Diese Weite (aber auch die kurvenreichen Sträßchen über Hügel und Tal) zwingen geradezu dazu, sich von Zeitdruck, Hektik und Stress zu verabschieden. Stundenlang blinzelnd den Horizont zu suchen. Den eigenwilligen Menschen in der blauen Drillich-

tracht geduldig zuhören, wie sie ihre alten Arbeitstechniken erklären. Wild kurvend durch gelbe Weizenfelder auf die zehnte Burgruine zusteuern. Am Allier-Ufer in den Himmel träumen, wenn die Sonne scheint.

Allzu oft tut sie das freilich nicht; man könnte meinen, vor allem im Winter. Und so steht man dann frierend auf dem Plomb du Cantal, dem höchsten Gipfel, und der Wind zerrt in den Haaren, während man in die Nebelsuppe zu seinen Füßen starrt. Oder man wandert durch tropfnasse Wälder, wo Flechten wie Bärte von den Bäumen wuchern. Dann sollte man rasch um-

Schäfer im Velay

disponieren und eine Gaststube suchen, wo die deftigen Gerichte der Auvergne den Körper wieder wärmen, tripoux beispielsweise, eingekochter Schafsmagen, oder truffade, der mit Käse zur Kalorienbombe aufgepeppte Kartoffelbrei. Und dazu macht ein Glä schen gentiane auch die Seele warm, jener bittere, gelbliche Enzian-Likör, den nur echte Auvergnaten mögen können.

Im weiten Land scheint derweil bestimmt wieder die Sonne – und alle sind wieder draußen. Menschenleer ist die Auvergne nämlich nicht. Es ist seit Anfang der 1990er Jahre die französische Ferienlandschaft mit den höchsten Zuwachsraten. Dem entspricht ein breites Angebot an sportlichen und kulturellen Aktivitäten, vom Paraglidingkurs bis zum Trödelmarkt. Besonders berühmt ist die Auvergne fürs Kayakfahren, wobei der in Deutschland bekannteste Fluss, der Tarn mit seiner spektakulären Schlucht, in den südlichen Ausläufern, der Region Causses-Cévennes liegt. Daneben ist dies aber auch eine geschichtlich sehr bedeutsame Region, wo zahlreiche Legenden und Histörchen sich mit den vielen Burgen verbinden, wo der europäische Kirchenbau in der Romanik eine eigene, besondere Spielart gefunden hat.

Das Grün des weiten Graslands, die Sportler und ihre grellbunte Ausrüstung, die steinernen Bögen der auvergnatischen Kirchen – zwischen diesen Polen gibt es viel zu entdecken.

STECKBRIEF AUVERGNE

Fläche: Auvergne 26 013 km^2 = 4,8 % Frankreichs; 240 km Ost-West-Ausdehnung, 300 km in Nord-Süd Richtung (ohne Cevennen)

Verwaltungsgliederung: Départements Allier (03), Puy-de-Dôme (63), Cantal (15), Haute-Loire (43), zusammengefasst im Regionalrat Auvergne; die Cevennen gehören zum Département Lozère (48), Region Languedoc-Roussillon.

Höchste Erhebungen: Puy de Sancy (1885 m) in den Monts Dore, Plomb du Cantal (1855 m) in den Monts du Cantal, Mont Lozère (1699 m) in den Cevennen.

Bedeutung der Landwirtschaft: In ganz Frankreich sind knapp 1 Mio. von 22,4 Mio., also nur 3 von 70 Erwerbstätigen, in der Landwirtschaft beschäftigt, während es im Département Cantal 3 von 10 Erwerbstätigen sind (1997). Die für Getreideanbau genutzte Fläche umfasste in der Auvergne 15 %, in Frankreich 31,8 %; für Weideland in der Auvergne 67 %, in Frankreich 35 %.

Bevölkerungsdichte: Nur 2,2 % der Bevölkerung Frankreichs leben in der Auvergne, die knapp 5 % der Landesfläche einnimmt (1891 waren es mit 1,49 Mio. Einwohnern noch 4 %). Besonders deutlich ist ein Vergleich nach Départements:

1999:	Bevölkerung	Bevölkerungsdichte
Frankreich	58,5 Mio.	95/km^2
Auvergne	1,31 Mio.	50/km^2
Allier	344 721	47/km^2
Cantal	150 788	26/km^2
Haute-Loire	209 113	42/km^2
Puy-de-Dôme	604 266	76/km^2
Lozère	73 509	14/km^2

Größte Stadt: Clermont-Ferrand mit 140 000 Einwohnern. Zum Vergleich: L'Auvergnat à Paris, die Pariser ›Exilzeitung‹, schätzt die Zahl der im Großraum Paris lebenden gebürtigen Auvergnaten auf rund 800 000 (1999).

Anzahl der Gemeinden: 1310, davon 63% mit weniger als 500 Einwohnern und nur 1% mit mehr als 10 000 Einwohnern. Dennoch leben gut 90% aller Auvergnaten in Gemeinden mit mehr als 2000 Einwohnern.

alle Zahlen nach www.insee.fr und www.ined.fr
Daten für die Gebiete im Süden (Aubrac, Causses, Cévennes, Pays d'Olt) sind aufgrund der Regionalgliederung nicht einzeln verfügbar, entsprechen aber eher den Verhältnissen der Auvergne als denen der Regionen, zu denen sie gehören.

LANDSCHAFT UND NATURRAUM

Die Landschaften

Das Massif Central in Frankreichs Mitte ist kein einheitliches Gebirge, sondern eine vielgestaltige Region voller überraschender Kontraste. Bis auf die jüngeren Erscheinungen des Vulkanismus (s. S. 18) gehört es zu dem erdgeschichtlich sehr alten Gebirgssystem der armorikanischen Faltung, das seit seiner Entstehung vor etwa 350 Mio. Jahren zu großen Teilen zu einem sanft gerundeten Mittelgebirge abgetragen wurde. Diese Gebirgslandschaft gliedert sich jedoch in eine Vielzahl sehr unterschiedlicher Landschaftstypen mit faszinierenden geologischen Formationen.

Da stehen die durch Erosion abgeschliffenen Basaltkegel der Vulkanlandschaft um den Puy de Dôme gegen die wasserreiche Ebene der Limagne bei Clermont-Ferrand. Die felsig-schroffen Schluchten und die kahlen Hochebenen der Causses kontrastieren mit den bewaldeten Hügeln der Margeride, des Livradois, des Forez und der Cévennes. Das fruchtbare Ackerland und die Waldregionen des Bourbonnais lassen sich so gar nicht in Einklang bringen mit den an Skandinavien erinnernden Hochebenen des Cézallier, dem mächtigen Massiv der Vulkankette des Cantal oder den Monts Dore mit ihren Kraterseen.

Die Auvergne nimmt einen großen Teil des Massif Central ein. Im Norden rechnet man heute noch das Bourbonnais dazu, das mittelfranzösische Stammland der Bourbonenkönige, das an Burgund und Berry grenzt. Mit einer Ausdehnung von 240 km von West nach Ost, von etwa 300 km von Nord nach Süd ist die Auvergne etwas größer als Hessen. Im Süden verläuft die Grenze entlang dem Lot; dahinter schließen die Causses und die Cévennes an, die im engeren Sinn nicht zur Auvergne gehören und auch eher als die nördlichste Region des Midi gelten dürfen – Klima und karge Vegetation sind fast schon mediterran.

Flüsse und Seen

Die Auvergne mit ihren zahlreichen Quellen ist Frankreichs Wasserreservoir; sie speist die Entwässerungssysteme von Dordogne und Loire, die – von der Wasserscheide der Cevennen abgelenkt – beide nach Westen zum Atlantik fließen und zwei der größten Ströme des Landes bilden.

Der wichtigste Fluss der Auvergne aber ist der **Allier.** Ganz im Süden entspringend, fließt er vorbei an Brioude, Vichy und Moulins durch die Limagne-Ebene, bis er bei Nevers in die Loire mündet. Unterwegs nimmt er zahlreiche weitere Flüsse auf, etwa den Alagnon vom Plomb du Cantal, die Dore aus dem Livradois oder die Sioule aus den Monts Dômes. Dieses Wasserlaufsystem stellte einst die wichtigsten Transportwege der Auvergne dar, über die Waren und Erzeugnisse der

15

Region teils geschifft, teils getreidelt wurden und die traditionsreiche Städte wie Thiers, Issoire und Brioude mit dem Rest Frankreichs verbanden.

Ein eigenes Fluss-System im Süden bilden **Cère** und **Truyère,** die die Wildwasserbäche des Plomb du Cantal und des Aubrac aufnehmen und im Westen in die Dordogne münden, die an den Monts Dore entspringt. Dieser Fluss ist zum größten hydroelektrischen System Frankreichs ausgebaut worden. Mit ihren Stauseen, deren erster bei Bort-les-Orgues noch in der Auvergne liegt, werden allein 5 % des französischen Stroms erzeugt. Aber auch anderswo trifft man auf weite Seen, die sich hinter gigantischen Staumauern erstrecken, so etwa an der Cère bei Aurillac oder an der Truyère bei St-Flour.

Nur dem längsten Fluss Frankreichs, der **Loire,** die südlich von Le Puy-en-Velay entspringt, ist die Regulierung und damit die Vernichtung ihrer mäandernden Arme und Flussauen bislang erspart geblieben.

So ist die Auvergne, auch wenn sie sonst noch so arm ist, an Wasser überaus reich: Die bekannten Mineralwasserquellen von Volvic und Vichy und eine ganze Reihe heilkräftiger **Thermalquellen** zeugen von der vulkanischen Vergangenheit dieser Landschaft. Erst vor etwa 6000 Jahren haben die Vulkane aufgehört, Lava auszuspucken, und noch immer sprudeln heiße Quellen in dieser Region. Die elf Heilbäder der Auvergne – ein Drittel aller französischen Thermalkurorte –, deren bekanntestes Vichy ist, wurden zum Teil schon von den Römern genutzt.

Thermalkurorte

Mit elf Heilbädern war die Auvergne eines der bedeutenden europäischen Thermalzentren. Im späten 19. Jh. begann ihr touristischer Ausbau, und im frühen 20. Jh. war die Auvergne die schickste Urlaubsgegend Frankreichs. Heute allerdings haben viele Bäder es schwer, mit der alten Baussubstanz noch Kunden anzulocken; die Atmosphäre erinnert oft an die deutscher Reha-Kurorte. Das Bad mit dem ›modernsten‹ Ambiente ist derzeit Vichy, das auf den neuen Wellness-Trend setzt und auch das Stadtbild mit moderner Architektur aufzuwerten sucht. Besonders charmant hingegen ist Chaudes-Aigues, das in unberührter Natur liegt und ein wenig ein an kleines Schwarzwald-Örtchen erinnert. Im Internet: www.auvergne-thermale.tm.fr und www.villes-eaux.tm.fr.

Wälder und Berge

Eichen- und Buchenwälder herrschen auf den Mittelgebirgskuppen der Auverne wie den **Monts du Forez** und im **Livradois** vor; nur in höheren Lagen sind Fichten verbreitet. Bis zu 1000 m Höhe unterbrechen Ackerflächen die dichten Forste, darüber folgen die Sommerweiden der Hirten, die hier *hautes chaumes* genannt werden. Die zahlreichen Seen und Flussauen dieses Hügellandes sind wichtige Zwischenstationen für Zugvögel auf der Reise nach Süden.

Fast alpin wird die Landschaft im **Cantal** und in den **Monts Dore,** den geologisch ältesten Vulkangebieten. Hier grasen die auvergnatischen Salers Rindor, ein zähes Vieh mit rötlichem Fell und langen gebogenen Hörnern (s. S. 24). Auf den Hochalmen des Cantal, den *aigades,* findet man oberhalb von 1300 m Arnika, Gelben Enzian, Knabenkraut, die Trollblume, an Bachrändern Steinbrech und Weißen Hahnenfuß, an felsigen Stellen Weidenröschen und das Große Bergveilchen. Ab 1600 m gedeihen noch Zwergwacholder, Heidelbeeren und Heidekraut, außerdem Paradieslilie und Bärlapp. Der Wanderer kann im Gebirge Gemsen, Mufflons und Murmeltiere beobachten.

Am Enzian, der je nach Höhenlage im Juni oder Juli blüht, interessiert die Auvergnaten vor allem seine verborgene Seite: die sich tief in das Erdreich grabende, bis armdicke Wurzel. Die *gentianaires,* ausgerüstet mit speziellen Gabeln, deren über 2 m langer Stiel für die nötige Hebelwirkung sorgt, erledigen das mühsame Ausreißen von Ende Mai bis Anfang Oktober und liefern die Wurzeln an die Destillerien, die daraus einen bitteren Aperitif, den Gentiane, herstellen.

Die Hochplateaus im Süden, die **Margeride** und das **Aubrac,** sind uralte Weideflächen, weitgehend baumlose, flache Wiesen. Im Frühjahr breiten sich hier wilde weiße Narzissen gleich Teppichen aus, die bis heute ›geerntet‹ und an die Parfümerien in Grasse geliefert werden. Wanderer er-

freuen sich am Insekten fressenden Sonnentau, am Gelben Mohn, an der Krautweide (dem kleinsten Baum der Welt) und dem Bärlapp. Heute werden hier viele Weideflächen wieder aufgeforstet, andere zu Tierreservaten umgestaltet. Bei Ste-Eulalie zwischen Saugues und Aumont-Aubrac etwa wurden Wisente wieder angesiedelt. Skeptisch betrachten viele Franzosen und vor allem die ansässige Bevölkerung den großen Wolfspark im Gévaudan bei Marvejols, wo Gérard Ménatory seit Jahrzehnten gegen die tiefsitzende Angst vor diesem zu Unrecht verrufenen Tier kämpft.

Der Südteil des Cantal, zwischen Aurillac und dem Tal des Lot, ist als **Châtaigneraie,** Land der Kastanienwälder, bekannt geworden. Doch die meisten Bäume wurden im letzten Jahrhundert zur Ausdehnung der Weidewirtschaft gerodet. Noch weiter südlich haben die Flüsse Jonte, Dourbie und Tarn tiefe Schluchten in die verkarsteten **Plateaus der Causses** gegraben. Heute kreisen über ihnen wieder Geier, die zwischen Jonte und Tarn ausgewildert wurden.

Während die Causses nur von Ginster, Gräsern und Heide bedeckt sind, sind die beiden großen Berge der Cevennen, **Mont Aigoual** und **Mont Lozère,** wieder bewaldet: Kiefern im von atlantischen Klima geprägten Norden, im Süden vor allem Kastanien, die wie in der Châtaigneraie bis Anfang dieses Jahrhunderts Vieh und Mensch als Nahrung dienten. Die Weidewirtschaft ist im Süden schon mediterran geprägt, statt Rindern werden hier meist Schafe gehalten.

VULKANISMUS IN DER AUVERGNE

Die Vulkane der Auvergne sind zum Teil noch sehr jung, aus der Sicht des Geowissenschaftlers sozusagen eben erst erloschen. Begonnen hat der Vulkanismus jedoch schon im Tertiär, verbunden mit der Auffaltung der Alpen und Pyrenäen; als Folge der Plattenverschiebungen zerbrach dabei das ältere armorikanische Granitmassiv, und durch die Risse konnte sich Magma seinen Weg an die Erdoberfläche bahnen. Dies war die Geburtsstunde der ›alten‹ Vulkane des Velay, Cantal und der Monts Dore. Diesen einst gewaltigen Massiven hat die Erosion in den letzten 20 Mio. Jahren allerdings beträchtlich zugesetzt. Allein der Cantal-Vulkan soll zwischen St-Flour und Mauriac, Aurillac und Issoire eine Fläche von 2500 km^2 eingenommen haben und mit 3000 m Höhe der größte Vulkan des europäischen Kontinents gewesen sein. Heute ist sein Massiv von den Eiszeiten zu einzelnen Bergspitzen zersetzt. Das Cantal und die Monts Dore, die in dieser ersten Phase des Vulkanismus entstanden, bilden heute den größten Teil des Parc Régional des Volcans (s. S. 20); hier liegen auch die höchsten Erhebungen der Auvergne, der Puy de Sancy (1885 m) und der Plomb du Cantal (1855 m). Sehr viel später erst begann der Vulkanismus in den Monts Dômes auf der Höhe von Clermont-Ferrand: Der Puy de Pariou mit seinen zwei Kratern ist erst 8500 Jahre erloschen, der Puy de la Vache wird auf 7500 Jahre geschätzt.

In den Monts Dômes, deren über 80 Vulkankegel sich wie Glieder einer Kette aneinanderreihen (daher auch der Name *Chaîne des Puys*), sind die vulkanischen Phänomene, die die Landschaftsgestalt der ganzen Auvergne geformt haben, besonders gut zu erkennen. Die klassische Form des Vulkankraters weisen der Puy de Pariou und der Puy de Côme auf. Ihre Ringkrater, die man dem ›spuckenden‹ Stromboli-Typ zuordnet, entstanden durch explosionsartigen Auswurf von Asche und Bimsstein aus dem Schlot, deren Ablagerungen die charakteristische Kegelform der Hänge verursachen. Steigt anschließend noch Magma in dem Schlot empor und füllt den Krater, kann dieser auslaufen, so dass nur ein halber Ringwall wie beim Puy de la Vache stehenbleibt.

Der charakteristische und mit 1465 m höchste der Monts Dômes ist aber der Puy de Dôme, der zu den nach einem Vulkan auf Martinique Pelé-Typ genannten Quellvulkanen gehört. Sie entstehen durch langsames Emporquillen zähflüssigen Magmas, das erkaltend einen steilflankigen Berg ohne Krater emporwachsen lässt, denn das Magma, das den Schlot füllt, erstarrt ebenfalls, wenn der Druck aus dem Erdinneren nachlässt. Zum Quellvulkanismus sind auch die Lavaströme zu zählen, die sich zur Zeit des jüngeren Vulkanismus von den Puys wie Flüsse hinunter in die Limagne ergossen. So entstanden die die Ebene beherrschenden Höhenrücken, auf denen die Adligen im Mittelalter ihre Burgen errichteten (etwa Châtelguyon oder Tournoël); diese Lavaströme veränderten aber auch den Lauf der Flüsse und stauten etwa den Lac Chambon auf.

Ähnliche Lavaströme gab es auch schon zur Zeit der älteren Vulkane, nur in sehr viel größerem Ausmaß. Die riesigen Plateaus des Cézallier, des Aubrac und der Margeride – alle immerhin um die 1000 bis 1500 m hoch – sind durch austretende Lavamassen der Vulkanriesen im Cantal und in den Monts Dore entstanden. Kleinere, aber dennoch eindrucksvolle Erscheinungen aus dieser Zeit sind die *necks* oder *aiguilles* (›Nadeln‹), uralte Lavaschlote, die, von der Erosion gänzlich freigelegt, wie Felstürme aufragen. Das beste Beispiel hierfür ist der Rocher d'Aiguilhe in Le Puy, eine 80 m hohe Felsnadel, die von einer Kapelle bekrönt wird. Dort, wo die Lava durch Erdspalten emporquillen konnte, entstanden *dykes,* hohe, heute von der Erosion freigelegte Basaltwände in der typischen Orgelform wie etwa bei Bort-les-Orgues.

Ein anderes faszinierendes Phänomen des Vulkanismus und der Erosionskräfte ist die ›Reliefinversion‹: Ältere Täler, in die Lava strömte, erhielten dadurch eine sehr harte Sohle, die der Erosion standhielt, während die einstigen Talhänge langsam abgetragen wurden. Aus dem alten Talboden wurde so ein Hochplateau, das von jüngeren Tälern eingefasst ist. Beispiele dafür sind die Montagne de la Serre bei St-Saturnin oder das Gergovia-Plateau. Über Vulkane geht man in der Auvergne also fast überall. Sie zu zählen, sollte man freilich gar nicht erst versuchen – auf bis zu 2000 schätzen manche Vulkanologen ihre Zahl. Ebenso müßig ist es, über die Möglichkeit neuer Aktivitäten zu spekulieren – die durchaus nicht unwahrscheinlich sind. Die Auffaltung der Alpen, mit der alles begonnen hat, ist jedenfalls noch nicht abgeschlossen.

Hans Holleins künstlicher Vulkan im Vulcania-Park am Puy de Côme

So ist eine Reise durchs Zentralmassiv auch eine durch ganz unterschiedliche Landschaften, von den fetten Bocage-Weiden des Bourbonnais über die kargen Höhen der Vulkane bis in den freundlicheren Süden.

Die Naturparks

Etwa 40 % der Fläche der heutigen vier Départements der Auvergne wurden zu Regionalparks erklärt (www.parcsnaturels-regionaux.tm.fr). Gut ausgeschilderte Wanderwege, Reitpfade und Loipen erschließen dort eine der eindrucksvollsten Naturlandschaften Europas. Bewaldete Bergkuppen wechseln ab mit kahlen Gipfeln, Vulkankegel mit sanften Flusstälern; dazwischen erstrecken sich Hochplateaus, auf denen nur dann und wann ein Gehöft oder ein abgelegener Weiler aus grauem Gestein auftaucht. Mit diesen dünn besiedelten Naturparks bewahrt die Auvergne zugleich eine reiche Vegetation und Tierwelt. Etwa 2000 Pflanzenarten haben Botaniker gezählt, wobei je nach Höhenlage unterschiedliche Vegetationsformen dominieren.

1977 wurde zur Förderung des Tourismus der **Parc Régional des Volcans d'Auvergne** gegründet, der die Vulkanmassive Monts Dômes, Monts Dore, Monts du Cantal, die Cézallier-Hochebene und das Granitplateau Artense im Westen der auvergne umfasst (www.parc-volcans-auvergne. com). Der 395 000 ha große Regionalpark erstreckt sich über 120 km vom Puy de Dôme bei Clermont-Ferrand bis zum Plomb du Cantal bei Aurillac und wird vom Fernwanderweg GR 4 durchquert.

1986 wurde im östlichen Teil der Auvergne der **Parc Régional du Livradois-Forez** aus der Taufe gehoben. Er umfasst mit 310 000 ha die Mittelgebirgsrücken der Monts du Forez und des Livradois beiderseits des Flüsschens Dore und erstreckt sich über 100 km zwischen Thiers und Le Puy-en-Velay. Seither fließen staatliche Mittel in die Förderung des bodenständigen Handwerks und in den Aufbau von naturnahen Touristenzielen (www.parc-livradois-forez.org).

Der jüngste Regionalpark ist der 1995 gegründete **Parc Régional des Grands Causses** mit 315 000 ha Fläche rund um Millau. Causses werden die kargen flachen Hochplateaus genannt, zwischen die die Flüsse wie Tarn oder Dourbie spektakuläre Schluchte geschnitten haben. Auf den Plateaus versickert das Regenwasser zu schnell im porösen Kalkboden, als dass hier viel gedeihen könnte, dafür haben sich aber riesige Tropfsteinhöhlen gebildet, die nun die bedeutendsten Attraktionen des Gebietes sind.

Während ein Regionalpark auf der freiwilligen Beteiligung der Kommunen beruht und Naturschutz und wirtschaftliche Weiterentwicklung gleichermaßen zum Ziel hat, ist ein Nationalpark per Gesetz verankert schützt Natur und Ökosysteme nach strengeren Regeln. Der 1970 geschaffene **Parc National des Cévennes** umfasst ein Kerngebiet von 84 000 ha (um Mont Lozère, Mont Aigoual und Causse Méjean) sowie 230 000 ha Randzone; weniger als 500 Personen leben noch

Das Berggehöft Mas Camargues ist eines der ›lebenden Museen‹ *(écomusées)* im Parc National des Cévennes

auf seinem Kerngebiet. Die Cévennes bilden als Ausläufer des Zentralmassivs den Übergang zwischen dem Vulkanland der Auvergne im Norden und dem Languedoc im Süden. Es ist eine eigenwillige Landschaft von herbem Reiz. Die überwiegenden Gesteine sind Schiefer, Granit und Kalk. Strenge Winter und sengendheiße Sommer tragen zur Unfruchtbarkeit des Landes bei. Auf mittleren Höhen gedeihen Maronen (Esskastanien), deren Früchte hier einst das Hauptnahrungsmittel von Mensch und Vieh darstellten. Einem Gebiet im Süden Aurillacs, der Châtaigneraie, gab der ›Brotbaum‹ gar den Namen (wie auch der korsischen Castagniccia). Heute werden die Kastanien aufgrund von Landflucht und Aufgabe der Kultur immer mehr von Nadelbäumen, Macchia und Heide verdrängt.

Zu den Bemühungen um den Erhalt dieser einzigartigen Landschaft und ihrer Fauna und Flora gehört auch die Wiederansiedlung des Geiers, der hier seit etwa 1940 ausgestorben war. Der Aasfresser, der sich nur von toten Tieren ernährt, war in den 1930er Jahren mit einer beispiellosen Kampagne durch Gift und Flinte ausgerottet worden. 1981 – nach längerer Akklimatisationszeit in großen Volieren – ließ die Nationalparkbehörde die ersten Exemplare frei, die man aus den spanischen Pyrenäen eingeführt hatte. In den Schluchten von Jonte und Tarn leben seitdem wieder rund 180 Geier (s. S. 207). Neben dem Versuch, die wenigen Exemplare der Ginsterkatze zu schützen, bemüht man sich auch um die Bestände von Auerhahn und Biber, Mufflon und Adler.

21

WIRTSCHAFT UND POLITIK

Abseits der Wirtschaftszentren und der bedeutenden Verkehrswege, weit entfernt vom politischen und kulturellen Brennpunkt Paris, blieb die Auvergne über Jahrhunderte schwer zugänglich. Erst der Bau des Canal du Berry und der Eisenbahnverbindung nach Clermont-Ferrand in der Mitte des 19. Jh. verband den Norden, die Basse-Auvergne, mit dem Rest der Welt; St-Flour und Aurillac im Süden waren noch bis vor wenigen Jahren, vor dem Bau der Autobahn A 75, nur über kurvenreiche Landstraßen zu erreichen.

Mit der Erschließung durch neue Verkehrswege kamen auch erste **Industrien** in die Auvergne: Eisenverhüttung in Montluçon, Kohlenabbau zwischen Commentry und St-Éloy-les-Mines, Landwirtschaftsmaschinenbau in Clermont-Ferrand. In den 1970er Jahren erlebte die Schwerindustrie aber auch hier ihren Niedergang.

Dennoch liegt der Anteil der Industrie an der Gesamtwirtschaft in der Auvergne deutlich über dem ganz Frankreichs; Chemie und Kautschukverarbeitung ist dabei der größte Sektor, woran die Michelin-Werke besonderen Anteil haben. Durch einen gelungenen Strukturwandel konnten aber auch neue Industrien aufgebaut werden, z. B. Glasfaserproduktion; die einstige ›Messersstadt‹ Thiers ist heute ein bedeutendes Zentrum der französischen Metallverarbeitung (mit einem großen Anteil türkischer Gastarbeiter). Daneben stellt die Verarbeitung von Agrarprodukten den drittgrößten Industriesektor dar. Allerdings: obwohl die Auvergne insgesamt Wachstumsraten über französischem Durchschnitt vermeldet, liegt die Region nach absoluten Zahlen weit im hinteren Drittel.

Traditionelle Landwirtschaft

Obwohl natürlich auch in der Auvergne der größte Teil der Einkommen im Dienstleistungssektor erwirtschaftet wird, leben doch noch mehr Menschen als in anderen Provinzen Frankreichs von der Landwirtschaft. Jedoch sind nur die vulkanischen Böden der Limagne und das Bourbonnais fruchtbar genug für den Ackerbau. Dort werden Getreide, Zuckerrüben und inzwischen vor allem Mais angebaut.

Besonders in der Limagne zerstört der rationalisierte Maisanbau für die Viehzucht die typische **Bocage-Landschaft** – eine kleinteilige Parzellenstruktur, deren Felder und Weiden mit Windschutzmauern aus Steinen oder Hecken umschlossen sind. Intakte Bocages, harmonische Kulturlandschaften, die auch ökologisch reiche Lebensräume abgeben, findet man heute noch im hügeligen Bourbonnais, bei St-Flour und in den Tälern der Monts Dômes. Vor allem an den vulkanischen, nach Südosten gewandten Hängen über der Limagne wird Wein angebaut (s. S. 78). Dort stehen auch die Obstgärten, die die Hersteller der traditionellen auvergnatischen Spezialitäten wie eingemachte oder kandierte Früchte versorgen.

Für die Bergregionen des Cantal, des Livradois und des Forez, die Hochebenen des Aubrac und des Cézallier heißt Landwirtschaft fast ausschließlich **Viehhaltung.** Ende Mai wurden früher die roten Salers-Rinder, die es nur in der Auvergne gibt, auf die hochgelegenen Bergweiden *(aigades* im Cantal, *hautes chaumes* im Forez) getrieben, im Oktober kehrten die Herden zurück. Die Hirten lebten in dieser Zeit in den *burons,* niedrigen Hütten aus Bruchstein, wo sie auch Käse herstellten.

Die Almwirtschaft hatte sich aus den Erfordernissen der bäuerlichen Subsistenzwirtschaft entwickelt: Um die Täler im Sommer für den Ackerbau freihalten zu können, ließ man das Vieh auf den Hochalmen weiden. Seitdem die EU durch ihre Subventionspolitik die Kombination von Viehwirtschaft und Ackerbau geradezu bestraft, ist das nicht mehr nötig. Immer weniger Tiere werden heute auf die Hochalmen getrieben (auch wenn eine Legende sagt, die Tiere würden blass, wenn sie nicht mehr aufgetrieben würden). Und daher wurden Anfang der 1980er Jahre schließlich sogar die Gütekriterien der berühmten auvergnatischen Käse kurzerhand geändert. Früher musste die Milch für den Cantal aus mindestens

Die rotbraunen Salers-Rinder sind typisch für die Auvergne

DAS ROTE SALERS-RIND

Die Rinder der Salers-Rasse, die vor allem in den Bergen des Cantal weiden, sind urtümliche Tiere mit mahagoni- bis cognacfarbenem Fell und langen Hörnern, die im Laufe der Jahre die martialisch gebogene Form derer von spanischen Stieren annehmen. Die Rasse, im 19. Jh. durch einen gewissen Tyssandier d'Escous durch Kreuzung mit Pyrenäen-Rindern verbessert, wird als Milchvieh für die Käseherstellung ebenso wie für die Fleischqualität gerühmt. Die nomadischen Ursprünge haben sich zum Teil erhalten, die Tiere gelten als verwegen, unabhängig und widerstandsfähig – also hervorragend geeignet für zerklüftetes Gelände und die klimatischen Besonderheiten bergiger Regionen (lange Winter, starke Temperaturschwankungen, viele Niederschläge), wo sie fast sechs Monate mehr oder weniger frei auf den Almwiesen leben. Kaum ist der letzte Schnee von den Cantal-Hängen verschwunden, werden sie auf die Weiden geführt – der Almauftrieb ist in Orten wie Salers, Besse, Condat oder Riom-es-Montagne eines der wichtigsten Ereignisse des Jahres. Der jeweilige Standort der Tiere gilt dann in der Auvergne als zuverlässigere Wettervorhersage als das Barometer: Grasen sie im Tal, wird das Wetter schlecht, steigen sie die Hänge empor, gibt es fast unfehlbar Sonnenschein.

Von den circa 25 Rinderrassen Frankreichs werden neun zur Milchproduktion, weitere sechs als Zweinutzungsrassen gehalten. Die bekanntesten Rassen zur Fleischgewinnung sind die Arten Charolais, Limousine, Blonde d'Aquitaine und Aubrac. Mit insgesamt 160 000 Exemplaren kann das Salers-Rind kaum als selten gelten – das blonde Aubrac-Rind, das auf den Höhen der Margeride bis hinunter zum Tal des Lot verbreitet ist, kommt nur auf ein Drittel dieser Zahl. Doch im Vergleich zu den 1,6 Mio. Tieren des weißen Charolais-Rindes, das man vor allem im Bourbonnais auf den Weiden sieht und das als Nummer 1 unter den Fleischlieferanten Frankreichs gilt, ist die Population nachgerade winzig.

Die Milch der Salers-Kühe ist der Rohstoff für den berühmten Cantal-Käse, der seinen würzigen Geschmack von den Kräutern und Hartgräsern der Hochalmen bekommt. Die Fleischproduktion spielt hingegen keine allzu große Rolle. Das liegt zum einen daran, dass der auvergnatische Bauer traditionell ein sehr persönliches Verhältnis zu seinen Tieren hat. In der jahrhundertelangen kleinbäuerlichen Wirtschaft besaß der einzelne Bauer meist nur höchstens ein Dutzend Tiere; man lebte von deren Milch, und ein Todesfall war eher eine Katastrophe als eine willkommene Gelegenheit für einen Festschmaus. Noch heute erhalten die Tiere Namen; seitdem bei der Landwirtschaftskammer in Aurillac ein offizielles ›Herd Book Salers‹ geführt wird, müssen diese mit einem jährlich wechselnden Buchstaben beginnen. In diesem Zuchtbuch werden alle Tiere der Salers-Rasse verzeichnet, inklusive ihrer Genealogie – und das will schon fast bezeichnend sein für den Anspruch der auvergnatischen Züchter.

850 m Höhe kommen, die Herstellungszeit war auf Mai bis Oktober begrenzt. Heute liegt die Höhengrenze deutlich niedriger, der Käse wird zunehmend in Molkereien erzeugt, die Burons bleiben im Sommer leer.

Bevölkerungsentwicklung

Das große ›Bauernsterben‹ seit den 1960er Jahren in der Haute-Auvergne (über 50 % der Bauern gaben ihre Höfe auf) führte nicht nur zu Landflucht, dem Sterben der kleinen Dörfer und zur Verwandlung von Bauernland in Forste, sondern zog auch eine wachsende Verstädterung nach sich. Noch vor dem letzten Weltkrieg lebte nur ein Viertel der Bevölkerung in Städten, bis heute hat sich ihre Zahl verdreifacht. Im Großraum Clermont-Ferrand, dem mit etwa 260 000 Einwohnern größten Ballungszentrum, sind heute ein Fünftel der Auvergnaten zu Hause.

Auf der anderen Seite führte der Bau der Autobahn bis hinunter in den Süden in der 1990er Jahren zu zu einem Bevölkerungswachstum, jedenfalls auf dem Papier. Immer mehr Häuser, vor allem in der Limagne, werden in Feriendomizile umgewandelt oder als Zweitwohnsitz genutzt.

Regionale Gliederung

Die Grenzen der Auvergne, einer der alten Provinzen Frankreichs, werden heute – nachdem die feudale Gliederung in der Französischen Revolution 1792 zerschlagen und durch die Départementstruktur ersetzt wurde – sehr viel weiter gefasst als zu ihrer Blütezeit im Mittelalter: Nur die Départements Puy-de-Dôme, Cantal und Teile von Haute-Loire entsprechen der alten Grafschaft Auvergne. Das Velay rund um Le Puy im Südosten gehört hingegen historisch nicht zur Auvergne, wird aber in der französischen Regionalgliederung mit ihr zusammengefasst, ebenso im Süden Gévaudan und Aubrac sowie das Pays d'Olt an der Lot und die Cévennes, die zu den südfranzösischen Regionen gehören (obwohl sie sozialstrukturell eher dem auvergnatischen Muster entsprechen). Nach Norden waren die Grenzen immer unbestimmt, dort umfasst die heutige Region Auvergne auch die einstige Grafschaft Bourbonnais, in etwa das Département Allier.

Von den Herren des Bourbonnais wurde die Auvergne aber lange beherrscht, späte Rache vielleicht, dass diese Landschaft heute dem Regionalrat Auvergne zugeschlagen wurde. Diese Räte wurden durch die Dezentralisierungspolitik Mitterrands in den 1980er Jahren geschaffen: Anders als die deutschen Länder haben sie allerdings wenig Kompetenzen, können aber Planungsvorgaben beschließen und gewisse Finanzmittel verteilen; über allem wacht freilich der Kommissar des Zentralstaats. Der Regionalrat der Auvergne ist ebenso wie die meisten Städte von den liberal-konservativen Gaullisten (heute in der Partei UMP, Union pour la Movement Populaire, organisiert) beherrscht. Zumindest die Wahlergebnisse beweisen also den tief verwurzelten Konservativismus, der den Auvergnaten nachgesagt wird.

GESCHICHTE IM ÜBERBLICK

Vor- und Frühgeschichte

Um 25 000–10 000 v. Chr.	(Jung-Paläolithikum) Jäger der Périgordien- und Magdalénien-Kultur, Fundstelle bei Chilhac.
7000–3000 v. Chr.	(Neolithikum) Ackerbaukultur des Chasséen; zu Beginn noch aktiver Vulkanismus in den Monts Dore.
3000–1500 v. Chr.	(Bronzezeit) Besiedlung des Massif Central durch die Ligurer, an die noch der Name der Loire (lat. Liger) erinnert.
8. Jh. v. Chr.	Beginn der Einwanderung der Kelten (Gallier).
121 v. Chr.	Ausgreifen der Römer nach Gallien; Eroberung der Provincia Gallia Narbonensis (Provence).
52 v. Chr.	Der Aufstand der Gallier unter Vercingetorix aus dem Stamm der Arverner wird von Caesar niedergeschlagen; danach Latinisierung Galliens als Provinz des Römischen Reichs.

Frühes Mittelalter

3. Jh.	Christianisierung der Auvergne durch den hl. Austremoine.
471	Einfall der Westgoten; der römische Präfekt Apollinaris Sidonius (frz. Sidoine Apollinaire) wird Bischof von Clermont und organisiert den Widerstand gegen die Barbaren.
486–511	Die Franken unter den Merowinger-Königen Clodowech (frz. Clovis) und Theuderich (frz. Thierry) erobern Gallien; Übertritt der Franken zum Christentum.
534	Gregor, später Bischof von Tours, wird in Clermont geboren.
672	Die Auvergne gehört zum Reichsteil Aquitanien, das als Herzogtum selbständig wird.
732	Karl Martell schlägt die spanischen Araber bei Poitiers und wird Stammvater der Karolinger-Dynastie.
768–814	Karl der Große (frz. Charlemagne)
843	Teilung des fränkischen Reichs.
910	Gründung der Abtei von Cluny durch Wilhelm den Frommen, Herzog von Aquitanien und Graf der Auvergne.
975	Friedensgelübde von Le Puy, das zum Zentrum der ›Gottesfriedensbewegung‹ wird: einen Tag der Woche sollen die Adelsgeschlechter Frieden halten.
987	Beginn der in Paris residierenden Kapetinger-Dynastie.
999	Der Auvergnate Gerbert aus Aurillac wird Papst (Silvester II.).
1043	Gründung der Abtei La Chaise-Dieu.

Das Mittelalter lebt: auf dem Fest des Vogelkönigs in Le Puy-en-Velay

1095	Papst Urban II. ruft auf dem Konzil von Clermont zum ersten Kreuzzug auf.
12. Jh.	Blütezeit der auvergnatischen Romanik
1154	Durch die die Heirat von Eleonore de Guyenne (Eleonore von Aquitanien) mit dem englischen König Heinrich II. Plantagenet fällt die Auvergne an die englische Krone.

Kampf um Frankreichs Einheit

1189	Der englische König Richard Löwenherz überschreibt König Philipp Augustus seine Rechte an der Auvergne.
1213	Philipp Augustus unterwirft die Auvergne, die damit endgültig von Aquitanien losgelöst wird.
1226	Albigenserkriege, anschließend erhält Alfonse de Poitiers die Auvergne und residiert in Riom. Nach seinem Tod 1271 fällt die Grafschaft an die Krone zurück.
1328	Louis de Bourbon wird von König Philipp IV. als Herzog anerkannt, er residiert in Moulins.
1360	Im Hundertjährigen Krieg (1339–1453) erhält Herzog Jean de Berry die Auvergne als Lehen; er residiert in Riom. Die 19 ›guten Städte‹ auf französischer Seite werden befestigt, doch der Rest des Landes immer wieder durch Einfälle der Engländer und mit ihnen verbündeter Adelsherrn und deren marodierende Brigantenbanden verwüstet.
1416	Die Auvergne fällt durch Heirat an das Herzogtum Bourbon.
1527	Nach Verrat und Tod des Konnetabel Charles de Bourbon fallen die Auvergne und das Bourbonnais wieder an die Krone.
1559	Beginn der Regentschaft Katharinas von Medici, deren Tochter, Marguerite de Valois (bekannt als Reine Margot) ist Gräfin der Auvergne. Nach zahlreichen Intrigen und Liebschaften wird sie in Usson unter Hausarrest gestellt.
1562–1589	Hugenottenkriege, beendet durch das Toleranzedikt von Nantes unter König Henri IV.
1623	Blaise Pascal, einer der großen Mathematiker der Neuzeit, wird in Clermont geboren, er weist später mit Experimenten am Puy de Dôme das Gewicht der Luft nach.
1630	Kardinal Richelieu, die ›graue Eminenz‹ unter König Ludwig XIII., lässt die auvergnatischen Burgen schleifen, um die Macht der Adelsgeschlechter zu brechen.
1665	Endgültige Unterwerfung des auvergnatischen Adels durch das Gericht der Grands Jours d'Auvergne unter Ludwig XIV.: 692 Adelsherren werden verurteilt, 450 entziehen sich nach den ersten Exekutionen durch Flucht und Exil ihrer Strafe.

1685	Aufhebung des Edikts von Nantes und erneute Hugenottenverfolgung; Beginn der Auswanderung aus der Auvergne.
1693	Die große Hungersnot, hervorgerufen durch eine Getreide-Missernte, verstärkt die Abwanderungsbewegung.
1702–04	Camisardenkrieg in den Cevennen (s. S. 196).
1757	Gilbert Marquis de La Fayette, der später im amerikanischen Unabhängigkeitskrieg eine Rolle spielt, wird in der Auvergne (auf Château de Chavaniac) geboren.
1789	Französische Revolution, 1793 erfasst sie auch die Auvergne, als die Revolutionsregierung die Klöster auflöst und fast alle kirchlichen Glockentürme und Vierungstürme abreißen lässt.

Die Auvergne im modernen Frankreich

1855	Anschluss von Clermont-Ferrand an das Eisenbahnnetz.
1862	Kaiser Napoleon III. besucht die Auvergne; Vichy wird zum Modebad.
1871	Gründung der Dritten Republik nach der vernichtenden Niederlage des Kaiserreichs im Krieg gegen Preußen.
1884	Gustave Eiffel baut den Viadukt von Garabit für die erste Eisenbahnlinie quer durch die Auvergne.
1940	Frankreich kapituliert nach zweiwöchigem ›Blitzkrieg‹. Vichy wird Hauptstadt des mit Hitler kollaborierenden ›freien‹ Frankreich unter Marschal Pétain.
1944	Anfang Juni, wenige Tage vor der Landung der Alliierten in der Normandie, startet die Résistance ihre eigene Offensive am Mont Mouchet auf den Margeride-Höhen.
1946	Gründung der Vierten Republik; die meisten Vichy-Mitläufer bleiben im Amt.
1958	Gründung der Fünften Republik unter Charles de Gaulle.
1969	Der Auvergnate Georges Pompidou wird Staatspräsident.
1974–1981	Der Auvergnate Valéry Giscard d'Estaing ist Staatspräsident.
1984	Inbetriebnahme der Autobahn A 72 von Clermont-Ferrand nach St-Étienne.
1980er Jahre	Die Bevölkerungsabwanderung setzt sich weiter fort; in Limousin und Auvergne werden pro ha landwirtschaftlicher Nutzfläche die niedrigsten Einkommen Frankreichs erzielt.
1999	Die Autobahn A 71/A75 von Paris erreicht Millau; durch die verbesserte Verkehrsanbindung steigt der Tourismus zunehmend an.
2002	Eröffnung des großen Vulkaninformationszentrums ›Vulcania‹ in den Monts Dômes bei Clermont-Ferrand.
2004	Fertigstellung des Viaduc de Millau, der höchsten Hängebrücke der Welt (2460 m lang, 343 m hoch).

Kultur und Leben

Die Kirche von Orcival: gut zu
erkennen die charakteristische
›auvergnatische Pyramide‹

LEBENSART IN DER AUVERGNE

Bauernland, Burgenland, Kirchenland – die Auvergne ist Frankreichs ursprünglichste Region, eine kulturelle ›Wasserscheide‹ zwischen Norden und Süden. Alles ist hier etwas anders: die Menschen von kantiger Eigenwilligkeit, die Rinder cognacfarben, die Burgen romantisch wie im Märchen, selbst die Küche ist von allen Frankreich-Klischees sehr weit entfernt.

Die Auvergnaten – Kultur und Tradition

Konservativ, dickschädelig, heimatverbunden und geizig sollen die Auvergnaten sein, andererseits durchsetzungsfähig und arbeitsam. Der auvergnatische Schriftsteller Alexandre Vialatte hat diese Vorurteile korrigiert: Der Geiz des Auvergnaten werde noch von seiner Großzügigkeit übertroffen, sagt er, und was auf den ersten Blick widersinnig erscheint, entpuppt sich als treffende Charakterisierung eines bäuerlichen Temperaments – geprägt von dörflichem Alltag und ländlicher Not.

Die Bourrée auf CD

Schöne Mitbringsel für Musiksammler sind CDs mit den bekannten Interpreten der traditionellen Musik wie Marc Michel oder Jo Sony.

In der Tat findet man all die genannten Eigenschaften in den kantigen Bauerngesichtern der Menschen in den kleinen Dörfern wieder. Es gibt weder die heitere Gelassenheit des Südens noch die verbissene Geschäftigkeit des Nordens. Der echte Auvergnate trägt stets einen gewissen selbstzufriedenen Ernst zur Schau: Zum Ernst zwingt ihn vielleicht die wenig freundliche Natur, die Selbstzufriedenheit mag dann aus dem Gefühl entstehen, ihr alles, was man besitzt, abgetrotzt zu haben.

Doch wie beinahe überall sind es heute fast nur noch die Alten, die diese Auvergne verkörpern. Sie haben die harten Zeiten noch erlebt, als man in klammen Häusern aus Bruchstein lebte und ein Cantal-Käse bis zum Frühjahr reichen musste. Armut und Mangel an landwirtschaftlich nutzbaren Flächen haben noch bis vor kurzem das Leben bestimmt und vor allem im 19. Jh. große Teile der Bevölkerung zur Emigration gezwungen (s. S. 34).

Andererseits scheint es inzwischen eine deutliche Rückbesinnung auf die alten Traditionen zu geben. So spielen junge Leute auf dem Markt in Issoire die alten Lieder mit vielle und musette (s. S. 72); auf dem großen Fest der Haute-Auvergne in Besse tanzen auvergnatische ›Teenies‹ in der traditionellen dunkelblauen Arbeitstracht die bourrée. Das ist der typische Tanz der Auvergne, der zu mehreren Paaren getanzt wird. Die Frau hat dabei den aktiveren Part; sie versucht den Mann kokett aus der Reserve zu locken …

Sprache & Literatur

Die Rolle der Auvergne als kulturelle ›Wasserscheide‹ zwischen dem Norden und dem Süden wird besonders deutlich in der Sprache. Rund 300 000 Auvergnaten sprechen nach Schätzungen noch die Regionalsprache, rund 800 000 verstehen sie.

In Korrektur der alten Unterscheidung von *langue d'oc* (Südfranzösisch) und *langue d'oil* (Nordfranzösisch) siedelt die moderne Linguistik das Auvergnatische in einer breiten Übergangszone an, die sich quer durchs Land vom Atlantik bis zum Jura zieht. Ende des 18. Jh. hatte sich der Einflussbereich des Hochfranzösischen erst bis Hérisson ausgebreitet, zu Beginn des 20. Jh. bis Commentry.

Das Auvergnatische charakterisieren bestimmte Eigentümlichkeiten, allen voran das im Asterix-Heft »Der Arvernerschild« ausgiebig parodierte *chuintement,* das Nuscheln, ein Eindruck, der durch die zahlreichen *sch* , *dsch*- und *ch*-Laute hervorgerufen wird.

Das *Sanflorain,* die Variante aus St-Flour, scheint noch am stärksten der mittelalterlichen auvergnatischen Sprache zu ähneln – der deutsche Besucher mit seinem Literaturfranzösisch versteht jedenfalls nichts, ganz zu schweigen von den idiomatischen Wendungen oder den bizarren Angaben der Uhrzeit wie *leù tri ca de la doa*

In der Auvergne hat man viel Zeit

POLITIKER UND KOHLENHÄNDLER

Auvergnaten in Paris

Was die Pest für manch andere Länder, bedeute die Emigration für die Auvergne, konstatierte der Intendant Legrand d'Aussy Ende des 18. Jh. Die Flucht aus den kargen Bergen des Massif Central hatte schon im 15. Jh. begonnen, doch ihren Höhepunkt erreichte sie im 19. Jh., als prosperierende Industrieregionen wie die Ile-de-France Arbeitskräfte aus allen Teilen Frankreichs anzogen. Nicht nur ländliche Armut und Unterentwicklung, sondern vor allem die große Reblaus-Epidemie, die mit den auvergnatischen Weinkulturen auch die Existenz Tausender Bauernfamilien vernichtete, lösten die Massenwanderungen aus.

So behaupteten spitze Zungen schon in den 1880er Jahren, eigentlich sei Paris die größte Stadt der Auvergne. Schon 1883 wurden 150 000 Menschen aus den Départements Cantal und Puy-de-Dôme in der Hauptstadt gezählt. Der typische Auvergnate arbeitete als Kohlenträger, wer genug Ersparnisse zusammenbrachte, eröffnete ein Bistro mit angeschlossener Kohlenhandlung, die man *Vins-Bois-Charbon* (›Wein-Holz-Kohle‹) oder Bougnats (von auvergnatisch *charbougna*, ›Kohle‹) nannte. Sein bevorzugtes Viertel in Paris war die Umgebung der Gare de Lyon, an dem die Züge aus der Auvergne ankommen, bis hinauf zum Faubourg St-Antoine im Bastille-Viertel. Seit 1882 gab es sogar eine eigene Tageszeitung, den »Auvergnat de Paris«.

Die Auvergnaten haben aber auch die Pariser Kultur geprägt: Sie brachten ihre Musik mit und auch ihr traditionelles Instrument, die *cornemuse* oder *musette,* eine Art Dudelsack (s. S. 72). Der Musette-Walzer, die Pariser Musik schlechthin, entwickelte sich um die Jahrhundertwende aus den Volkstänzen und Weisen der Auvergne, wobei die Cornemuse durch das Akkordeon ersetzt wurde.

Aber es gab nicht nur die kleinen Leute, sondern auch solche, die den Sprung in die Elite schafften – oder, wie Alexandre Vialatte (s. S. 35) schrieb: »In Frankreich sorgt die Auvergne für Käse, Vulkane und Minister«. Berühmte ›Pariser‹ Auvergnaten des 19. Jh. waren Agénor Bardoux, seit 1870 mehrfacher Minister und Senator der Dritten Republik, sowie Eugène Rouher aus Riom, Minister unter Napoleon III., dessen Macht so groß war, dass man ihn als Vize-Kaiser titulierte. Ein bekannter Auvergnate des 20. Jh. war Georges Pompidou, Staatspräsident von 1969 bis 1974, der 1911 in Montboudif im Cantal geboren wurde; in St-Flour hat man ihm ein pompöses Denkmal gesetzt. Auch sein Nachfolger Valéry Giscard d'Estaing, der das Amt bis 1981 innehatte, ist Auvergnate, allerdings adeligen Geblüts, der seinen Stammbaum bis auf die Zeit des Königs Philipp Augustus zurückführen will. Giscard, 1926 geboren, ist allerdings ein sehr untypischer Auvergnate und geradezu verrufen als Modernist: Sein letztes Großprojekt war der Bau des ›künstlichen Vulkans‹ im Vulcania-Park bei Clermont-Ferrand.

mancà dou, wörtlich: ›dreiviertel von zwei fehlen zwei‹, also ein Uhr dreiundvierzig.

Doch insgesamt sind die Auvergnaten eher geizig mit Worten – sie selbst bezeichnen sich als mundfaul; »die Sprache hat keine Knochen«, sagt man hier. Sie drücken sich lieber durch Taten als durch Reden aus, und so bringt sie auch kaum etwas zum Schreiben.

Der bekannteste auvergnatische Schriftsteller ist **Alexandre Vialatte** (1901–71). Er war lange Zeit Journalist der Tageszeitung »La Montagne«, seine Familie stammte aus Ambert, wo der Schriftsteller seine letzte Ruhestätte fand. Viele seiner heute vergriffenen und nie ins Deutsche übersetzten Romane, Erzählungen und Reportagen spielen in der Auvergne. Vialatte schildert Geschichte und Eigenart der Region in einer für ihn typischen Mischung aus der distanzierten Ironie des Beobachters und der augenzwinkernden Emphase des Lokalpatrioten. Die Emigration vieler seiner Landsleute nach Paris kommentiert Vialatte in der ihm eigenen Vorliebe für Paradoxien: Man sei eben schon immer sehr frankophil gewesen …

Über **Henri Pourrat** (1887–1959), den zweiten großen schreibenden Auvergnaten, meinte Vialatte: »Eigentlich gibt es die Auvergne erst seit Pourrat«. Er erzählte in seinem Roman »Gaspard des Montagnes« (1922–31) die spannende Geschichte eines ›Robin I lood‹ aus dem Livradois, wofür er 1941 den Goncourt-Preis erhielt. Vor allem aber betätigte sich Pourrat als Sammler mündlich überlieferter Volksliteratur. 40 Jahre lang durchstreifte er die Au-

vergne, besuchte Waschhäuser, Handwerksstuben und Bauernkaten auf der Suche nach alten Märchen und Legenden. Geduldig brachte er die Menschen zum Erzählen und bewahrte so einen literarischen Schatz vor dem Vergessen: 126 Märchen, 103 Legenden, 124 Schauermärchen, 440 Lieder und 375 Kompositionen vereint seine Sammlung, aus der er eine 13-bändige Auswahl unter dem Titel »Trésor des Contes« (Gallimard 1948–62) zusammenstellte.

Feste und Traditionen

Die traditionellen Feste der Auvergne sind verbunden mit den Rhythmen des bäuerlichen Jahreszyklus: Almaufzug, Getreideernte, Weinlese; dazu kom-

---

Religiöse Feste

11. Mai Wallfahrtstag Saint Mayeul in Souvigny

Ostern Gründonnerstagsprozession der Weißen Büßer *(Pénitents Blancs)* in Le Puy

Ostern Fête du Précieux Sang in Billom (Karfreit agsprozession)

Himmelfahrt Notre-Dame in Orcival (Prozession)

So nach 11. Juni Saint Amable in Riom (Prozession der Brayauds in alten Trachten)

Mitte August Marienprozession in Le Puy

So um 25. September Almabtrieb (Dévalade) in Besse

men natürlich die christlichen Feiern zu Ehren der jeweilgen Kirchenheiligen.

Eines der bekanntesten Beispiele waren die Prozessionen der Vierge de Vassivière in Besse-en-Chandesse im Südosten des Puy de Sancy (heute Besse-et-St-Anastaise). Dort wird die Schwarze Madonna in einer großen Prozession bei der Fête de la Montée Anfang Juli in die Berge zur Kapelle von Vassivière hinaufgetragen. Dort bleibt sie den Sommer, während die Rinder auf den Almen grasen. Bei der Fête de la Dévalade Ende September kehrt sie wieder nach Besse zurück.

Inzwischen hat man sich aber weitgehend den touristischen Bedürfnissen angepasst; das große Fest in Besse ist jetzt Anfang August, wenn die meisten Besucher da sind, dann wird oben am Lac Pavin ein ganzes Salers-Rind am Spieß gegrillt. In anderen Orten sind viele Festtraditionen eingeschlafen, lediglich einige größere Orte veranstalten noch Feiern: Berühmt sind z. B. die *Fête des Vins* von St-Pourçain, wo heute alle Weindörfer des Gebiets mitfeiern, die *Fête de l'Ail* im Knoblauchgebiet von Billom, die *Fête du Pain* in Murat-le-Quaire bei La Bourboule oder die *Fête de la Myrtille* in St-Pierre-de-Bourlhonne im Forez-Wald.

Eine zweite bedeutende Tradition der Auvergne sind die Prozessionen der Weißen Büßer. Solche Umzüge, bei denen die *Pénitents Blancs* weiße Kutten und Spitzmützen tragen, kann man vor Ostern in Le Puy und Saugues besuchen. Aber auch in anderen Orten der Auvergne finden noch große Prozessionen zu Ostern und zu den Marienfesten statt (s. Kasten S. 35).

Auvergnaten tanzen die Bourrée auf dem großen Sommerfest von Besse

KUNST UND ARCHITEKTUR

Die Liste der kunsthistorischen und architektonischen Zeugnisse in der Auvergne ist lang: Sie reicht vom Dolmen aus der bronzezeitlichen Megalithkultur, etwa bei St-Nectaire, über das Belle-Époque Casino von Vichy bis zu der fulminanten Vulcania-Anlage von Hans Hollein. Doch lediglich die auvergnatische Romanik hat eine künstlerische Ausdruckskraft hervorgebracht, die diese Region kunsthistorisch einzigartig macht.

Aus spätantiker Tradition geboren

In der gallo-römischen Epoche, vor allem in der späten Kaiserzeit, erlebte die Auvergne eine bis heute unerreichte Blüte. Der Kaiser des Westens residierte zwar in Trier, später in Lyon, doch war Clermont-Ferrand, das damalige Augustonemetum, eine der wichtigsten Städte des westlichen Reichsteils. Seit etwa 470 n. Chr. wurde die Auvergne eine Art Enklave im von Germanenhorden überschwemmten Westreich: Rom war geplündert, die Westgoten feierten in der reichen Provence ihren neuen Wohlstand. Wie die Viten des Präfekten Sidonius Apollinaris, der als Bischof mit den Priestern den Widerstand gegen die heidnischen Barbaren organisierte, oder des Gregor von Tours, der in Augustonemetum geboren und erzogen wurde und später als Bischof von Tours die Geschichte der Franken niederschrieb, beweisen, blieb die Auvergne der Tradition des frühchristlichen, lateinischen Erbes lange verhaftet.

Dieses Erbe, in das sich Überlieferungen wandernder Kirchenlehrer aus allen Teilen des spätrömischen Reichs mischten, muss noch lebendig gewesen sein, als die Auvergne zwischen 1050 und 1250 die Glanzzeit ihrer Sakralarchitektur erlebte. Schon unter den fränkischen Merowinger-Königen, die zum Christentum übergetreten waren, wurden zahlreiche neue Klöster gegründet (St-Pourçain, Issoire, Mozac), denen unter den Karolingern weitere folgten – innerhalb eines Jahrhunderts entstanden Brioude (um 817), Mauriac, Marsac, Blesle, Ébreuil, Aurillac, St-Allyre de Clermont, Moissat, Sauxillanges (927). Sie gaben das antike Erbe weiter und wurden zu Kristallisationspunkten einer intensiven Missionierung: In dieser Zeit lebten fast alle auvergnatischen Heiligen, deren Namen die von ihnen gegründeten Kirchen überliefern.

Das Abendland erwacht

Nach einer Epoche des Zerfalls, der Normanneninvasionen und der Hungersnöte setzten Klosterschüler aus der Auvergne um die Jahrtausendwende entscheidende Impulse. Die Gottesfriedensbewegung von Le Puy gegen die Adelsanarchie, die Wahl Gerberts von Aurillac zum Papst, der Beginn der großen Pilgerströme nach Santiago de Compostela (s. S. 142) und nicht zuletzt auch die Präsenz der clu niazensischen Reform (Souvigny, Mozac, Ébreuil, St-Flour) bezeugen die Bedeutung der Auvergne innerhalb der romanischen Epoche.

Die heute einzigartige Konzentration romanischer Sakralbauten fällt besonders auf im Vergleich mit den nördlichen Provinzen Frankreichs, wo weit weniger frühe Baukunst erhalten ist. Wenn man den Bau der alten Kathedrale von Clermont, die 946 geweiht wurde und von der nur noch die Krypta erhalten ist, als den Beginn der auvergnatischen Romanik ansieht, dann fallen die Klostergründungen von Chanteuges, Ris, St-Flour, Billom, Chauriat, Le Moutier und St-Genès in Thiers, Lavoûte und La Chaise-Dieu (1043) in die ersten hundert Jahre dieser Schule, so dass die Romanik, als sie ihre spezifische Ausprägung gewann, auf einen reichen Ausdruckskanon und erfahrene Baumeister zurückgreifen konnte.

Tatsächlich begann die Schule, die man heute als auvergnatische Romanik bezeichnet, erst relativ spät und reichte bis weit in die Zeit der Frühgotik, etwa der Ile-de-France, hinein. Die fünf erhaltenen Kirchen des reinen auvergnatischen Typs entstanden alle in der ersten Hälfte des 12. Jh., von Notre-Dame du Port in Clermont (1099 begonnen) bis St-Saturnin (kurz vor 1157 geweiht). Voraussetzungen dieses ›Baubooms‹ waren drei glückliche Umstände: 1095 hatte Papst Urban II. in Clermont zum ersten Kreuzzug aufgerufen, auch, so eine geläufige These, um die schwerbewaffneten Ritter aus dem Land zu lotsen. Sodann hatte sich das Kriegsglück im Konflikt zwischen den mit den Engländern verbündeten

Herzögen von Aquitanien, auf deren Seite die Grafen der Auvergne standen, um dem französischen König, der den Bischof von Clermont unterstützte, nach dem Feldzug König Ludwigs XI. 1126 zugunsten der Königstreuen gewandt. Und schließlich brachten Pilger, die über Clermont und Brioude reisten, um die Via Podiensis nach Santiago de Compostela zu erreichen, den Domkapiteln und Kirchen Spendengelder in ausreichender Höhe.

Dass die bedeutendsten Kirchen der auvergnatischen Schule, also Notre-Dame du Port in Clermont-Ferrand, Notre-Dame in Orcival, St-Austremoine in Issoire, die Kirchen von St-Nectaire und St-Saturnin, alle im Gebiet der damaligen Diözese Clermont liegen und sich in hohem Maße ähneln, scheint auch zu beweisen, dass hier ein kanonisiertes Programm zugrunde lag, das von einer Schule von Baumeistern und Steinmetzen umgesetzt wurde. Die Romanik der Auvergne wurde dann vielfach nachgeahmtes Vorbild im Kirchenbau, und schon gegen Ende des 12. Jh. sind etwa 600, vielfach eher bescheidene romanische Kirchen allein im Gebiet des heutigen Départements Puy-de-Dôme bezeugt. Davon sind allerdings nur etwa 250 erhalten, viele andere wurden in der Revolution zerstört.

Denn war das Mittelalter das Zeitalter des Kirchenbaus – die Französische Revolution wurde das ihrer Zerstörung. Obwohl die Revolutionszeit in der bäuerlichen Auvergne weniger spektakulär als in Paris verlief, wurden fast alle Kirchen ihrer Türme beraubt, als der Jakobiner Georges Couthon 1793 die systematische Zerstörung all dieser

Symbole klerikaler Macht anordnete. Die meisten Klöster wurden während der Französischen Revolution ›säkularisiert‹, was im Klartext bedeutete, dass die Mönche ermordet, die verwaisten Gebäude niedergebrannt oder als Steinbrüche genutzt wurden. Nur La Chaise-Dieu, Souvigny und Lavaudieu haben die Stürme der Zeit einigermaßen unbeschadet überstanden.

Romanische Kirchen

Charakteristische Merkmale der auvergnatischen Romanik sind die eigenwillige Gliederung der Baukörper und die bildhauerischen Leistungen der Kapitellplastik. Der Grundriss ist als dreischiffige, tonnenüberwölbte Basilika gestaltet, deren Seitenschiffe wie die der großen Pilgerkirchen in Le Puy oder Conques Emporen aufweisen.

Besonders aufwendig ist die Chorpartie gestaltet. Als genuine Entwicklung der Auvergne gilt der Chorumgang, der zum Altar hin durch Säulen (meist mit besonders effektvollen Kapitellen) begrenzt ist, denn das älteste in Frankreich bekannte Beispiel (10. Jh.) findet sich in Notre-Dame du Port in Clermont-Ferrand. Durch diesen Umgang, an dessen Außenwand kleine Apsidialkapellen hervorspringen, zogen die Pilger, um zum Reliquienschrein des Heiligen zu gelangen, der meist, ebenso wie die wichtigsten Heiligenstatuen, hinter dem Altar stand – immer von links, um den Altar aus Gründen der Ehrerbietung zur Rechten zu behalten.

Ein weiteres typisches Merkmal ist die charakteristische Ostansicht, die

›auvergnatische Pyramide‹. In gestufter Abfolge steigt die Höhe der Gebäudeteile an, beginnend mit den Apsidialkapellen der Querhäuser, über Chorkapellen, Chorumgang und Chorhaupt, Querschiff und das ›Massif Barlong‹ bis zum meist oktogonalen Vierungsturm (bei dem *massif barlong* genannten Bauelement handelt es sich um den nur in der Auvergne vorkommenden, abgeschrägten Übergang vom Querschiff zum Vierungsturm).

Als Besonderheit sind häufig Inkrustationen verschiedenfarbiger Steine in geometrischen Motiven als Schmuckelement zu finden, ansonsten machen die auvergnatischen Kirchen von außen einen eher schlichten Eindruck. Da aus hellem Kalk- oder Sandstein erbaut, wirken sie nicht so düster wie die (wenigen) Bauwerke der Gotik, für die der schwarze Volvic-Stein bevorzugt wurde, so St-Amable in Riom und die Kathedrale von Clermont-Ferrand. Die Wind und Regen ausgesetzte Westfas-

Kapitell in Issoire

sade ist in der Regel nur ein klobiger Baukörper ohne plastische Elemente, und auch die Portale weisen nur selten aufwendigen Skulpturenschmuck auf. Allerdings sind die giebelförmigen, mit Skulpturen geschmückten Architrave (wie über dem Südportal von Notre-Dame du Port in Clermont-Ferrand) ein für die Region typisches Detail.

Erzählende Skulptur

Die auffälligsten Elemente der auvergnatischen Romanik sind die Kapitelle, plastische Meisterwerke mit originellen Umsetzungen biblischer Motive und wunderlichen Ausgeburten mittelalterlicher Fantasie. Es sind ›erzählende‹ Kapitelle, die dem einfachen Volk die Bibel näher brachten, die aber auch heidnische Traditionen und ihre grotesken Fabelwesen in die christliche Religion integrierten. Immer wieder tauchen Teufel, Dämonen, Drachen und antike Fabelwesen auf – als Mahnung vor dem Bösen, dem man auf diese Weise ein Gesicht gegeben hat, und zugleich auch als Zeichen des besiegten Feindes.

Daneben sind es aber vor allem die lebensnahen Szenen, die faszinieren: etwa der Priester, der die Zunge herausstreckt, in St-Austremoine von Issoire, die Schergen der Geißelung Christi in Ritterrüstungen des 12. Jh. in St-Nectaire, die Auferstehung des hl. Nectarius, die ganz realistisch vor seiner Kirche stattfindet, in Mozac Jonas, der, schon halb vom Walfisch verschlungen, von Seeleuten über Bord geworfen wird. Immer wieder begegnen auch Personifikationen der Laster

Zorn, Wollust, Geiz. Ein typisch auvergnatisches Motiv etwa ist der Affe, der von einem Mann an der Leine geführt wird (ein Mensch, der von seinen Lastern ›geäfft‹ wird?), und der Esel, der Harfe spielt (ein Symbol der Dummheit?) – die Schwierigkeit, die Bilder zu deuten, verweist noch einmal auf die Herkunft aus Überlieferungen, von denen viele längst verloren sind.

Diese Kunst reflektiert den Versuch, den Glauben des Volkes, seine Verehrung von Bildgötzen aus keltischer Tradition, in christliche Vorstellungen einzugliedern, was noch bis ins 9. Jh. vom höheren Klerus strikt abgelehnt wurde. Andererseits sind die Motive, im Übrigen auch viele Architekturelemente, Beweis, wie sehr antike Traditionen in der Auvergne überlebt hatten und wie groß der ›kosmopolitische‹ Zusammenhalt in der damaligen christlichen Welt noch war: irische, griechische, syrische oder ägyptische Mönche haben hier missioniert, frühchristlich-antike Überlieferung mischte sich mit germanischen, keltischen und arabischen Einflüssen.

Von den **Fresken,** die im Mittelalter jede Kirche schmückten, sind nur wenige Relikte geblieben. Die Fresken auf der Tribüne von St-Julien in Brioude oder der hl. Austremoine in Ébreuil (Ende 12. Jh.) zählen zu den ältesten. Auskunft über den Kirchenschmuck geben aber auch die Malereien aus späterer Zeit, etwa das Jüngste Gericht von Ennezat (um 1400) oder das berühmte Totentanz-Fresko in der Klosterkirche von La Chaise-Dieu (15. Jh.). Einen Ein-

Seitenschiff der Kirche in Issoire

druck von der Farbigkeit der Kirchen in früher Zeit erhält man aber am besten in St-Austremoine in Issoire, wo man versucht hat, die Innenausmalung zu rekonstruieren.

Die Gotik in der Auvergne

Seit Anfang des 12. Jh. begann man im Norden, in der Ile-de-France, ›gotisch‹ zu bauen, doch in der Auvergne setzte sich dieser Stil erst spät durch. Gotische Kirchen wurden ab Ende des 13. Jh. in den Zentren herzöglicher, gräflicher oder bischöflicher Macht gebaut; es gibt nur gut ein Dutzend gegenüber Hunderten romanischen Kirchen. Besonders bemerkenswert sind die Kathedrale Notre-Dame de l'Assomption in Clermont-Ferrand und das Kloster St-Robert in La Chaise-Dieu, aber auch in Riom am Hof von Jean de Berry oder in Moulins unter den Bourbonen, in Vic-le-Comte, Ébreuil, St-Flour und in Ambert entstanden Bauten dieses Stils.

Die Schwarzen Madonnen

Die Darstellung des Göttlichen bzw. die Verehrung des vergöttlichten Bildes, die in Europa erstmals mit der Romanik auftritt, führte zu einer überaus raschen Verbreitung eines neuen Typus der Skulptur: Überall in der Auvergne entstanden nun Statuen der als Heilige verehrten ersten Missionare, vor allem aber der Muttergottes, denen die Legende Wunder- und Heilkräfte zuschrieb. Glücklicherweise fielen nicht alle der Revolution zum Opfer, einige überdauerten vergraben oder einge-

mauert die Zerstörungswut. Interessant für den Auvergne-Reisenden dürfte dabei sein, den Bogen zu verfolgen, der sich von der frühen Tradition des 12. Jh., beispielhaft die thronende Muttergottes (*Vierge en Majesté*) in St-Médard in Saugues, bis zur Jungfrau mit dem Vogel (*Vierge à l'Oiseau*) in Riom vom Ende des 14 Jh. spannt.

Beeindruckt diese wahrscheinlich am Hof des Herzogs Jean de Berry entstandene Figur in zeitgenössischer Kleidung schon durch ihren Naturalismus und die Eleganz jugendlicher Weiblichkeit, lässt erstere noch die Konzeption der Romanik erkennen: Eine Frau in stolzer Haltung frontal zum Betrachter auf einem Thron sitzend, auf ihren Knien den segnenden Jesus und die Bibel im Arm. Es ist kein Kind, sondern ein verkleinerter Mann, den Maria schützend, aber in respektvollem Abstand hält. Diesem Muster folgt auch noch die vergoldete Statue der Muttergottes von Orcival vom Anfang des 14. Jh.; das Vorbild dürfte die berühmte Goldene Madonna von Clermont gewesen sein, die – 946 geschmiedet – bis zu ihrer Einschmelzung während der Revolution das älteste religiöse Standbild Frankreichs war.

Die Darstellung der Heiligen als feierlich-entrückte Personen, die an orthodoxe Ikonen erinnert, charakterisiert auch die anderen berühmten Statuen der Romanik im Zentralmassiv wie die des hl. Baudime in St-Nectaire und der hl. Fides in Conques.

Eine Besonderheit in der Auvergne sind die Schwarzen Madonnen. *Vierges noires* werden in vielen Kirchen der Auvergne verehrt. Warum die Madonnen schwarz sind, hat man bislang nicht klären können. Vorbild aller derartigen Marienstatuen ist auf jeden Fall die Schwarze Madonna von Le Puy, die seit dem 13. Jh. verehrt wird. Die legendäre Statue soll König Ludwig IX. von seinem Kreuzzug gegen das ägyptische Damietta mitgebracht haben; es könnte also eine frühchristliche, koptische Figur gewesen sein. Genauer feststellen lässt sich dies aber nicht mehr: Die schwarze Statue wurde während der Französischen Revolution öffentlich verbrannt.

Dass sich der Typus der Schwarzen Madonna dann bald verbreitete, versucht man mit einer christlichen Assimilierung keltischer Göttinnen zu erklären. Eine andere Erklärung beruft sich auf eine Zeile aus dem Hohelied Salomons, wo es heißt »Schwarz bin ich zwar, doch schön«, das zu jener Zeit in der liturgischen Feier der Muttergottes eine große Rolle gespielt haben soll.

Burgen und Schlösser

Das Mittelalter ist in der Auvergne aber nicht nur die Zeit des Kirchenbaus, kaum ein Hügel oder Basaltkegel, der nicht mit einer Festung oder Burg bebaut wurde: Um 500 Schlösser und Burgen besitzt die Auvergne nach Schätzungen. Die Region war lehnsrechtlich zwischen den Herzögen von Aquitanien und der Krone lange umstritten und in Hunderte von Kleinterritorien zersplittert, deren Herren sich von ihren festen Sitzen aus bekriegten. Erst am Ende des Hundertjährigen Kriegs setzten sich die Könige formell durch, doch es dauerte noch bis weit ins 17. Jh. hinein, bis der Adel unterworfen war.

Nachdem Kardinal Richelieu die festen Burgen hatte schleifen lassen, entstanden prächtige Schlösser und Landsitze in den Flusstälern von Allier, Sioule, Besbre und Cher, so dass man heute unter einem Familiennamen häufig neben einer malerischen Burgruine auch ein prachtvolles Schloss findet.

Ländliche Architektur

Auffälligstes Charakteristikum der bäuerlichen ebenso wie der historischen städtischen Architektur ist die Verwendung des typischen regionalen Gesteins: schwarze Lava im Gebiet der Monts Dômes, grauer Basalt im Cantal und Cézallier, heller Kalkstein in der Limagne, verputztes Fachwerk im Bourbonnais.

Typisch für die Haute-Auvergne sind aus grauem Bruchstein gefügte Bauernhäuser, in denen Menschen und Tiere unter einem Dach lebten. Durch dicke, von nur wenigen Fenstern durchbrochene Mauern versuchte man, sich vor Kälte und Wind zu schützen. Einzige Heizung war der *cantou,* der große Kamin, vor dem die ganze Familie im Winter eng zusammenrückte. Das Dach ist mit rund behauenen Schieferplatten gedeckt, seltener auch mit Stroh.

Im Inneren tragen Kragbalken die Decke aus schweren Balken, der Boden ist mit basaltenen Steinplatten ausgelegt. Viele dieser Häuser sind aber heute verlassen, ebenso wie auch viele der kleinen Weiler in den Bergtälern zunehmend aufgegeben werden.

ESSEN UND TRINKEN

Die Küche der Auvergne

Die bergige, traditionell arme Region hat eine einfache, bäuerliche Küche entwickelt, die mit bescheidenen Möglichkeiten nahrhafte Ergebnisse hervorbringen musste: Vor allem Kohl, Kartoffeln, Milchprodukte; zu den feineren Ingredienzien gehören Steinpilze (cèpes) und Esskastanien (marron). Kohl wird häufig als Beilage gereicht. Saucen gibt der Blauschimmelkäse Bleu d'Auvergne den kräftigen Geschmack, und zu Fisch und Fleisch steht ab und zu auch Enziansauce (à la gentiane) auf der Karte.

So lassen die auvergnatischen **Spezialitäten** ihre bäuerliche Herkunft zwar erkennen, sind aber für manche

Toques d'Auvergne

Die regionale Küche der Auvergne? Die ist selbst in Frankreich fast unbekannt. So haben sich selbstbewusste auvergnatische Köche zur Gastro-Vereinigung ›Toques d'Auvergne‹ zusammengeschlossen, um die bäuerlichen Gerichte des Zentralmassivs mit kreativer Kochkunst zu veredeln – zumindest wird man hier stets ganz ordentlich verköstigt. Die Häuser liegen häufig etwas abseits mit viel Charme in ländlicher Idylle, eine Broschüre gibt das CRT d'Auvergne heraus.

Überraschung gut. Etwa die tripoux – mit Kalbsinnereien, Kräutern, Knoblauch und Schalotten gefüllter Schafsmagen, der in Weißwein geschmort wird. Die tripoux gibt es vor allem im Cantal und bis hinunter in die Cevennen häufig auch im Glas zu kaufen. Dazu serviert man stilecht truffade, feine Kartoffelscheiben, gekocht mit Cantal-Käse. Die Truffade wird zum aligot, wenn die Kartoffeln püriert sind.

Überhaupt die Kartoffel: Sie wird hier als trifo, triflo oder trifaou bezeichnet, und tatsächlich ist sie so etwas wie die Trüffel (truffe) der armen Leute: Es gibt in der Auvergne sogar ein pâté aux pommes de terre (Pastete mit Kartoffeln, serviert mit Sauerrahm) und ein tapade genanntes Kartoffelomelette.

Rissoles (mit Schweinefleisch oder Käse gefüllte Teigtaschen) oder tourte de saumon (Lachspastete) sind zwar selten zu finden, lohnen aber immer einen Versuch. Das gilt auch für chou farci (Kohlblätter gefüllt mit Zwiebeln, Ei, Sauerampfer, Speck und Brot) oder die faude (entbeinte Kalbsbrust, gefüllt mit einer Gemüsepaste). Der pounti, eine im Ofen gebackene Pastete mit Backpflaumen und Hackfleisch, kommt vor allem bei St-Flour häufig als Hauptgericht auf den Tisch.

Die berühmten lentilles vertes (grüne Linsen) aus dem Velay sind eine in ganz Frankreich begehrte Spezialität – als Beilage zu saucisse oder petit salé (Schinkenfleisch gekocht, ähnlich wie Kassler), als Salat oder in der Suppe. Ursprünglich aus dem Vorderen Orient

Metzgerei in Murol

stammend, sind sie viel kleiner als gewöhnliche Linsen. Die delikaten Winzlinge erhielten ein AOC-Siegel; Aussehen und Geschmack werden regelmäßig kontrolliert.

Eine große Rolle spielen **Eintöpfe,** vor allem die *soupe aux choux,* eine Kohlsuppe, die mit verschiedenen Fleischsorten, Speck, Möhren oder Rüben, weißen Bohnen und Kartoffeln angereichert wird, und auch *potée auvergnate* heißt. Eine Spezialität des ›Kastanienlandes‹ südlich von Aurillac und in den Cevennen sind die *soupe de châtaignes* (Suppe aus Kastanien = Maronen) und die *pâté aux marrons* (Kastanienpastete).

Typische **Fleischgerichte,** die in dieser armen Gegend nur selten auf dem Speiseplan standen, sind Lamm *(agneau),* Ente *(canard),* Hase oder Kaninchen *(lapin* und *lièvre).* Berühmt ist das auvergnatische *coq au vin:* Das in Wein geschmorte Huhn (z. B. im heimischen Chanturgue, S. 78), das heute in ganz Frankreich verbreitet ist, soll in gallo-römischer Zeit in der Auvergne erfunden worden sein. Auch das in Südwestfrankreich so beliebte *confit* steht oft auf der Speisekarte, im eigenen Fett eingemachtes Enten- oder Gänsefleisch, das meist mit Salat und Brot gereicht wird. Das *joue de porc* hingegen ist feines, durch Kochen von

45

der Schweinebacke gelöstes Fleisch, das im Darm gebraten wird.

Unter den **Fischen** stehen Forellen aus den zahlreichen Gebirgsbächen der Auvergne hoch im Kurs. Sie werden gerne mit Speck zubereitet *(truite au lard),* ebenso wie der *omble chevalier,* ein lachsähnlicher Bergseefisch (Seesaibling). Die wenigen Lachse im Allier müssen heute streng geschützt werden, im 19. Jh. jedoch haben sich Arbeiter und Handwerksgesellen vertraglich zusichern lassen, nicht mehr als zweimal pro Woche Lachs essen zu müssen! Das traditionelle *saumon aux lentilles,* Lachs mit Linsen, muss heute mit Importfisch bereitet werden.

Zum **Dessert** reicht man häufig *clafoutis* – ein Kuchen aus Rührteig mit nicht entsteinten Kirschen, der auch *millard* genannt wird. Eine Variante wird mit Brombeeren *(mûres),* an denen die Auvergne reich ist, gebacken. Die Blaubeeren für die köstliche *tarte aux myrtilles* werden von Juli bis September in den Wäldern des Forez gesammelt. Aus Thiers stammt die *pompe aux myrtilles,* der gedeckte Blaubeerkuchen; die *pompe aux pommes* ist ein gedeckter Apfelkuchen.

Die **Käse** der Auvergne schließlich lohnen allein schon die Reise, zumal selbst in Zeiten der Globalisierung kein einziger in Deutschland angeboten wird. Cantal, Saint-Nectaire, Fourme d'Ambert und Bleu d'Auvergne zählen zu den besten und berühmtesten Käsespezialitäten Frankreichs (s. S. 48), die sind wohl für den Export zu schade.

Unter den **Weinen** (s. S. 78) ist der St-Pourçain aus dem Bourbonnais der bekannteste, die Weiß- und Rotweine der Auvergne gewinnen aber an Boden: Boudes, Chanturgue, Châteaugay, Corent, Madargue sind die Kennern geläufigen Namen.

Die Truffade

Das bekannteste Regionalgericht findet man auf allen Speisekarten. So geht's: Man kocht in Scheiben geschnittene Kartoffeln, bis sie gar sind, gießt das Wasser bis auf einen kleinen Rest ab und gibt die halbe Menge frischen Cantal-Käse (grob gerieben oder in Stückchen geschnitten) hinzu. Nun etwa 10 Min. weitergaren, dabei ohne Pause mit einem Holzlöffel umrühren, bis die Masse eine cremige Konsistenz bekommt. Dazu serviert man *jambon cru* (rohen Schinken) und einen trockenen Roten, am besten einen Boudes.

Restaurants

Schlemmen wie Gott in Frankreich? Höchstens, wer das nötige Kleingeld investiert! Nicht wenige Restaurants sind ganz auf die Durchschnittsfamilie orientiert, die einen vierwöchigen Urlaub zu finanzieren hat. Billig-Menüs und große Frites-Portionen sind da das Mittel der Wahl. Im Folgenden einige Tipps, um unnötige Enttäuschungen zu meiden:

Keine Kompromisse: Lieber ab und zu ein richtiges Edel-Restaurant ansteuern und dafür öfter mit einem Picknick und landestypischen Produkten die Börse schonen.

Vor allem mittags, wenn man sich auf der Reise nicht mit einer üppigen Mahlzeit belasten will, lieber in einfachen Dorfgaststätten einkehren. Dort bekommt man in der Regel bodenständige auvergnatische Gerichte als Tagesgericht *(plat du jour)*, aber oft auch Sandwiches mit Käse und Wurstwaren vom Bauernhof.

In einfachen Snack-Bars bzw. Crêperien kann man kleinere Gerichte essen und muss nicht gleich ein ganzes Menü nehmen, wie das die Restaurants in der Regel erwarten.

Ein guter Tipp für typisches und zugleich preiswertes Essen sind die *ferme-auberges,* die ›Bauernhof-Gasthäuser‹, die regionale Spezialitäten aus eigenem Anbau oder eigener Zucht auf den Tisch bringen, leider aber zumeist nur nach Voranmeldung (Infos bei den OTSI-Büros).

Einkaufen und Märkte

Die Märkte der Auvergne präsentieren in großem Umfang die bäuerlichen Produkte der Region. Die meisten Bauern der Auvergne pflegen ihre Erzeugnisse noch nach handwerklichen Traditionen herzustellen und selbst zu vermarkten. Ob Knochenschinken *(jambon à os)* oder luftgetrocknete, mit Steinpilzen verfeinerte Dauerwurst *(saucisson aux cèpes),* ob Ziegenkäse *(chêvre)* oder ein sechs Monate gereifter Bergkäse *(tomme de montagne)* – alle diese Köstlichkeiten entstehen nicht in quasi industrieller Massenproduktion, sondern in Handarbeit.

Allerdings gibt es daneben auch meist billigere Molkereiprodukte, die

> ## Produkte vom Bauernhof
>
> Einer der größten Spezialmärkte für Produkte ›de la ferme‹ ist der **Marché St-Joseph** in Clermont-Ferrand (Rue du Thiers). Immer am 1. Fr im Monat verkauft hier auch die Genossenschaft **Ferme La Jonquille** aus Murat-le-Quaire bei La Bourboule ihre Produkte. Über 40 Hersteller haben sich darin zusammengeschlossen und bieten die breite Palette regionaler Produkte an: Käse, Wurst, Wein, Honig, Backwaren …

durch den Zusatz *laitier* erkennbar sind – während das Produkt vom Bauernhof als *fermier* bezeichnet wird. Der berühmte St-Nectaire z. B. trägt als *laitier* ein weißes Siegel, als *fermier* ein grünes; Cantal stammt nur mit einem ovalen Etikett vom Bauernhof, mit einem rechteckigen kommt er aus der Molkerei.

Darüber hinaus sollte man auch die Konfitüren und das eingemachte Obst einmal probiert haben, nicht zu vergessen die kandierten Früchte, für die Riom berühmt ist. In den Weinregionen der Basse-Auvergne findet man oft auch Weinbauern auf den Märkten, die hier ihre Rebtropfen anbieten – auch das lohnt sehr, denn in Supermärkten ist auvergnatischer Wein eher selten zu finden (v. a. der St-Pourçain).

Die Hauptmarkttage sind Samstag und Mittwoch, seltener finden Dienstag oder Donnerstag Märkte statt.

KÄSESPEZIALITÄTEN

Frankreich ist das sprichwörtliche Käseland: 365 Sorten soll es zwischen Calais und Cannes geben – für jeden Tag eine. Mit dem Qualitätssiegel *appellation d'origine contrôlée* (AOC), einer Auszeichnung, die in Frankreich längst nicht mehr nur für Wein vergeben wird, sind 39 Sorten versehen worden. Davon stammen immerhin acht aus Auvergne oder Cévennes. Die geschützte Herkunftsbezeichnung zählt hier viel: Die Produkte müssen aus einer bestimmten Region kommen, ihre Herstellung wird streng kontrolliert, die Qualität durch Jurys überprüft. Alle berühmten Käse der Auvergne erhalten ihren prägnanten Geschmack dadurch, dass sie aus Rohmilch *(lait cru),* d. h. nicht pasteurisierter Milch, hergestellt werden. Ein echter Rohmilchkäse verändert ständig Geschmack und Konsistenz.

Der Hartkäse **Cantal,** der früher auch Fourme de Salers genannt wurde, wird in Laiben von 35 bis 50 kg produziert. Für einen solchen Brocken benötigt man 450 l Milch von den Kühen der zähen Salers-Rasse, die auf den Bergalmen der Cantal-Vulkane weiden. Nach einer ersten Reifezeit von zwei Monaten werden die Laibe erneut gepresst. Frühestens nach drei Monaten Lagerzeit kommt er auf den Markt, dem echten Cantal wird aber bis zu einem Jahr Zeit gelassen. Der junge Käse ist noch recht weich, je älter er wird, desto trockener und bröseliger wird seine Konsistenz – und desto intensiver sein Geschmack. Gerieben verfeinert er viele typische Gerichte der Region wie Aligot oder Truffade mit seinem Aroma.

Der **Bleu d'Auvergne** ist ein cremiger Blauschimmelkäse aus Kuhmilch, der in Form, Größe und Gewicht dem Roquefort (aus Schafsmilch) ähnelt, nur dass er milder schmeckt. Sein Name ist durch eine AOC geschützt, doch darf er in allen Gegenden rund um das Cantal-Massiv hergestellt werden. Seine blaue Äderung stammt von Impfungen mit Sporen des *Penicillium glaucum,* die den Geschmack verfeinern. Der Käse ist etwa 4,5 kg schwer und bildet wie der Roquefort keine Rinde, sondern kommt in Silberpapier auf den Markt. Bleu d'Auvergne wird in der Region häufig über grünen Salat gebröselt serviert.

Der **Fourme d'Ambert** ist ebenfalls mit Blauschimmel geädert *(persillé)* aber von ganz anderem, sehr mildem Geschmack. Der in den Forez-Bergen hergestellte Käse wird nicht mechanisch gepresst, sondern nur mit den Händen in eine Form geknetet. Daher rührt übrigens auch der Name, denn etymologisch haben Form, *fourme* und *fromage* (Käse) die gleiche Wurzel, lateinisch *forma.* Um die Marmorierung zu erzeugen, wird der Käse nach einer ersten Reifezeit in der Form mit langen Nadeln geimpft, anschließend lagert er für 6 Wochen in kühlen Kellern bei etwa 10°C und 98% Luftfeuchtigkeit. 20 l Milch ergeben etwa 2 kg Käse. Der Fourme mit einer Schimmelrinde mit weißen und rötlichen Flecken ist etwa 20 cm hoch und hat 13 cm Durchmesser, er erinnert an einen kleinen Säulenstumpf, zumal er von oben angeschnitten und dann nach und nach ausgehöhlt wird. Kenner schwören übrigens darauf, die Höhlung zum Schluss mit Cognac zu tränken …

Auch der **St-Nectaire** in Form einer dicken Scheibe mit orangefarbener oder grüngrauer Rinde, etwa 1,5 kg schwer, wird schon über 1000 Jahre hergestellt – seinen Namen verdankt er dem Maréchal de Senecterre, der ihn im 17. Jh. dem König Ludwig XIV. vorsetzte. Der St-Nectaire aus den Monts Dore ist von geschmeidiger, weicher Konsistenz mit nussigem Geschmack. Er wird ausschließlich aus der rohen Milch der Salers-Kühe gemacht, die zweimal täglich, morgens und abends, gemolken werden; sofort danach wird gekäst. Etwa 15 l Milch ergeben einen Käse von 1,5 kg. Von Juni bis Dezember, also aus der Milch der auf den Hochalmen mit ihren würzigen Kräutern weidenden Kühen, ist er am besten.

Der **Gaperon** aus Ziegen- und Kuhmilch ist ein pikanter, fast kugelförmiger Käse mit Pfeffer und Knoblauch. Früher, so die Legende, schätzte der Vater des Bräutigams am Vorabend der Verlobung die Vermögensverhältnisse seiner zukünftigen Schwiegertochter an der Menge der Gaperons, die bei ihren Eltern in der guten Stube zum Trocknen lagen.

Die traditionelle Art, den Käse in geringen Mengen auf den Bauernhöfen *(fermier)* oder Almhütten *(buronnier)* ›von Hand‹ herzustellen, wird freilich inzwischen durch die Produktion der großen Molkereien bedroht. Bedrohlich erscheint den Franzosen aber auch ein Plan der EU-Bürokratie, die »aus Gründen der Hygiene« jeden Käse aus Rohmilch verbieten möchte. Doch eins ist gewiss: eher geht die Nation unter – oder die Franzosen werden alle zu Schwarzhändlern …

In kühlen Kellern und auf Stroh gebettet reifen die Käselaibe

Tipps für den Urlaub

Blick über den Allier auf Moulins

AUVERGNE & CEVENNEN ALS REISEZIEL

In der grandiosen Naturlandschaft des Massif Central ist der Tourismus inzwischen zu einem beträchtlichen Wirtschaftsfaktor geworden. Mit über 30 Seen, oft in erloschenen Vulkanen, und zahlreichen mittelalterlichen Städtchen ist die Auvergne ein Paradies für Familien. Die große Vielfalt an Sportmöglichkeiten macht sie für Aktivurlauber ebenso interessant wie für kunsthistorisch Interessierte auf den Spuren der auvergnatischen Romanik. Von Massentourismus ist man aber weit entfernt, und die Mehrzahl der Orte hat ihren ländlichen Charme bewahren können.

Pauschal oder individuell?

Pauschalreisen in die Auvergne kann man vornehmlich als kunst- oder wanderorientierte Studienreisen buchen, aber auch hier ist das Angebot eher gering. So ist die Auvergne für Deutsche noch ein echtes Individualreiseziel ohne Abstriche. Allerdings ist es möglich, über das Internet oder den Fremdenverkehrsverband (CRT Auvergne, S. 218) pauschalarrangierte französische Aktivurlaubsreisen zu buchen: Reit-, Mountainbike- oder Kanutouren, Skifahren, Töpferwochenenden und sogar Gleitschirmfliegen!

Abgesehen von den großen Städten und den Thermalkurorten sind die touristisch interessanten Orte kaum oder sehr schlecht mit öffentlichen Verkehrsmitteln zu erreichen (s. S. 222). Typischerweise fährt der Besucher daher mit dem Auto; aber auch für Motorradtouren sind die ländlichen, geschwungenen Landstraßen gut geeignet und versprechen viel Fahrspaß.

Unterkünfte auf dem Land

Wer ganz individuell übernachten möchte und Wert auf Häuser mit Atmosphäre legt, ist mit einem *chambre d'hôte,* der französischen Variante des Bed&Breakfast, gut beraten. Zwar werden auch Gästezimmer in ganz ›normalen‹ Häusern vermietet, doch kann man gezielt nach alten Bauernhöfen, kleinen Landschlösschen oder restaurierten Gutshäusern suchen (www.

Altes Handwerk

Im Regionalpark Livradois-Forez zwischen Thiers und Ambert sind 38 Ausstellungsstätten zu einer ›Route des Métiers‹ zusammengeschlossen, die alte kunsthandwerkliche Techniken in Form ›lebender Museen‹ zeigen: Messerschleiferei, Imkerei, Käsereherstellung, Papierschöpferei, Holzschuhschnitzerei und vieles mehr. Einen Übersichtsplan gekommt man in den lokalen OTSI-Büros

gites-de-france.fr). Einige Vermieter bieten ihren Gästen außer dem Frühstück auch noch eine *table d'hôte,* einen ›Gästetisch‹ mit regionalen, oft deftigen Gerichten.

Auch Ferienhäuser gibt es in historischen Gemäuer. Der Standard ist in Kategorien eingeteilt (ein bis vier Ähren), in der Regel wird wochenweise vermietet, Bettwäsche und Handtücher müssen mitgebracht werden. Ein gut funktionierendes Buchungssystem ist www.resinfrance.com (Suche nach Départements).

Ferien auf dem Bauernhof *(vacances à la ferme)* vermitteln die regionalen und lokalen Verkehrsämter sowie die Gîtes de France (s. S. 222).

Camping

In den Saisonmonaten Juli und August findet der überwiegende Teil des Tourismus in der Auvergne als Camping-Urlaub statt, neben Franzosen sind hier vor allem Niederländer unterwegs. Dennoch benötigt man in aller Regel keine Reservierung, denn das Angebot, vom Luxusplatz bis zur Dorfwiese, ist gewaltig. In praktisch jeder Gemeinde findet man einen recht ordentlich geführten kommunalen Campingplatz *(camping municipal),* zumindest in der einfachsten Form mit Duschen, Spülräumen und Elektrizität.

Bessere Plätze verfügen über verschiedene Spieleinrichtungen, Sportplätze, teils auch über einen Pool, Supermarkt und/oder Restaurant. Viele Campinganlagen vermieten auch *mobilhomes* bzw. *chalets* genannte Holz-

---

Bar und Kiosk: die Tabacs

Im *Tabac* (kenntlich an einem roten Rauten- bzw. Doppelkegelzeichen) – gibt es Zeitungen, Briefmarken, Telefonkarten – und Zigaretten, die in Frankreich nicht über Automaten verkauft werden. Zugleich betreiben viele Tabacs auch eine Bar: in kleinen Dörfern oft die einzige Einkehrmöglichkeit des Abends.

---

bungalows. Wohnmobile (frz. *campingcars)* sind überall willkommen, nicht nur auf den Plätzen, die in Broschüren wie dem Guide Camping des Fremdenverkehrsverbandes als speziell geeignet herausgestellt werden. Info im Internet: www.campingdefrance.com.

Es empfiehlt sich, die Plätze vor 17 Uhr oder nach 19 Uhr anzusteuern, um die Warteschlangen zu vermeiden. Wer keine Hock-Toiletten mag, sollte vor der Anmeldung den Sanitärtrakt inspizieren. Manche Plätze haben zudem gemeinsame *santaires* für Männer und Frauen. Zur Stromversorgung sind Adapter notwendig, sowohl für das französische Steckersystem als auch für das internationale Dreipolsystem.

Besondere Highlights

Die schönsten Landschaften

Mit seinen großen Naturparks gehört das Massif Central zu den ursprünglichsten und vielfältigsten Landschaften Frankreichs. Besonders spektakulär sind die Vulkankette bei Clermont Ferrand mit dem Puy de Dôme (S. 118), die Täler um den Plomb du Cantal (S. 168) und die enge, steile Tarn-Schlucht im Süden (S. 198).

Die schönsten Orte

Intakte historische Orte gibt es so zahlreich wie selten anderswo in Europa. Eindrucksvoll erhaltene Stadtensemble sind Riom (S. 92), Blesle (S. 112), Besse-et-St-Anastaise (S. 124), Salers (S. 177), St-Flour (S. 160), Le Puy (S. 143) und Ste-Énimie (S. 198).

Kirchen und Klöster

Für ihre spezielle Ausprägung des romanischen Kirchenbaus ist die Auvergne berühmt geworden (S. 37). Kunsthistorisch besonders bedeutsam sind die Bauten in Souvigny (S. 67), St-Saturnin (S. 108), Issoire (S. 110), Brioude (S. 114), Orcival (S. 119), St-Nectaire (S. 121), Lavaudieu (S. 116), La Chaise-Dieu (S. 138) und Conques (S. 190).

Kultur-Events und Nachtleben

Früher standen im Auvergne-Tourismus die bedeutenden romanischen Kirchenbauten an prominentester Stelle, heute geht es hier – zumindest im Sommer – viel lebendiger zu. Seit dem großen Erfolg des Renaissance-Kostümfestes in Le Puy versuchen auch viele andere Orte mit Mittelalterspektakeln und Rittervorführungen an den Erfolg anzuschließen. Im Juli und August gibt es kein Wochenende, an dem nicht irgendwo ein Ritterfest oder Handwerksmarkt stattfindet. Dazu kommen eine ganze Reihe von großen Trödel-

märkten *(foires à la brocante)*, als bekanntester etwa der Markt in Allanche (Cézallier) Anfang August.

Mit dem Nachtleben sieht es dagegen eher düster aus. Einzig die Universitätsstädte Clermont-Ferrand und Aurillac bieten nennenswerte Kneipen und Discos. Ansonsten geht man in der Auvergne gegen 10 Uhr zu Bett, zu dieser Zeit leeren sich die Restaurants rapide. Einzig in den Orten am Tarn ist in der Saison noch etwas mehr los.

Die besten Events

Anfang Juni Mittelalterfest ›Dauphin d'Auvergne‹ in Montferrand (Clermont-Ferrand)
Ende Juni ›Festa del Pais‹ in Saint-Flour (großer Viehmarkt, Verkostungen, traditionelle Musik)
Ende Juli Folklorefestival in Gannat (Musiker aus aller Welt)
Anfang August ›Foire à la Brocante‹ in Allanche (großer Trödelmarkt)
3. August-Wochenende Festival des Straßentheaters in Aurillac
Ende August ›Festival de La Chaise-Dieu‹ (Kirchenmusik-Konzerte in der Abteikirche)
Ende August ›Fête des Vins‹ in Saint-Pourçain (Weinfest)
Anfang September ›Fête du Roi de l'Oiseau‹ in Le Puy (für eine Woche wird der Ort zur Renaissancestadt)
3. Oktober-Wochenende ›Fiéira de la Castanha‹ in Mourjou, Cantal (Kastanienfest)

Reisen mit Kindern

Die Naturlandschaften der Auvergne, die meist eher flachen Flüsse und die Badeseen, natürlich auch die mittelalterlichen Burgruinen sind ein Paradies für Kindor ab etwa 6 Jahren. Für jüngere muss man auf jeden Fall eine Kindertrage mitnehmen, denn mit einem Buggy hat man oft eher Probleme als Vorteile. Besonders interessant für Kinder ist die Auvergne natürlich in den Sommerferien, wenn die vielen Mittelalterfeste stattfinden (s. S. 54). Vorteilhaft wäre auf jeden Fall, einige wichtige Sätze und Begriffe auf Französisch zu pauken, denn deutsche Kinder trifft man eher selten.

Neben den überaus zahlreichen ›lebenden Museen‹ (frz. *écomusées* genannt) und Informationszentren der Auvergne, vom Papiermuseum Richard de-Bas bei Ambert bis zu den Vorführungen der Messerschleifer in Thiers, lohnt für Kinder vor allem der Vulcania-Park beim Puy de Dôme (nahe Clermont-Ferrand), der mit spektakulärer Technik ausgestattet ist – sogar ein Vulkanausbruch wird simuliert (S. 119). Daneben sind auch die Wildparks interessant, etwa der Wisentpark bei Ste-Eulalie auf dem Margeride-Plateau (S. 184), das Wolfsgehege bei Marvejols in der Region Aubrac (S. 184) oder die Geierbeobachtungsstation an der Jonte (S. 21, 204).

Wer mit Kindern ein Standquartier sucht, ist an einem der Kanu-Flüsse am besten aufgehoben, z. B. an der Tarn im Süden, an der Sioule nahe Vichy oder am Oberlauf des Allier westlich von Le Puy. Ein schönes Standquartier zur Erkundung der zentralen Auvergne ist die Region bei Brioude und Issoire: Von hier aus kann man in Tagesfahrten sehr viele Sehenswürdigkeiten erreichen.

In Besse

Sportlich & Aktiv

Angeln

Die beliebtesten Wildwasser, fernab jeder Umweltverschmutzung, sind der Oberlauf des Allier mit den Nebenflüssen Scuge, Senouire und Dore sowie Alagnon und Truyère im Cantal (Info: www.jcpoiret.com). Wo man eine Angelerlaubnis *(carte de pêche)* erhält, teilt das jeweilige OTSI-Büro mit. Bei Gîtes de France (S. 53) gibt es unter

55

Gleitschirmflieger am Puy de Dôme

dem Label ›Gîte de pêche‹ auch spezielle Ferienhäuser für Angler.

Fahrrad-Touren

Auf Radwandertouren lassen sich die Landschaften der Auvergne abseits der Hauptverkehrswege besonders gut entdecken. Auf den asphaltierten Nebenstraßen hat man vor Autos weitgehend seine Ruhe. Besonders beliebte Radwandergebiete sind die leicht hügeligen Landschaften an der oberen Sioule, bei Chatelguyon und in der Limagne rund um Issoire. Gute Kondition ist allerdings Voraussetzung. Sportlichere Naturen können auch die Vulkanberge erobern, wobei die Überwindung der Pässe schon als sportliche Hochleistung gelten darf.

Mountainbikes (VTT = *vélo tout terrain)* kann man in vielen Orten auslei-

hen. Viele Orte haben mittlerweile Strecken für Wandertouren per MTB markiert; Infoblätter bekommt man jeweils beim lokalen OTSI-Büro. Verschiedene thematische Touren in der Auvergne hat die *Fédération Française de Cyclotourisme* im Programm (www. ffct.org).

Fahrrad-Mitnahme S. 213. Die Ausrüstung sollte stets allwettertauglich sein (wasserfeste Taschen, Handschuhe etc.). Selbst im August und bei Sonne kann die Temperatur auf den Hochpässen unter 15 °C liegen (nähere Info: www.adfc.de/763_1).

Gleitschirmfliegen

Beliebte Sprungschanze zum Drachen- und Gleitschirmfliegen *(vol libre)* ist der steile Spitzkegel des Puy de Dôme südwestlich von Clermont-Ferrand. In den steifen Aufwinden an seinen Hängen gleitet man über fast 800 Höhenmeter in die Tiefe. Mehrere Schulen verleihen Ausrüstung (Gerät und Helme; winddichte Kleidung selbst mitbringen!) und geben auch erste Anleitung. Weitere Möglichkeiten zum Paragliding bestehen von Vichy aus, in Le Mont-Dore und am Puy Mary (www.parapente-puy-mary.com) sowie am Mont Mézenc. Info: *Fédération Française de vol libre,* www.ffvl.fr.

Golf

wird vor allem in den Kur- und Thermalbädern der Auvergne gespielt. Die Plätze: Vichy/Bellerives (18 Loch); Le Mont-Dore (9 Loch); Royat (9 Loch); Orcines (18 Loch); Nassigny (Montluçon, 18 Loch), Le Puy (9 Loch). Info: *Fédération Française de Golf,* www.ffg.org.

Kayak und Rafting

Wildwasser-Fans zieht es vor allem in die Gorges de l'Allier, die Schlucht des Allier-Oberlaufs. Er gehört zur Kategorie leichter Wildwasser und ist den ganzen Sommer über befahrbar. In den Orten entlang des Allier werden Kanus und Kayaks zum Verleih angeboten, es finden auch organisierte Touren statt. Die größten Basen gibt es in Monistrol d'Allier und in Langeac.

Die bekannteste Strecke im Zentralmassiv ist aber der **Tarn** in den Cevennen. Die Schlucht ist spektakulär, doch die Streckenführung des Flusses so einfach, dass sie auch für Familien mit kleineren Kindern unproblematisch ist.

An allen Campingplätzen werden Kanus verliehen. Der belebteste Ort ist Ste-Enimie, La Malène und Les Vignes dagegen sind ruhiger und liegen näher zum engsten Schluchtabschnitt bei Les Détroits und Cirque des Baumes (Tipp: www.campingblaquiere.fr.st).

Daneben sind auch die Sioule Verleihstationen bei Château de Chouvigny und Châteauneuf-les-Bains) sowie der Lot (Stationen in Entraygues, Chanac) beliebte Paddelflüsse.

Bei den Verleihstationen erhält man auch Schwimmwesten, eine wasserdichte Tonne für Gepäck und Proviant sowie Routenskizzen. In der Bootsmiete inbegriffen ist der Rücktransport zum Ausgangspunkt.

Im Sommer und Frühherbst führen die Flüsse relativ wenig Wasser – z. T. muss man aus dem Boot aussteigen, deshalb ist es sinnvoll, Wassersandalen oder Turnschuhe zu tragen, um auf den glitschigen Kieseln Halt zu finden. Nach einem heftigen Gewitter können aus Rinnsalen jedoch blitzschnell reißende Wildwasser werden. Einen

Ballonfahren

Im Ballon (frz. *montgolfière*) kann man die grandiosen Landschaften der Auvergne wohl am besten erleben. In Clermont-Ferrand bietet Objectiv, die zweitgrößte französische Firma für touristische Ballonfahrten, verschiedene Touren, z. B. Chaîne des Puys 220 € oder Puy de Sancy 300 €. Stützpunkt: Aéroport d'Aulnat, Tel. 04 73 60 11 90.

Flussführer (nur Spots mit Niveau ab Klasse III) bietet www.eauxvives.org.

Reiten

Bei Gîtes de France (S. 222) gibt es unter dem Label ›Gîte et cheval‹ Angebote für Reiturlaub *(séjours équestres)*. Adressen von Reiterhöfen *(centre équestre)* vermitteln auch die regionalen und lokalen Tourismusämter.

Neben Ferien auf dem Reiterhof werden auch mehrtägige Reittouren durch die Landschaften der Auvergne und des Bourbonnais angeboten – sicherlich eine besonders schöne Art, die landschaftlichen Schönheiten der Auvergne zu erleben.

Segeln und Surfen

Die Kraterseen der vulkanischen Auvergne sind beliebte Reviere für Wassersport jeglicher Art. Surfbretter und kleine Boote werden in der Hochsaison an vielen Seen verliehen, etwa am Lac d'Aydat zwischen Clermont-Ferrand und Le Mont-Dore, am Lac Chambon bei St-Nectaire und am Lac Pavin. Für kleine Segeltörns bieten sich auch die Stauseen an, etwa der bei Vichy oder Fades-Besserve, Bort-les-Orgues sowie St-Étienne-Cantalès bei Aurillac.

Skifahren

Für den **Abfahrtlauf** *(ski alpin)* kommen zwei Gebiete mit Höhen um 1800 m in Frage: die Cantal-Berge mit dem Skiort Super-Lioran und der Puy de Sancy mit Super-Besse und Le Mont-Dore.
Super-Lioran: eine Seilbahn auf bis zu 1850 m Höhe zum Gipfel des Plomb du Cantal, rund zwei Dutzend Lifte und über 40 Skipisten im Gebiet des Puy Mary (OTSI: 15300 Super-Lioran, Tel. 04 71 49 50 08).
Super-Besse: 22 Zuglifte zu 25 Pisten, davon 6 km mit Schneekanonen. Kabinenseilbahnen zum Puy de Sancy (1885 m) und Puy de la Perdrix (1800 m), von dort pisten sowohl nach Super Besse (1316 m) als auch nach Le Mont-Dore auf der anderen Seite der Berge (OTSI: Super-Besse, nur 20. 12.–20. 4., Tel. 04 73 79 60 29; Pisten-Webcam unter www.superbesse.com).
Le Mont-Dore: Während Super-Besse und Super-Lioran neu gebaute Skiorte sind, blickt Le Mont-Dore (S. 125) auf eine längere Vergangenheit zurück. Zusammen mit La Bourboule verfügt das Gebiet am Puy de Sancy über ca. 40 000 Übernachtungsplätze.

Für **Skilanglauf** *(ski nordique)* bietet die Auvergne in zahlreichen Mittelgebirgsorten etwa 800 km Loipen. Die großen Bergmassive bieten einsame Wald- und Gebirgslandschaften, die Unterkünfte sind aber eher einfach (Appartements, *gîtes d'étape*). Info-Broschüre bei: *Montagne Auvergne*, 23, place Delille, 63000 Clermont-Ferrand, Fax 04 73 92 03 99.

Wandern

In der Auvergne gibt es ein Tausende von Kilometern umfassendes Netz an Wanderwegen – ob Rund- oder Mehrtageswanderung, Touren auf Viehtriebwegen *(drailles)* oder Ökolehrpfaden, Auvergne und Cevennen sind ideale Wandergebiete für jede Kondition.

Berühmte Fernwanderwege (GR: *Grande Randonnée)* durchqueren die Auvergne: GR 4 führt an den Vulkankratern der Monts Dômes entlang und über die Kämme der Cantal-Berge. GR 66 überquert den Mont Aigoual, GR 68 den Mont Lozère, GR 70 folgt den Spuren Robert Louis Stevensons (s. S. 200). In einigen Orten kann man auch in Begleitung eines Gepäckesels wandern (s. S. 201). Bei den lokalen OTSI-Büros gibt es Routenvorschläge (gratis oder als käuflicher Wanderführer). Info im Internet: www.rando-massif-central.com.

Beste Informationsquelle sind die **Topoguides,** Hefte der *Fédération Française de la Randonnée Pédestre* (in Buchläden) mit detaillierten Routenbeschreibungen und Hinweisen auf Wanderhütten *(gîtes d'étape).* Der Verband kümmert sich auch um die Markierung und Instandhaltung der Fernwanderwege, der regionalen Wanderwege *(Grande Randonnée de Pays)* und der lokalen PR *(Promenades et Randonnées).* Markierungen: GR weißrot, GR de Pays gelb-rot, PR gelb. Weitere Info: www.ffrp.asso.fr.

Gute **Wanderkarten** im Maßstab 1:25 000 vertreibt auch das *Institut Géographique National* (IGN, Série Bleue, www.ign.fr).

Übernachten: Entlang der Fernwanderwege gibt es einfache Quartiere für Wanderer. Die Broschüre »Gîtes d'étape et de séjour« kann bei Gîtes de France (s. S. 222) gegen Gebühr angefordert werden. Meist bieten diese Hütten Platz für 8–35 Personen in Gemeinschaftsschlafsälen. Ein Schlafsack muss mitgebracht werden, die maximale Aufenthaltsdauer ist auf drei Nächte begrenzt.

Klima und Reisezeit

Aufgrund der beträchtlichen Höhenunterschiede bietet die Auvergne ein recht uneinheitliches klimatisches Bild. In 1500 m Höhe kann Schnee noch bis zum Mai liegen, während sich zur gleichen Zeit an den Flüssen bereits die Schwimmer tummeln. Zudem ist die Auvergne bekannt für extreme Temperaturstürze und ergiebige Niederschläge. Innerhalb weniger Stunden kann das Thermometer um 20 °C steigen oder fallen, Rekordwerte waren Unterschiede von 40 °C. Regenreich sind vor allem der Mai und der späte August, wenn atlantische Tiefausläufer sich an den Westhängen des Zentralmassivs abregnen.

Dank dieser Witterungsbedingungen ist die Auvergne ein *pays vert,* ein grünes Land – denn selbst im Hochsommer, wenn die Temperaturen unter dem Einfluss eines Hochdruckgebiets über 30 °C erreichen können, behalten die Wiesen der Hochalmen und die Kuppen der Vulkankegel ihr frisches Grün.

Die meist sonnigen und warmen Spätsommer und der Herbst sind für Wanderer die beste Reisezeit. Besonders romantisch und farbintensiv wird die Auvergne Ende September: Die Wälder färben sich golden, die niedrig stehende Sonne modelliert die Landschaft, und die klare Luft gestattet eine wunderbare Fernsicht.

Das aktuelle Reisewetter im Internet: www.meteo.fr.

UNTERWEGS
IN AUVERGNE & CEVENNEN

»Auf der Fahrt in den Süden macht der Zug außer Atem halt vor hohen Bergen – ob aus Ehrfurcht oder Angst vor der zu bewältigenden Anstrengung, weiß man nicht. In der Ferne sieht man den Puy de Dôme, der wie alle heiligen Berge die Umrisse des Fudschijama hat.«
Alexandre Vialatte

Kayakfahrer im Tal der Sioule

GLACIER
CREPERIE
LE
Vieux Moulin

LE
Vieux
Moulin

CRE

urant

Palais

2

Das Bourbonnais

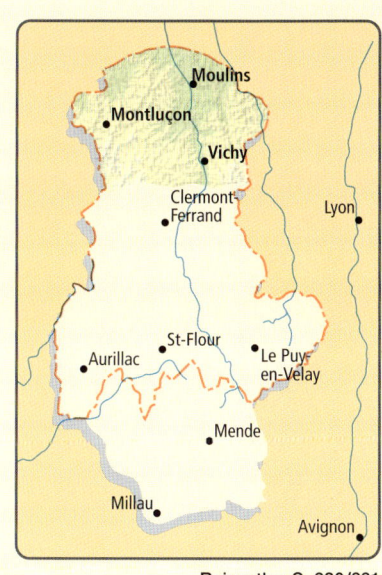

Fachwerkhäuser in der
Altstadt von Moulins

Reiseatlas S. 230/231

MOULINS UND MONTLUÇON

Das Stammland des Hauses Bourbon ist ein flach gewelltes Hügelland, reich an Thermalquellen und historischen Städtchen. Malerisch von Hecken gerahmte Weiden, trutzige Burgen und die mächtigen Eichen des Forêt de Tronçais machen den Reiz der einst so bedeutenden Provinz Frankreichs aus.

Das Bourbonnais gehört heute zur Region Auvergne, und tatsächlich war es historisch immer eng mit ihr verbunden. Geografisch bereiten die sanften Hügel den Weg in die Bergwelt des Zentralmassivs vor. Das Klima ist hier deutlich wärmer und auch trockener, so dass Sportler wie Biker oder Kanuten hier angenehme Bedingungen vorfinden – und die typische kleinteilige Bocage-Landschaft (s. S. 22) macht ausgedehnte Touren außerordentlich reizvoll.

Moulins

Atlas: S. 231, D1

Die alte Hauptstadt des Bourbonnais liegt am Allier und ist heute ein modernes Städtchen mit sehr reizvoller Altstadt. Der Name des Ortes stammt von den Mühlenschiffen, die im Allier bis Ende des 18. Jh. zu Hunderten in der Strömung schaukelten. Moulins hatte seine glanzvolle Zeit im 15. Jh., als die Herzöge von Bourbon in der Stadt residierten, und ist daher als *Ville d'Art et d'Histoire* klassifiziert. Heute ist es Verwaltungshauptstadt des Département Allier, besitzt auch ein wenig Industrie, doch haben es Vichy und Montluçon an Einwohnerzahl und Bedeutung längst überflügelt.

Den Mittelpunkt der Neustadt am rechten Flussufer bildet die **Place d'Allier,** wo zwei Jugendstilbauten Beachtung verdienen: das alte Grand Café mit fantastischer Inneneinrichtung und die Fassade der ehemaligen Galeries Lafayette (jetzt Monoprix) an der Rue d'Allier, die an ihrer Ostseite zur Altstadt emporsteigt.

Hübsche Fachwerk- und Bürgerhäuser aus dem 15. bis 18. Jh. (darunter auch eines, in dem Jeanne d'Arc übernachtet haben soll) säumen den Weg zur Place de l'Hôtel de Ville, auf der samstags ein Markt stattfindet. Dieser Platz wird von der **Tour Jacquemart** [1] überragt, einem gut 30 m hohen Uhrturm aus dem Jahr 1445. Vier Figuren bilden das aufwendige Uhrwerk: Jacquemart und Jacqueline, die Eltern, läuten die vollen Stunden ein, während die Kinder Jacquot und Jacquette die Viertelstunden schlagen (Aufstieg mögl. Juni–Sept).

64

Vorbei am OTSI-Büro kommt man zur **Kathedrale Notre-Dame** 2, deren spätgotischer, Ende des 15. Jh. im Flamboyant-Stil erbauter Chor deutlich von der neugotischen Erweiterung mit den Westtürmen aus dem 19. Jh. zu unterscheiden ist. Im Inneren beeindrucken die Glasfenster aus dem frühen 16. Jh. durch ihre Farbintensität. Berühmt ist das dreiflügelige Altarbild der Kathedrale, das heute in der Sakristei verwahrt wird (April–Sept. 9.30–12, 14–17.30, sonst nur bis 17 Uhr). Neben der Jungfrau Maria vor einem Regenbogen auf der Mitteltafel zeigt das 1502 entstandene Gemälde historische Personen: rechts Herzog Pierre II. von Bourbon, links Anne de Beaujeu mit ihrer kleinen Tochter Suzanne, beide vor der Jungfrau im Gebet kniend. Das Triptychon stammt von einem Maler, der als Maître de Moulins in die Kunstgeschichte eingegangen ist, heute will man ihn als Jean Hey identifizieren. Vornehmlich für seine Porträtdarstellungen bekannt, gilt er als einer der großen Künstler der französischen Spätgotik. Eine zweite zeitgenössische Darstellung des Herrscherpaares findet sich auf dem Fenster der hl. Katharina rechts vom Eingang.

Vor den Westtürmen der Kathedrale stehen die ältesten Reste des ehemaligen Bourbonen-Schlosses: Der aus dem 14. Jh. stammende Donjon, der seinen kuriosen Namen **La Mal Coiffée** 3, die ›Schlecht Frisierte‹, den geknickten Dachschrägen verdankt.

Rechts davon erstreckte sich einst die 1755 abgebrannte Herzogsresidenz bis zum Pavillon Anne de Beaujeu. Dieser Bautrakt entstand im 15. Jh. und gilt als eines der ersten Gebäude Frankreichs im Stil der italienischen Renaissance. Heute beherbergt der Pavillon das **Musée Anne de Beaujeu** 4 (Mi–Mo 10–12, 14–18 Uhr, www. musee-moulins.fr). Ausgestellt sind prähistorische und gallo-römische Funde aus der Umgebung, Bauteile und Skulpturen aus dem Mittelalter und der Renaissance sowie Waffen, Fayencen und eine umfangreiche Gemäldesammlung.

Die idyllischste Ecke des alten Moulins sind die Gassen rund um die **Place de l'Ancien Palais.** Sie werden gesäumt von wunderbaren Fachwerkbauten mit hohen, vorkragenden Giebeln, die zumeist um 1460 für die Verwalter am Herzogshof entstanden. In einer Gruppe solcher Häuser ist das **Musée Bourbonnais** 5 untergebracht (April–Sept. tgl. 15–18.30 Uhr; sonst Okt.–März 14–17.30 Uhr). Zu sehen sind Trachten und Werkzeuge von Küfnern, Schmieden, Korbflechtern, Seil- oder Holzschuhmachern. Interessant auch die Dokumente über die Zeit der Okkupation durch Hitlerdeutschland, als die Demarkationslinie zwischen besetzter Zone und dem freien Frankreich am Pont Régemortes durch Moulins verlief.

Zurück an der Place de l'Allier sollte man einen Bummel durch den **Marché Couvert,** die Markthalle mit einigen Spezialitätenständen, nicht verpassen. Im Quartier des Mariniers, der flussnahen Unterstadt, lohnt auch der kurze Abstecher zur **Rue du Pont Ginguet** 6, eine fast vollständig in historischer Form renovierte Straße des 16. Jh. mit typischen Holzhäusern.

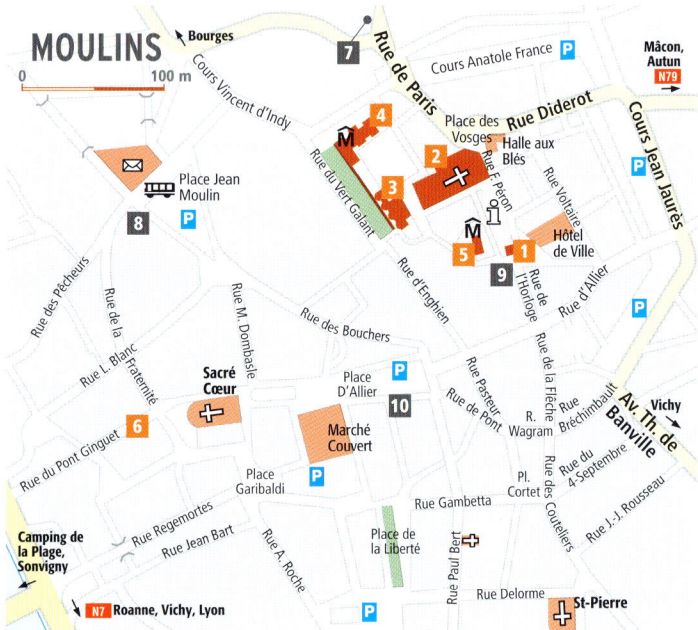

MOULINS

Centre du Costume: 2005 soll in Moulins das Centre National du Costume de Scène öffnen, das rund 10 000 Kostüm-Stücke der Comédie Française, der Opéra de Paris und aus der Bibliothèque Nationale verwahren wird.

OTSI: 11, rue F. Péron, 03006 Moulins, Tel. 04 70 44 14 14, Fax 04 70 34 00 21, www.ville-moulins.fr. Im OTSI-Büro sind auch Broschüren für drei informative Stadtrundgänge *(flâneries historiques)* erhältlich.

***Hôtel de Paris 7: 21, rue de Paris, Tel. 04 70 44 00 58, Fax 04 70 34 05 39, www.hoteldeparis-moulins.com. Stilvolles Ambiente in einem historischen Stadtpalais. DZ 54–122 €.

Le Normandie 8: 39, place Jean Moulin, Tel. 04 70 44 23 38, Fax 04 70 35 25 84. Einfaches Hotel mit kleinen Zimmern über einer Gaststätte. DZ um 40 €. Gleich benachbart am selben Platz: Hôtel Kyriad, 9/19, place Jean Moulin Tel. 04 70 35 50 50, Fax 04 70 35 50 60, www.kyriad.fr.

Moulins beteiligt sich am Programm ›Restaurateur du Terroir‹, mit dem regionale Rezepte gefördert werden sollen. Eine Liste der Restaurants ist im OTSI-Büro erhältlich.

Jacquemart: im Hotel de Paris (7, s.o.), Sa mittags, So abends und Mo geschl. Das beste Restaurant der Stadt, Menüs bis 65 €, aber auch mit dem günstigsten (24 €) ist man gut bedient – zumal die Dessertauswahl umwerfend ist.

Sehenswürdigkeiten

1　Tour Jacquemart
2　Kathedrale Notre-Dame
3　La Mal Coiffée
4　Musée Anne de Beaujeu
5　Musée Bourbonnais
6　Rue du Pont Ginguet

Unterkunft

7　Hotel de Paris
8　Le Normandie

Essen & Trinken

9　À l'Ancien Palais
10　Grand Café

Souvigny

Atlas: S. 231, D1

Im 10. Jh. gründeten die Benediktiner von Cluny hier eine Abtei, die als Grabkirche zweier Äbte dieses berühmten Klosters zum Wallfahrtsort wurde. Im 15. Jh., als sich in Souvigny auch die mächtigen Herzöge von Bourbon bestatten ließen, entstand dann die heutige imposante Kirche mit 84 m Länge.

Die herzoglichen Grabstätten mit lebensgroßen Liegefiguren bezeugen einmal mehr die Prachtentfaltung am Hof zu Moulins. Rechts vom Chor, in der Alten Kapelle, ruhen Louis II., 3. Herzog von Bourbon († 1410), seine Frau Anne d'Auvergne und ihr Sohn Jean I († 1433); die Architektur ist hier noch im hochgotischen Flamboyant-Stil gehalten. Links in der Neuen Kapelle aus dem 15. Jh. liegen Charles I und seine Frau Agnès de Bourgogne und schließlich auch die großen Her-

À l'Ancien Palais 9 : 25, rue de l'Horloge, Tel. 04 70 44 35 40, So abends und Mo geschl. In einem wunderbaren historischen Altstadthaus französische und regionale Küche. Menü ab 15 €.
Günstige Bistro-Küche in den Brasserien an der Place d'Allier. Treffpunkt der Generationen ist dort das **Grand Café** 10 mit Jugendstileinrichtung.
Im Sommer trifft man sich auch gern im ›Strandrestaurant‹ **La Paillote** am Campingplatz auf der anderen Fluss-Seite, wo man sehr schon draußen sitzen kann.

Kanu-Station im Juli und im Aug. beim Camping de la Plage am linken Flussufer, Tel. 04 70 44 14 14. Organisiert werden auch Tagestouren von Vichy flussabwärts nach Moulins zurück.

St-Menoux

Das Dörfchen St-Menoux nördlich von Souvigny ist benannt nach dem hl. Menolphus, einem irischen Bischof, der hier um 740 verstarb. Sein Sarkophag in der romanischen Kirche (hinter dem Hochaltar) galt als Débredinoire: Geistesschwache (bredins) erwarteten Heilung, wenn sie ihren Kopf durch eine Öffnung steckten. Daran erinnert die **Course des Bredins** Ende Juli, ein burlesker Umzug von Clowns und anderen ›Verrückten‹.

Kreuzgang im Kloster Souvigny

zöge Jean II († 1488), Pierre II († 1503) sowie Anne de Beaujeu († 1522) und Suzanne de Bourbon († 1521) (s. S. 65); hier ist schon die Formensprache der Renaissance zu erkennen.

Gegenüber ist in der **Kirche St-Marc** ein kleines Museum mit mittelalterlichen Skulpturen untergebracht, unter anderem der Zodiaque de Souvigny aus dem 12. Jh. Auf dieser Steinsäule sind die Sternzeichen, die Arbeiten im Jahresrhythmus, Fabeltiere und Völker, die an den »Enden der Welt« wohnen, dargestellt.

 **Auberge Les Tilleuls:** Place St-Eloi, Tel. 04 70 43 60 70, So abends und Mo geschl. Regionale Küche mit Fantasie präsentiert, Mitglied der Vereinigung Menus Bourbonnais. Menü 20 €.

Foire Médiévale: Ende Juli, Anfang August ein großes Mittelalterfest mit Markt und Schaukämpfen.

Bourbon-l'Archambault

Atlas: S. 230, C1

Der Kurort mit etwas altmodischem Charme wird von der Stammburg der Bourbonen aus dem 13. Jh. überragt. Als Thermalbad erlebte Bourbon-l'Archambault seine große Zeit im 17./18. Jh., als Madame de Montespan, die Mätresse des Sonnenkönigs, und Talleyrand, dessen Außenminister, hier das Wasser und die ländliche Ruhe genossen.

Seit dem 10. Jh. ist hier die Familie Archambault nachgewiesen, das Stammgeschlecht der Bourbonen. Ihre feudale **Burg,** begonnen im 13. Jh., wurde nach der Revolution als Steinbruch genutzt; nur die drei gewaltigen Nordtürme blieben erhalten. Die einstigen Ausmaße der Anlage verdeutlicht der Turm Qui-qu'en-grogne (»Wer murrt darüber?«), der die frühere Südostecke markiert und wegen der für seinen Bau zu zahlenden zusätzli-

chen Abgaben diesen Spitznamen erhielt (mit Führung Mitte Juni–Mitte Sept. Mo–Sa 10–19, So 14–18 Uhr, März–Nov. 14–18 Uhr).

Im Ort zeigen Lilienwappen in den Fenstern der Häuser den royalistischen Stolz auf die große Vergangenheit. An den einstigen Ruhm erinnern die Allées Montespan im Kurpark, an dessen nördlichem Ende sich ein schöner Blick auf die Türme des Bourbonenschlosses eröffnet.

OTSI: Place des Thermes, 03160 Bourbon-l'Archambault, Tel. und Fax 04 70 67 09 79.

***Grandhotel Montespan Talleyrand:** 2–4, place des Thermes, Tel. 04 70 67 00 24, Fax 04 70 67 12 00, www. hotel-montespan.com. In historischen, stilvoll eingerichteten Häusern aus dem 16. und 17. Jh. mitten im Ort, Zimmer zum Teil mit alten Balkendecken und Fachwerk. Auch Appartements. Solide Küche. DZ 55–80 €.

Montluçon

Atlas: S. 230, A2

Die Stadt zu Füßen eines herzoglichen Schlosses im Tal des Cher ist heute das ökonomische Zentrum des Bourbonnais. Mit der Eröffnung des Canal du Berry 1834–1840 begann die industrielle Entwicklung: Eisenerze aus dem Berry wurden nach Montluçon transportiert und hier mit der Kohle aus Commentry etwas weiter südlich verhüttet. Der auf Befehl Napoleons begonnene Wasserweg wurde zwar 1955 geschlossen, aber da hatten sich schon neue Industrien angesiedelt, etwa Dunlop, heute größter Arbeitgeber, und die SAGEM, ein elektromechanischer Betrieb. 1892 wählte Montluçon als erste Stadt Frankreichs einen sozialistischen Bürgermeister; dessen Sohn, Marx Dormoy, wurde Minister der Volksfront-Regierung und 1941 vom Vichy-Regime ermordet.

Das Industrie- und Arbeiterviertel, die Ville Gozet, entwickelte sich vornehmlich am linken Ufer des Cher. Auf der anderen Seite des Flusses gruppiert sich das historische Montluçon mit vielen hübschen Fachwerkhäusern aus dem 15. und 16. Jh. rund um das alte Bourbonen-Schloss, wobei der belebte **Boulevard de Courtais,** der die Altstadt fast ganz umrundet, dem Verlauf der früheren Stadtmauern entspricht.

Einen Stadtrundgang beginnt man am besten an der Place Piquand (Parkplatz an der Av. Marx Dormoy). Am inneren Ring um den Burghügel – Rue Grande, Rue des Serruriers, Rue de la Fontaine – lohnen viele historische Stadthäuser (das älteste stammt aus dem 13. Jh.) einen Blick.

Die **Kirche St-Pierre** [1] an der Rue des 5-Piliers ist ein romanischer Bau mit leicht schiefer Fassade, der zwischen den Fachwerkhäusern kaum auffällt. Besonders verehrt wird dort eine Magdalenen-Statue im Stil der Schwarzen Madonnen, von deren religiöser Bedeutung die zahlreichen Bittzettel zeugen, die sich auf ihrem Altar häufen.

Über die Rue de la Fontaine geht es an schönen Renaissance-Fassaden zur großen **Kirche Notre-Dame** [2] hinauf, die im 15. Jh. erbaut wurde. Von dort führt die Passage du Doyenné auf die Place de la Comédie, wo samstags ein Blumenmarkt stattfindet.

Sehenswürdigkeiten

[1] Kirche St-Pierre
[2] Kirche Notre-Dame
[3] Château des Ducs de Bourbon, Musée des Musiques Populaires

Unterkunft

[4] Hôtel des Bourbons
[5] Le Grenier à Sel

Essen & Trinken

[5] Le Grenier à Sel

Eine Gasse bei Notre-Dame windet sich zum **Château des Ducs de Bourbon** 3 hinauf, das Anfang des 15. Jh. begonnen, später aber im Stil der Renaissance umgestaltet wurde. Das Schloss mit einer langen Holzgalerie und einem Uhrturm beherbergt das **Musée des Musiques Populaires** mit einer Sammlung alter und neuer Musikinstrumente, von der taditionellen Drehleier (s. S. 74) bis zum Akkordeon. Daneben sind auch Dokumente zur Résistance in der Region ausgestellt (April–Sept. Mi–Mo 10–12, 14–18 Uhr, im Winter 14–18 Uhr außer Mo und Di).

Auf dem Rückweg nimmt man dann die **Rue Grande,** die von Bürgerhäusern gesäumte Hauptgeschäftsstraße des alten Montluçon, wo man die Wahl zwischen zahlreichen netten Café-Bars und Restaurants hat.

OTSI: 5, place Piquand, 03100 Montluçon, Tel. 04 70 05 11 44, Fax 04 70 03 89 91, www.mairie-montlucon.fr, www.vallee-montlucon-dvpmt.fr.

**Hôtel des Bourbons 4 : 47, av. Marx-Dormoy, Tel. 04 70 05 28 93, Fax 04 70 05 16 92. Logis de France-Haus in einem Jahrhundertwendebau am Bahnhof, 43 nicht allzu große, moderne Zimmer; mit Restaurant. DZ 40–46 €, Menü ab 14 €.

****Le Grenier à Sel 5 : 8, rue Ste-Anne, Tel. 04 70 05 53 79, Fax 04 70 05 87 91, www.legrenierasel.fr. Die stilvollste Adres-

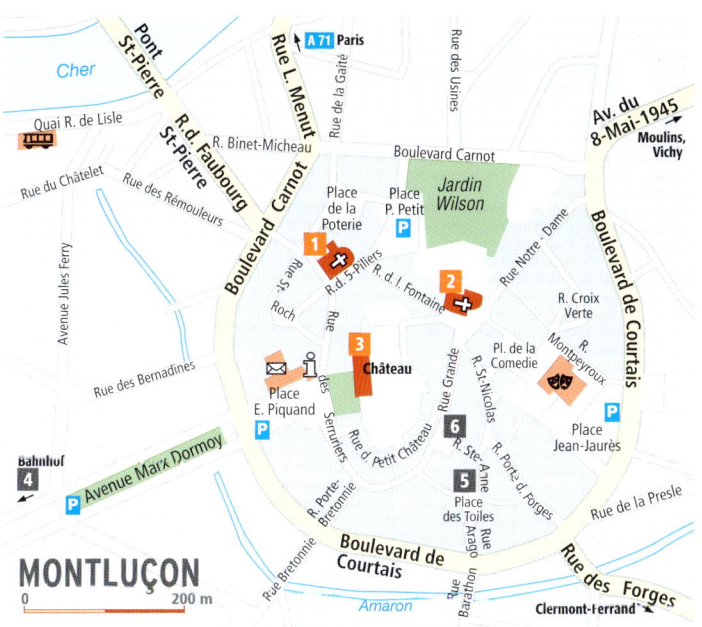

71

Das alte Bourbonenschloss von Montluçon

se direkt in der Stadt: nobles Ambiente in historischen Gemäuer; nur 7 Zimmer (reservieren!). DZ 90–115 €. Dazu ein gehobenes Restaurant (Toques d'Auvergne), im Sommer auch im schönen Innenhof. Menü 20–65 €, mittags günstiger.

****Château St-Jean:** am Ortsrand an der Straße nach Néris-les-Bains, Parc St-Jean, Tel. 04 70 02 71 71, Fax 04 70 02 71 70, www.chateaustjean.net. Das romantische Schlosshotel mit Schwimmbad und Park vermietet 20 Zimmer. Stolz vermeldet die Internetseite berühmte Gäste von Lance Armstrong bis Patricia Kaas. DZ 93–115 €. Sehr gutes Restaurant in der alten Kapelle. Menü 30–55 €.

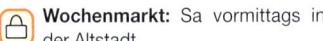 **La Table d'Antan** 6 : 3, Rue Grande, Tel. 04 70 03 67 01, So und Mo abends geschl. Traditionelle und moderne regionale Küche, ein hübsches Bistro im alten Stil. Recht beliebt. Menü 20 €

Wochenmarkt: Sa vormittags in der Altstadt.
Ferme St-Pierre: Place de la Poterie. Kulinarische Spezialitäten der Auvergne.

Carnaval du Bœuf: Spektakel rund ums Charolais-Rind, März. **Grande Braderie:** Musikfestival, Juni. **Marienprozession:** am So nach dem 8. Sept.

Forêt de Tronçais

Atlas: S. 230, B1
Der knapp 11 000 ha große Eichenwald war einst Besitz der Herzöge von Bourbon. Colbert, Handelsminister unter Ludwig XIV., ließ ihn gezielt bewirtschaften, um Holz für den Schiffbau zu erzeugen. Heute dürfen die mächtigen Bäume erst mit einem Alter von 225

Jahren geholzt werden (www. onf.fr).

Trotz der sternförmig angelegten schnurgeraden Wirtschaftswege bezaubert der Wald den Spaziergänger mit mächtigen Eichen, mit Quellen, Tümpeln und grünem Dämmerlicht im Hochwald. Rotwild und Wildschweine verbergen sich im Dickicht. Nur zu Fuß darf man die *zone de silence* betreten, etwa beim Rond de la Cave, oder die Futaie Colbert, wo die mit bis zu 300 Jahren ältesten Eichen stehen.

Kreuzungspunkt mehrerer Forststraßen ist der Rond Gardien mit einer Orientierungstafel. Von hier kann man zum **Étang de Pirot** weiterfahren (Badebetrieb im Sommer). Ein idyllischer Badesee ist auch der **Étang de St-Bonnet** beim gleichnamigen Urlaubsörtchen an der Westseite des Waldes.

Le Tronçais: Av. N. Rambourg, Tel. 04 70 06 11 95, Fax 04 70 06 16 15. Logis de France-Hotel im früheren Anwesen des Forstmeisters, direkt am See. DZ 51–68 €, Menü 19–31 €. ***Le Rond Gardien: Tel. 04 70 06 11 21, Fax 04 70 06 16 37. Kleines Hotel mit 6 Zimmern im Forsthausstil am Rond Gardien mitten im Wald. DZ 26–31 €.

Sentier des étangs: Ein Rundwanderweg führt durch den Wald und zu den fünf Seen.

Auf der Fahrt zurück nach Montluçon lohnt ein Abstecher nach **Hérisson** (D 39 von St-Bonnet-Tronçais), im Tal der Aumance unterhalb einer Burgruine aus dem 13. Jh. gelegen. Den besten Blick hat man von der Chapelle du Calvaire am linken Aumance-Ufer.

Forêt de Tronçais

MUSIK AUS DEM MITTELALTER

Von Drehleier und Dudelsack

Die *bourrée* ist der berühmteste Volkstanz der Auvergne, bekannt schon seit dem 17. Jh. Die Tanzfiguren symbolisieren die kokette Flucht eines jungen Mädchens, das vor dem verliebten Galan davonrennt, aber doch immer wieder zu ihm zurückkehrt. Als typische Instrumente begleiten sie die *cabrette* (oder *musette)*, die auvergnatische Dudelsackvariante mit ihrem schrillen Klang, und die *vielle,* die Drehleier; das heute weitverbreitete Akkordeon kam erst später dazu.

In Montluçon im Département Allier befindet sich heute das einzige Drehleier-Museum der Welt – durchaus nicht zufällig, ist doch die *vielle à roue* das traditionelle Instrument der Region. Dieses Saiteninstrument funktioniert ebenso wie die Cabrette nach dem Prinzip: Grundtöne plus Melodietöne. Bei der Drehleier wird der Ton durch ein Rad erzeugt, das – über eine Kurbel gedreht – vier oder sechs Saiten anstreicht. Der so entstehende Grundklang kann vom Spieler rhythmisiert und durch die Tasten des *clavier* zu Melodietönen verändert werden, während die Grundtöne weiterlaufen.

Schon im hohen Mittelalter war eine große Drehleier mit kastenförmigem Resonanzkörper unter dem Namen Organistrum bekannt. Sie wurde allerdings von zwei Musikern bedient und zunächst (im 10. Jh.) ausschließlich für sakrale Musik verwendet. Die Troubadors machten daraus die *symphonia* (oder *chifonie)* – mit kleineren und handlicheren Ausmaßen konnte das Instrument nun auch weltliche Lieder begleiten, wenn man von Schloss zu Schloss zog. In der Renaissance wurde die Vielle zum höfischen Instrument, und die Form veränderte sich abermals: Der Resonanzkasten wurde birnenförmig und war mit kostbaren Einlegearbeiten verziert. Die großen Manufakturen saßen in Lyon, Straßburg und Paris. Den Erfolg verdeutlicht am besten die Darstellung auf dem Totentanz-Fresko in La Chaise-Dieu: Der Tod trägt traditionellerweise eine Laute, hier hat er eine Drehleier.

Néris-les-Bains

Atlas: S. 230, B2

Schon den Galliern war die heilende Kraft der Quellen dieses Kurorts bekannt. Unter den Römern wurde Aquae Nerii einer der bekanntesten Badeorte des Nordens, mit Thermen, Villen, Palästen und einem Theater. Der Einfall der Franken machte dieser Idylle dann ein Ende, und erst im 16. Jh. zeigten die Franzosen wieder größeren Sinn für Gesundheit: Rabelais erwähnt die Bäder von Néris in seinem ›Pantagruel‹.

Ausgrabungen haben etliche gallo-römische Fundstellen freigelegt: das Amphitheater an der Durchgangsstraße (unter Bäumen versteckt), römische Thermen auf dem Gelände des

Bis zum 19. Jh. verlor die Leier dann an Prestige, da sie vor allem von Bettlern und fahrenden Musikanten genutzt wurde. Als Instrument der einfachen Leute erlebte sie jedoch in der Volksmusik ländlicher Gegenden eine Renaissance. Auch die Manufakturen verlagerten sich, vor allem ins Zentralmassiv: Eines der renommiertesten Zentren war das von Jenzat im Sioule-Tal nördlich von Gannat. Hier begann Ende des 18. Jh. ein Gilbert Pajot mit dem Bau von Drehleiern, dessen Werkstatt über fünf Generationen bestand. Dieser Werkstatt, deren Instrumente noch heute für ihren Klang berühmt sind, sagt man nach, die *vielle bateau,* die heute noch übliche runde Form, erfunden zu haben.

Das andere wichtige Instrument der auvergnatischen Volksmusik ist die *cornemuse,* auch *cabrette* genannt wegen des für den Luftbehälter verwendeten Ziegenleders (lat. *capra, tsabre* im Auvergnatischen). Die Cabrette besteht aus einem Blasebalg, mit dem der Luftsack vollgepumpt wird, dessen Luftstrom drei Pfeifen zum Klingen bringt: Ebenso wie bei der Vielle spielt eine die Melodie, die beiden anderen Pfeifen übernehmen die Grundtöne. Im 18. Jh. war die Cabrette das bevorzugte Instrument bei allen Festen im Cantal, später, im Zuge der Emigration der Auvergnaten (s. S. 34), trat sie ihren Siegeszug auch in der Basse-Auvergne und insbesondere im Südbourbonnais an.

Nach dem Ersten Weltkrieg nahm das Interesse an Drehleier und Cabrette ab, die Violine und das Akkordeon ersetzten sie. Die großen Spieler starben, die Nachfrage sank und führte zum Konkurs der Handwerker. Als letzter schloss 1939 Pajot in Jenzat. Erst die Folkbewegung der 1970er Jahre führte zu einer neuen Generation von *luthiers,* vor allem die Folkpop-Gruppe Malicorne brachte die Drehleier und die alten Lieder wieder zu neuen Ehren. Seit 1975 finden in St-Chartier bei La Châtre (Indre) die Rencontres de Luthiers et Mâitres-Sonneurs de Vielles et Cornemuses statt. Und auch in der Auvergne gibt es heute zahlreiche Folkfestivals in verschiedenen Orten; die Agence des Musiques Traditionelles d'Auvergne (AMTA) in Riom ist als Vermittlungsagentur der Musiker gegründet worden. Und in Jenzat sind in einer alten Drehleier-Werkstatt Besucher willkommen (Maison du Luthier, S. 80).

heutigen Freibads und etwas höher an der Straße die 1500 Jahre alte nördliche Außenmauer des spätantiken Vorgängerbaus (4. Jh,) in der **romanischen Kirche** (12. Jh.): Steinreihen wechseln bis in 8 m Höhe mit Ziegelreihen. Gleich nebenan zeugen 65 Sarkophage unter Glaspyramiden von einem Friedhof des 6. Jh., der Zeit, als der hl. Patroklus Néris missionierte.

OTSI: Carrefour des Arènes, 03310 Néris-les-Bains, Tel/Fax 04 70 03 11 03, www.neris-bains.auvergne.net.

Zahlreiche Hotels und Pensionen rund um die Thermalanlagen.
*Hôtel du Centre Proxima: 10, rue du Cap. Migat, Tel. 04 70 03 10 74, Fax 04 70 03 15 37, proxima.hotel@wanadoo .fr. Preiswertes Logis de France, im Zentrum, mit Parkplatz. DZ 29–35 €.

DAS SIOULE-TAL UND VICHY

Im Süden des Bourbonnais bildet das Tal der Sioule ein attraktives Feriengebiet für Kanuten und Fahrradfahrer. Zahlreiche historische Städte und Weindörfer bieten Ziele für Entdeckungen. Die Thermalkurstadt Vichy dagegen atmet ganz den Geist des frühen 20. Jahrhunderts.

St-Pourçain

Atlas: S. 231, D2

Wenn man von Moulins das Allier-Tal hinunterfährt, beginnt bei Chemilly das Weinbaugebiet des *Pays saint-pourcinois*. Am Weg lohnen Abstecher zu Burgen wie dem **Château de Botz,** das bewohnt ist und besichtigt werden kann (Juli, Aug. Di–So 10–12, 14.30–17 Uhr) oder dem **Château de Fourchault** bei Besson, das verlassen ist und wie ein Dornröschenschloss verfällt.

St-Pourçain liegt im Tal der Sioule, die sich an kieseligen Sandbänken, Sumpfwiesen und Weinhängen vorbeischlängelt. Es ist ein hübsches Winzerstädtchen, dessen Geschichte sich bis zu den Römern zurückverfolgen lässt. Auf den historischen Marktplatz abseits der Durchgangsstraße münden alle Gässchen – überragt wird er von der Tour de l'Horloge: Den Uhrturm ließ Ludwig XI. 1480 als Bergfried *(beffroi)* erbauen, um die Bürger vor den Überfällen der auvergnatischen Adligen zu schützen.

Vom Platz öffnet sich eine Passage zum malerischen Cours des Bénédic-

tins; dort ist in der Maison du Bailli (16. Jh.) das **Musée de la Vigne et du Terroir** untergebracht. Unter den Exponaten des Weinmuseums beeindruckt besonders eine riesige Weinkelter, mit der vier Mann 300 kg Trauben auf einmal pressen konnten. Sie stammt aus dem 17. Jh., als in der Umgebung noch zehnfach soviel Wein erzeugt wurde wie heute (Juli–Sept. Di–So 10.30–12, 14.30–18, April–Juni Mi, Sa, So 14.30–17 Uhr, Okt. Mi, Sa 14.30–17 Uhr).

Gegenüber betritt man durch ein Seitenportal die **Kirche Ste-Croix,** die vom 11. bis zum 15. Jh. als Kirche eines Benediktiner-Konvents entstand. Sie blieb unvollendet, wurde aber improvisiert weitergebaut, so dass eine wunderliche Vermischung von Stilen entstand. Das Innere ist dunkel, denn an Fenstern hat man sehr gespart.

OTSI: Place Maréchal Foch, 03500 St-Pourçain-sur-Sioule, Tel. 04 70 45 32 73, Fax 04 70 45 60 27, www.saint-pourcain-sioule.auvergne.net.

**Le Chêne Vert: 35, bd. Ledru-Rollin, Tel. 04 70 47 77 00, Fax 04 70 47 77 39. Das beste Haus am Ort mit 29 gepflegten Zimmern, leider direkt an der Straße. Auch das Restaurant ist akzeptabel. DZ 48–54 €, Menü ab 15 €.

Demeure de Chaumejean: Verneuil-en-Bourbonnais, Tel./Fax 04 70 45 53 92, www.ceramique.com/chaumejean. Gästezimmer und Côtoc in einem hübschen Schlösschen oder den Anbauten. Auch Keramikkurse. DZ 43 €.

🍴 **Auberge des Aubrelles:** 32, rue des Béthères, Tel. 04 70 45 41 65; Richtung Camping de la Moute. Lauschiges Restaurant mit schöner Terrasse am Sioule-Ufer, auf der Karte Fisch und regionale Spezialitäten, die mit viel Kreativität serviert werden. Plat du Jour ab 7 €, Menü 11–32 €.

Roi de l'Andouillette: 6–8, place Clemenceau. Kleines Gasthaus am Hauptplatz mit der Spezialität Andouillettes (ab 9 €) aus der Metzgerei nebenan, die zu den besten Frankreichs gehören sollen.

🎭 Großer **Flohmarkt** am Sa nach dem 14. Juli; **Weinfest** mit Verkostung am letzten Augustwochenende.

🏠 **Le Cellier:** 69, bd. Ledru-Rollin, Verkauf von Weinen von rund 20 Winzern der Region und von regionalen Produkten (Käse, Tripoux, Confit). Jeden Sa **Wochenmarkt.**

Die Route des Vins

Für einen Ausflug ins Weinbaugebiet folgt man der ›Weinstraße‹ von St-Pourçain nach Süden, über Charoil Cintrat mit einem prachtvollen Schloss des 16. Jh. (Mitte Juni–Mitte Sept. Mo–Sa 10–12, 14–17 Uhr) bis Chantelle, einem pittoresken Kleinstädtchen über dem Tal der Bouble mit einer Schlossruine der Bourbonen (s. S. 68). Dann geht es

wieder nach Norden über Deneuille, Fleuriel (romanische Kirche), Cesset (Donjon), Montord, Louchy-Montfand (Schloss aus dem 11./16. Jh.), Saulcet (romanische Kirche, 13. Jh.) zurück. Auch Verneuil-en-Bourbonnais mit der von einem mächtigen Turm überragten Kirche St-Pierre ist ein hübscher Winzerort. In jedem dieser Dörfer finden sich Kellereien *(caves),* wo man den St-Pourçain verkosten und kaufen kann.

Château de Billy

Atlas: S. 231, E3
Östlich von St-Pourçain beherrscht das **Château Billy** mit einem noch gut erhaltenen Mauerring auf einer Anhöhe das Allier-Tal (Juli, Aug. tgl. 10–12, 14–19, Mai, Juni, Sept. Di–So 10–12, 14–18 Uhr, April, Okt. nur Sa, So). Erbaut vom 12. bis zum 14. Jh., war es einst ein strategisch wichtiger Punkt an der alten Römerstraße von Varennes nach Clermont. Noch heute scheinen die Häuser sich in den Schutz der Burgruine ducken zu wollen.

🍴 Im hübschen **Hôtel du Château** bekommt man nicht nur ein Zimmer, sondern auch regionale Spezialitäten.

Die Weinstraße per Mountainbike

Wer die Tour ins Weingebiet lieber mit dem Mountainbike (frz. VTT) unternehmen will, hat drei markierte Strecken (20, 40, 60 km) zur Auswahl (Info im OTSI-Büro).

WEINBAU IN DER AUVERGNE

Unter den Weinbaugebieten Frankreichs sind die auvergnatischen heute weithin unbekannt. Und das, obwohl bereits die Römer die Weinrebe bei den Arvernern eingeführt haben: Plinius der Ältere zum Beispiel schreibt, dass die auvergnatischen Weine hoch geschätzt seien. Vielleicht ist manchem das Gebiet St-Pourçain aus dem Bourbonnais ein Begriff, kaum aber die Weiß- und Rotweine der Auvergne: Boudes, Chanturgue, Chateaugay, Corent, Madargue sind nur Eingeweihten geläufige Namen. Der St-Pourçain allerdings war im Mittelalter so berühmt wie die Weine aus Beaune und wurde von Frankreichs Königen und Avignons Päpsten hoch geschätzt.

Noch bis zur Mitte des 19. Jh. war die Auvergne mit ihren vulkanischen Böden eine der großen Weinbauregionen Frankreichs. Der große Einbruch kam mit der Phylloxera-Krise 1892, als der Reblausbefall sich Jahr für Jahr weiter ausbreitete: 1885 schätzte man die Gesamtproduktion in der Auvergne auf 1,6 Mio. hl, 25 Jahre später waren es nur noch 600 000. Nur die Region von St-Pourçain wurde damals verschont. Der Niedergang setzte sich nach dem ersten Weltkrieg fort: Gegenüber 16 000 ha Weinbaufläche 1920 zählt man heute gerade noch knapp 5000 ha. Heute unterscheidet man zwei große Gebiete, die eigentlichen Côtes d'Auvergne und St-Pourçain im Bourbonnais.

Das Weinbaugebiet von **St-Pourçain** erstreckt sich als ein 5 bis 7 km breiter Streifen entlang einer Hangkette von Moulins Richtung Süden bis nach Chantelle und umfasst 19 Gemeinden, in deren Mitte St-Pourçain liegt. Die Höhe der Hänge an den Ufern von Sioule, Allier und Bouble beträgt zwischen 250 und 400 m. Produziert werden Weiß-, Rosé- und Rotweine. Als bevorzugte Rebsorten für den Weißwein wird Sacy (hier oft auch Tresallier genannt) angebaut, daneben Sauvignon, Chardonnay und Aligoté, als rote Rebsorten vorwiegend Gamay und Pinot noir. Die bekanntesten Tropfen dieser Appellation sind die trockenen, fruchtigen Weißweine von klarem Farbton mit Tendenz ins Grünliche und mit leichter Apfelnote (Produktion etwa 5000 hl), obwohl mehr Rosé (um 6000 hl) und Rotwein hergestellt wird (8000–10 000 hl). Weinliebhaber können von St-Pourçain aus eine ›Weinstraße‹ abfahren, die etliche kunsthistorische Ziele mit dem Besuch von Kellereien *(caves)* verbindet (s. S. 77).

Die heutigen, erst 1977 fixierten **Côtes d'Auvergne** umfassen nur noch ein Drittel des einst viel größeren und berühmten Anbaugebietes, ein paar Hänge zwischen Châtelguyon und Issoire und bei Riom. Als Rebsorten werden Chardonnay für Weißweine, Gamay und Pinot noir für Rotweine und Rosés bevorzugt. 53 Kommunen dürfen das Label Côtes d'Auvergne benutzen; die bekanntesten Erzeugergebiete sind Boudes, Chanturgue, Châteaugay, Corent oder Madargue, die ihren Namen als lokale Appellation nachstellen können. Besonders große Erfolge konnten vor allem die Winzer von Boudes verzeichnen, deren Produkte mehrfach prämiert wurden. Tipp: Versuchen Sie den Weißwein von Claude Sauvat mit einem leichten fruchtigen Grundton und einem Nachhall von Nüssen oder den Rotwein von Jean-René Imbeau, der ein wenig an Beaujolais erinnert. Für die in alle Kontinente verstreuten Auvergnaten ist der Chanturgue mit seinem leichten Veilchenduft der beste Wein der Welt, ein kirschroter Wein aus der Gamay-Traube, leicht, fruchtig und mit dem typischen Charakter, den die Weine der Auvergne wohl dem vulkanischen Boden verdanken. Er gilt als gut lagerfähig, ist aber ebenso selten wie legendär geworden.

Zwei Museen gibt es, die über den Weinbau in der Region informieren – das eine in St-Pourçain (s. S. 76), das andere im ehemaligen Winzerdorf Aubière, das im Zentrum noch schöne historische Architektur bietet, aber heute von den südlichen Gewerbegebieten von Clermont-Ferrand umklammert wird. Das dortige Musée de la Vigne informiert über die Produktion der ›Côte d'Auvergne‹; man kann die Tropfen auch verkosten (Mai–Okt. tgl. 10–12, 14–19 Uhr, sonst nur Sa, So 14–18 Uhr).

Anfang Sept. großer **Trödelmarkt.**

Château de La Palisse

Atlas: S. 231, E3
Das Dorf Lapalisse östlich von Billy wird überragt von einer riesigen Schloss-Burg. Das Château am Ufer der Besbre stammt teils aus dem 13. Jh., teils wurde es im 16. Jh. von florentinischen Handwerkern errichtet. Das Schloss ist seit 1430 im Besitz der Familie La Palice, die im prachtvollen *Salon doré* zwei kostbare flämische Tapisserien des 15. Jh. mit einer Darstellung des Kreuzfahrers Gottfried von Bouillon zeigt.

In der Kapelle liegt der berühmteste Spross der Familie begraben, der Marschall de La Palice, nach dem der französische Begriff für ›Binsenwahrheiten‹ *(lapalissades)* kreiert wurde (Ostern–Okt. tgl. Führungen 9–12, 14–18 Uhr).

 Centre Européen de Chute Libre: Tel. 04 70 99 18 03, www.lapalisse-aero.com. Fallschirmspringen.

Gannat

Atlas: S. 231, D3
Gannat könnte in jedem Film die Rolle des typischen französischen Provinzstädtchens übernehmen. Sehenswert ist die **Kirche Ste-Croix:** Zwölf romanische Säulen mit farbig bemalten Kapitellen wurden in den gotischen Umbau des 13. Jh. übernommen. In der Festung ist ein **Museum** untergebracht, das als größten Schatz ein Evangeliar aus dem 10. Jh. zeigt, dessen Einband mit antiken Kameen (geschnitzten Halbedelsteinen) besetzt ist.

Jenzat, Chantelle, Charroux

In der Umgebung von Gannat lohnt das Dorf **Jenzat** an der Sioule einen Ausflug (D 216). Seit über hundert Jahren werden hier Drehleiern produziert (s. S. 72), heute kann hier eine traditionelle Werkstatt besichtigt werden (Maison du Luthier, Juni–Sept. Sa, So 15–18 Uhr, Juli, Aug. Mi–So 15–18 Uhr).

Ein Abstecher führt zum pittoresken Städtchen **Chantelle,** 10 km nördlich an einem Steilabfall über der Bouble gelegen. Am Weg liegt das mittelalterliche befestigte Dorf **Charroux** mit hübschen Häusern und Gassen, einem kleinen Heimatmuseum und einem weit über die Region hinaus bekannten Senfhersteller, der dort *moutarde à l'ancienne* (nach traditionellen Verfahren) produziert.

 OTSI: Mairie, 03800 Gannat, Tel. 04 70 90 00 50, www.ville-gannat.fr, www.gannat.auvergne.net.
Chantelle: Place de la Mairie, 03140 Chantelle, Tel./Fax 04 70 56 62 37, www.chantelle.auvergne.net.

La Croix St-Urbain: 14, rue de la Croix St-Urbain, Chantelle, Tel. 04 70 56 66 25, Fax 04 70 56 69 34. Drei Chambres d'Hôte (Privatzimmer) in einem rustikalen Landhaus etwas abseits, üppiges Frühstück. Mit Pool. DZ 40–46 €.
Maison du Prince de Condé: Place d'Armes, 03140 Charroux, Tel./Fax 04 70 56 81 36, prince-conde.charroux.com. Fünf (Nichtraucher-)Zimmer. DZ 61–76 €.

Angler an der Sioule bei Schloss Chouvigny

Cultures du Monde: In Gannat, die beiden letzten Juli-Wochen, großes internationales Folklorefestival mit Gruppen aus Afrika, Asien und Südamerika, www.cultures-traditions.com.

Sa und Mi **Wochenmarkt** in Gannat; jeden 2. Sa im Monat ein **Trödelmarkt.**
Am 2. Sa im Juli **Marché Nocturne** mit regionalen Produkten ab 17 Uhr in Charroux, 12 km nordöstlich.
Huiles & Moutardes: in Charroux, Rue de la Poulaillerie, www. huiles-et-moutardes. com. Der Senfhersteller produziert verschiedene Sorten (mit Kräutern, grünem Pfeffer u. a.) und vertreibt auch Nuss- und Walnussöl.

Die Gorges de la Sioule

Atlas: S. 230, C3/B4/C4
Das Tal der Sioule ist der landschaftlich schönste Teil des Bourbonnais. Die Sioule entspringt in den Monts Dore, schlängelt sich durch ein romantisches Tal bis zur Talebene der Limagne hinab, wo sie in den Allier mündet.

Dort, wo die Gorges de la Sioule sich zur Ebene öffnen, liegt das Städtchen **Ébreuil** mit der **Kirche St-Léger,** die als eines der ältesten Beispiele auvergnatischer Romanik gilt. Sie wurde als Abteikirche eines im 10. Jh. gegründeten Benediktinerklosters erbaut, dessen Gebäude 1770 dem Hospital neben der Kirche weichen musste. Vor die Westfassade setzte man im 12. Jh. einen dreistöckigen Portalglockenturm, der auch als Wehrturm diente. Schöne Details sind hier der segnende Christus im Tympanon und die als Tierfratzen gestalteten Türzieher der Portale.

Im Inneren folgt die Struktur dem Schema der auvergnatischen Romanik,

81

auch wenn die Emporen noch fehlen: Das einschiffige Langhaus ist durch eine hohe, mit Arkaden durchbrochene Vierung mit dem Chor verbunden. Eine Art Triumphbogen über zwei karolingischen Pfeilern leitet zum Altarraum. Im Chorumgang mit Kapellen sieht man hinter dem Altar den Reliquienschrein des hl. Léger aus geschnitztem Holz mit Silberapplikation. Bemerkenswert auch die Fresken vom Ende des 16. Jh. an den Säulen, darunter der hl. Georg mit dem Drachen, Kreuzigung und die Weihe der Kirche durch den Namenspatron. Wertvoller noch sind die älteren Fresken auf der Tribüne der Vorhalle mit verschiedenen Heiligen.

OTSI: Mairie, 03450 Ébreuil, Tel. 04 70 90 77 55, Fax 04 70 90 78 24, www.ebreuil.auvergne.net.

La Ferme de Rochefort: St-Bonnet de Rochefort, Tel. 04 70 58 57 26. Fünf Chambres d'hôte.

Jean-Marc Vindrié: Gorges de la Sioule, Tel. 04 73 85 51 48, So abends und Mo geschl. Üppige regionale Küche (Toques d'Auvergne), ausgesprochen umfangreiche Weinkarte.

Canoë Nature Sioule et Bouble: 39, rue de la Guillotière, Ébreuil, Tel. 04 70 90 77 64. Verleih von Kayaks und Mountainbikes, Abenteuer-Parcours.

Wochenmarkt: Do, Place de la Mairie in Ébreuil.

Flussaufwärts entlang der Sioule geht es zu den **Gorges de Chouvigny,** einer engen Schlucht, durch die sich der Fluss zwängt und die kaum Platz für die Straße lässt. Auf der Anhöhe thront das **Château de Chouvigny,** das einst der Familie La Fayette gehörte und besichtigt werden kann (Juli, Aug. tgl. 10–12, 14.30–18.30 Uhr, Mai, Juni, Sept. So 14.30–17.30 Uhr).

Bei der Nationalstraße nach Montluçon, gleich unterhalb der Stahlbetonbrücke, liegt der **Pont de Menat,** eine frühmittelalterliche, vielleicht sogar gallo-römische Brücke aus großen Hausteinen. Etwas weiter liegen hoch über dem Fluss die Ruinen des **Château Rocher** (zu Fuß Aufstieg 1 Std.), das diesen seit alters bedeutsamen Flussübergang kontrollierte.

Weiter an der Sioule entlang erreicht man **Châteauneuf-les-Bains,** einen kleinen Kurort mit vielen Hotels, der sich am Fluss entlangzieht. Die flache Sioule plätschert hier über Kiesbänke und ist, wie zahlreiche Verleihstationen beweisen, beliebt bei Kayakfahrern.

Über Manzat (D 227, D 90, D 19) geht es nun südwärts nach **Queuille** mit einem der schönsten Panoramen Frankreichs: 200 m über dem Fluss blickt man vom Picknickplatz auf die gestaute Sioule, die in großen Schwüngen grüne Halbinseln umfängt. Entstanden ist diese Landschaft, als der Fluss sein Bett grub – härteren basaltischen Partien wich er einfach aus.

Nun über St-Georges-de-Mons nach Les Ancizes-Comps (D 987) hinab zum **Barrage de Besserve,** einer 235 m langen Mauer, die die Sioule bis hinauf nach Miremont staut. Von hier hat man den besten Blick auf den **Viaduc des Fades,** die höchste Eisenbahnbrücke Europas (s. S. 164).

Vichy

Atlas: S. 231, E3

Vichy – ein Name, in dem Glanz und Elend der Grande Nation mitschwingen – steht heute für Frankreichs größten Kurort mit liebenswertem provinziellem Charme. Bereits in gallo-römischer Zeit wurde die Heilkraft der Thermalquellen des Ortes genutzt, den die Römer Aquae calidae nannten. Seit Ende des 16. Jh. hatte Vichy erneut Kurgäste angelockt; mit dem 19. Jh. kam die große Epoche der Heilbäder, und die nördliche Auvergne mit ihren zahlreichen Thermalquellen wurde zur Urlaubsregion der besseren Gesellschaft Frankreichs – an ihrer Spitze Vichy.

Das elegante Bad am Allier zählte im 17. Jh. Madame de Sévigné, im 18. Jh. die Mutter Napoleons und schließlich Napoleon III. zu seinen Gästen. Vor allem der Kaiser, der hier in den 1860er Jahren mehrere Kuraufenthalte verbrachte, machte Vichy in ganz Frankreich bekannt; das in Sandsteinkrüge abgefüllte Wasser transportierte man mit der Eisenbahn in die Salons von Paris. Vichy erlebte einen enormen Aufschwung; in den 1930er Jahren zählte es über 100 000 Gäste jährlich – und war für das mondäne Kulturprogramm so berühmt, dass sie als ›französisches Bayreuth‹ bezeichnet wurde. Das Ende des eleganten Kurlebens kam mit der deutschen Besetzung Frankreichs im Zweiten Weltkrieg. Vichy wurde unter Marschall Pétain und dem französischen Faschisten Pierre Laval Hauptstadt des französischen Reststaates; nach den Kriegsjahren war es mit der Glanzzeit endgültig vorbei. Im **Musée Municipal de Vichy** [1], im Centre Culturel Valéry Larbaud, kann man die vielen berühmten Namen Revue passieren

Im Parc des Sources von Vichy

VICHY

Allier

0   200 m

Sehenswürdigkeiten

1 Musée Municipal de Vichy
2 Halle des Sources
3 Centre Thermal des Dômes
4 Palais des Congrès Opéra
5 Rotonde du Lac
6 Kirche St-Blaise/Notre-Dame des Malades
7 Parc des Célestins
8 Maison du Baillage

9 Rue Clémenceau

Unterkunft
10 Hôtel Grignan

Essen & Trinken
11 La Véranda
12 Brasserie du Casino
13 Du Rhône
14 Grand Café

lassen (15, rue Mal. Foch, Di–Sa 14–18 Uhr).

Seit Ende der 1980er Jahre versucht man, die Stadt in ein modernes Sportzentrum umzugestalten, um eine jüngere Klientel anzuziehen. Das **Centre Omnisports** am Lac d'Allier bietet Wassersportlern, darunter die Olympia-Mannschaften Frankreichs, Möglichkeiten zum Segeln, Wasserski, Rudern, Kanu- und Kayakfahren etc. Hotels wurden modernisiert, die Thermalanlagen mit Fitnessräumen und anderen Annehmlichkeiten für den modernen Kurgast aufgefrischt.

Die belebte Rue de Paris mit ihren Boutiquen und Brasserien verbindet als Hauptverkehrsader der Stadt den Bahnhof mit dem Thermalviertel. Dessen Zentrum ist der **Parc des Sources,** an dem auch das Office de Tourisme liegt, untergebracht im ehemaligen Hôtel du Parc, das ab 1940 der Sitz der Regierung des Vichy-Regimes war.

Durch die schmiedeeisernen Wandelhallen, die aus dem französischen Pavillon der Pariser Weltausstellung von 1900 stammen, erreicht man die **Halle des Sources** 2, eine filigrane Jugendstilkonstruktion, wo die Kurgäste das nach Meinung der Madame de Sévigné »scheußlich schmeckende« Wasser trinken. Vier Quellen mit Temperaturen bis zu 43 °C sprudeln hier. Links dahinter liegt das vornehme pseudo-orientalische **Centre Thermal des Dômes** 3 mit einer irakischen Vorbildern verpflichteten Mosaikkuppel: in der 170 m langen Eingangshalle des Kurzentrums ein römischer Meilenstein, an den Wänden ein Jugendstilfresko, das zur Einweihung 1903 entstand.

An der Südseite des Parc des Sources liegt das **Palais des Congrès Opéra** 4. Es besteht aus dem Grand Casino, das 1865 im Beisein des Kaisers eingeweiht und 1902 um die wunderschöne Salle de l'Opéra erweitert wurde. Seine Innendekoration in Gold- und Elfenbeintönen nach dem Modell der Opéra Garnier in Paris ist reiner Jugendstil. An der Rückseite schließen sich eine hufeisenförmige Galerie mit Boutiquen und der Orchesterpavillon für die Kurkonzerte an.

Nur wenige Schritte führen, vorbei an den Chalets im Fachwerkstil, wo Kaiser Napoleon III. und sein Gefolge zu logieren pflegten, zum **Parc Napoléon III,** dem Uferpark des Allier mit seinen schönen alten Bäumen, Kinderspielplätzen und Minigolfanlagen. Nördlich überblickt die ins Wasser gebaute **Rotonde du Lac** 5, das Clubhaus des Yacht Clubs, den 1963 aufgestauten Lac d'Allier.

Weiter südlich betritt man dann die erhöht gelegene Altstadt, in der sich im Zentrum die **Kirche St-Blaise** 6 erhebt, deren älteste Teile aus dem 12. Jh. stammen und die eine Schwarze Madonna birgt. Ganz im Art-Déco gehalten ist der moderne Anbau, geweiht der ›Notre-Dame des Malades‹. Richtung Allier steigt man durch den **Parc des Célestins** 7 hinunter zu einem schönen ovalen Pavillon, um dort von der ›Himmlischen Quelle‹ (Source des Célestins) zu kosten. Das 1531 errichtete Chastel Franc, auch **Maison du Baillage** 8 (›Haus des Vogts‹) genannt, soll das älteste Haus von Vichy sein.

Vichy darf man aber nicht verlassen, ohne die **Rue Clémenceau** 9, die

Thermalanlagen in Vichy

berühmte, marmorgepflasterte Einkaufsstraße der Stadt gesehen zu haben. Etwas weiter Richtung Bahnhof reihen sich um die große Place Charles de Gaulle imposante Jugenstilbauten wie z. B. das Postgebäude.

OTSI: 19, rue du Parc, 03204 Vichy, Tel. 04 70 98 71 94, Fax 04 70 31 06 00, www.ville-vichy.fr; vermittelt Führungen (u. a. Oper) und Ausflüge. Internet: www.avichy.com.

Die Auswahl an Hotels jeder Kategorie ist groß, an Rue de Paris und Rue Clémenceau reihen sich altertümliche Thermalhotels mit Zimmerpreisen teils unter 30 €.
***Grignan 10: 7, place Sévigné, Tel. 04 70 32 08 11, Fax 04 70 32 47 07, hotelde grignan.fr, Jan. geschl. Mittelklassehotel im Belle-Époque-Stil, zentral, aber ruhig an kleinem Platz zwischen Kurpark und Allier. DZ 55–70 €.
Camping: Mehrere Plätze ruhig am linken Ufer in Bellerive; z. B. gut ausgestattet und mit Pool und Wasserrutsche: **Camping Beau Rivage,** Tel. 04 70 32 26 85, www.camping-beaurivage.com.

La Véranda 11: 3, place Joseph-Aletti, Tel. 04 70 31 78 77. Restaurant des luxuriösen Aletti Palace Hotels am Kurpark, das sich eine lobende Erwähnung im Gault-Millau und Michelin verdient hat.
Brasserie du Casino 12: 4, rue du Casino, Tel. 04 70 98 23 06, Mi geschl. Passend zur noblen Casino-Welt, à la carte noch erschwinglich.
Du Rhône 13: 8, rue de Paris, im gleichnamigen Hotel, Tel. 04 70 97 73 00. Au-

vergnatische Küche, relativ preiswert, im Sommer Tische im Innenhof.
Grand Café 14: im Parc des Sources hinter dem Casino, Café und Restaurant, gutes Salatbüffet.
La Colombière: 6 km südlich, in Abrest an der Straße nach Thiers, Tel. 04 70 98 69 15, So abends und Mo geschl. Frische Marktküche (Toques d'Auvergne), schöne Terrasse zum Allier hin. Menü 17–52 €.

Oper, Programminfo: Tel. 04 70 30 50 30; von Mai bis Mitte Okt. gibt's die Saison en Été, inkl. Tanztheater und Konzerte. **Les Jeudis de Vichy,** jeden Do in der Saison moderne Musik und Kunstmarkt rund um den Parc des Sources und

am 2002 eröffneten Centre 4 Chemins. **Kurkonzerte** unter freiem Himmel Mai bis Sept. im Musikpavillon.

Wassersport auf dem See und Kayakfahren in einem Wildwasserkanal über das **Centre Omnisports** auf dem linken Allier-Ufer, Tel. 04 70 59 51 00; dort auch **CRAPA-Parcours,** ein Fitness-Gelände für jedermann. Weitere Infos: www.ville-vichy.tr/fr/sport.

Cusset

Atlas: S. 231, E3
Sehenswertes bietet auch Vichys Vorort Cusset, 4 km östlich vom Bahnhof

(Richtung Moulins). Im 14. Jh. galt der Ort als eine der 13 ›guten Städte‹ der Auvergne (im Gegensatz zu den ›bösen‹ Adligen auf aquitanischer Seite). 1440 ging das Städtchen in die Geschichte ein, als hier König Karl VII. unter Vermittlung des Herzogs von Bourbon Frieden mit seinem Sohn, dem späteren Ludwig XI., schloss. An das Ende dieser ›Revolte der Praguerie‹ erinnert die Taverne Louis XI an der **Place Victor Hugo,** die mit einem Ensemble schöner alter Häuser beeindruckt.

Das Städtchen erlebte seine große Zeit, als Ludwig XI. dann König geworden war: Er ließ Cusset ab 1476 als

Bollwerk der Krone im Gebiet der Bourbonen mit den damals mächtigsten, erstmals gegen Artilleriebeschuss ausgelegten Wallmauern ausstatten. Die mittelalterliche Struktur bewahren die Alleestraßen der Cours. Angelegt auf den alten Wallmauern, ziehen sie einen großen Bogen um den Stadtkern am Ufer des Sichon. In der Tour Prisonnière (Bd. Gén. de Gaulle) erinnert das **Musée Municipal** an die alten Zeiten; die unterirdischen Kasematten der **Tour Doyat** sind inzwischen wieder zugänglich (Juni–Sept. Mi, Do, Sa, So 14–18 Uhr, Mo 20.30 Uhr mit Reservierung).

Taverne Louis XI: Place V. Hugo, bei der Kirche. Untergebracht in einem schönen alten Fachwerkhaus, will das rustikale Restaurant schon König Karl VII. zu Gast gehabt haben.

Montagne Bourbonnaise

Atlas: S. 231, F3, F4, E3
Die Tour führt durch das waldreiche Mittelgebirge südöstlich von Vichy und folgt dann dem Lauf des Allier zurück nach Vichy.

In **Châtel-Montagne,** knapp 20 km östlich von Vichy (D 25), steht die romanische Prioratskirche Notre-Dame (1100–1150), die einst dem Kloster Cluny unterstand: Bemerkenswert die Gliederung der Westfassade, die nicht so schlicht wie sonst in der Auvergne ausgeführt ist. Auf dem Puy du Roc (45 Min. zu Fuß) überragen die Ruinen einer Burg das Tal der Besbre.

Im Städtchen **Le Mayet-de-Montagne** informiert die Maison de la Montagne Bourbonnaise über die bäuerlichen Produktionsweisen und verkauft regionale Spezialitäten.

Archäologisch Interessierte dürfen das **Museum von Glozel** östlich von Ferrières nicht verpassen. 1924 wurden dort beschriftete Tafeln entdeckt, die man zunächst auf etwa 13 000 v. Chr. datierte. Es entspann sich eine erbitterte Kontroverse, die damit endete, dass die Funde von der Fachwelt als Fälschungen abgetan wurden. Untersuchungen in den 1970er Jahren schätzten die Entstehungszeit der Stücke auf etwa 700 v. Chr., doch eine Erklärung für die Schrift ist bislang keinem Forscher gelungen (Musée préhistorique, Mai–Okt. 9–12, 14–18 Uhr außer Di, sonst nur bis 17.30 Uhr).

Ein Schloss aus dem 13.–15. Jh. überragt den malerischen Ort **Châteldon** im Tal. Ein besonders schönes altes Winzerhaus aus Fachwerk ist das Logis des Vignerons aus dem 16. Jh. mit seinem Holzbalkon, das zur Jahrhundertwende zu einer Apotheke umgebaut wurde (aus dieser Zeit stammen die Jugendstilelemente). Von der alten Wallmauer zeugt noch der Turm am südlichen Ortsausgang, ein ehemaliges Stadttor, das später mit einer Uhr ausgestattet wurde.

Weiterfahrt nach Thiers: Wer weiter in die Forez-Berge fahren will, kommt über die D 85 ins romantische **Credogne-Tal,** über die D 114 folgt man dann dem Tal flussaufwärts, an der Cascade du Creux-Saillant vorbei, bis **St-Rémy** (vom Calvaire über dem Ort Blick über die Limagne bis zu den Margeride-Bergen) und zur ›Messerstadt‹ Thiers (s. S. 132).

Oder es geht zurück nach Vichy über **St-Yorre**, wo das gleichnamige Tafelwasser von Perrier abgefüllt wird, das fast die gesamte Wasservermarktung um Vichy monopolisiert hat. Die Fabrik kann man besichtigen.

La Vieille Auberge: in Le Mayet-de-Montagne, Tel. 04 70 59 34 01. Zünftige Mahlzeiten (Schinken-, Wurstteller, Pilzomelett) für Wanderer in einer rustikalen Herberge.

Château d'Effiat

Atlas: S. 231, D4

Château d'Effiat südwestlich von Vichy wurde 1627 von Antoine Coiffier de Ruzé, Marquis d'Effiat, einem Freund Richelieus, erbaut. Der Kardinal machte ihn nicht nur zum Superintendanten des königlichen Finanzwesens, sondern auch zum Gouverneur des Bourbonnais und der Auvergne. Das Schloss erlangte vor allem im Zusammenhang mit Ruzés Sohn Berühmtheit. Henri, durch Protektion schon in jungen Jahren zum Marquis de Cinq-Mars ernannt, wuchs zusammen mit dem späteren Ludwig XIII. auf und schien eine glanzvolle Zukunft vor sich zu haben. Doch dann beteiligte er sich an einer Verschwörung gegen den mächtigen Kardinal, den von dem Hauptverantwortlichen und Bruder des Königs, Gaston d'Orléans, verraten wurde: Im Alter von 22 Jahren wurde Cinq-Mars 1642 hingerichtet.

Noch bis Mitte des 19. Jh. galt Effiat als das prächtigste Schloss der ganzen Provinz. Um die Aussicht aus dem klassischen französischen Garten im Stil Le Nôtres zu verbessern, ließ der

Marquis sogar das Dorf Effiat um einige Kilometer versetzen! Doch 1858 übernahm ein neureicher Bürgerlicher den Besitz; als dieser in finanzielle Not geriet, ließ er die beiden Seitenflügel abreißen (Volvic-Steine waren teuer und begehrt), der Garten wurde auf ein Minimum reduziert, Land und Mobiliar verkauft. Dennoch lohnt der Besuch: eine prachtvolle Allee führt zum monumentalen Portal mit den Wappen des Marquis d'Effiat, hinter dem sich der elegante Ehrenhof öffnet. Im verbliebenen Gebäude sind einige Räume sehr schön im Louis-XIII-Stil ausgestattet, vor allem der Salon mit bemalter Holztäfelung und Balkendecke (Juli, Aug. tgl. 10–12, 15–18 Uhr, April, Mai, Juni, Sept. nur So und an Feiertagen 15–18 Uhr).

Aigueperse

Atlas: S. 231, D4

In Aigueperse wurde Michel de l'Hospital, der Kanzler Katharina von Medicis, geboren. Eine Statue im Hof des Rathauses erinnert an den großen Sohn der Stadt. Vor der Ste-Chapelle, dem letzten Rest einer Bourbonenburg, soll Capitaine d'Aubiac, der protestantische Geliebte der katholischen Königin Margot, lebendig begraben worden sein. Der Chor der **Kirche Notre-Dame** gilt als ältester gotischer Bau der Region. In der Apsis konnten Fresken des 14. Jh. freigelegt werden. Sehenswert ist vor allem aber die auf Holz gemalte Geburt Christi von Benedetto Ghirlandaio in der linken Chorkapelle: Im Hintergrund erkennt man die Burg von Montpensier und den Puy de Dôme.

Die Vulkan-
Auvergne

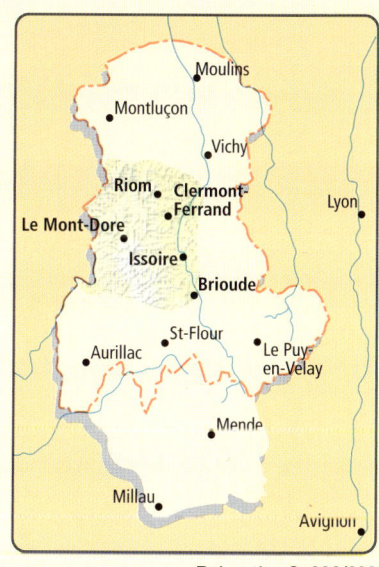

Puy de Dôme

Reiseatlas S. 232/233

RIOM UND UMGEBUNG

Das Städtchen Riom, wehrhaft auf einem Hügel gelegen, zählt mit einer fast unversehrt erhaltenen Altstadt sowie zwei beachtenswerten Museen zu den großen historischen Orten der Basse-Auvergne. Westlich beginnt mit Volvic das auvergnatische Vulkanland, während sich im Osten die fruchtbare Limagne ausbreitet.

Riom

Atlas: S. 232, C1

Schutzpatron von Riom, in gallo-römischer Zeit Ricomagus, ist der hl. Amable, der hier um 475 starb. Seine Reliquien werden in der Hauptkirche verwahrt und sind bis heute ein bedeutendes Wallfahrtsziel.

Anfang des 13. Jh., unter Philipp Augustus, wurde Riom Sitz der königlichen Verwaltung; um 1270 ließ dann Alphonse de Poitiers, ein Bruder Ludwigs des Heiligen, die Stadt erweitern. Damals entstanden die bis heute sichtbaren Strukturen der zwei sich rechtwinklig kreuzenden Hauptachsen und der Befestigungen, an deren Stelle jetzt der Ring der Boulevards verläuft. Nachdem die Stadt 1360 an Jean de Berry gefallen war, erlebte Riom eine glanzvolle Zeit, denn der kunstsinnige Herzog versammelte Baumeister und Künstler an seinem Hof, der den zu Paris an Prunk bald übertroffen haben soll.

Danach fiel die Stadt, die das Privileg einer Selbstverwaltung durch gewählte Konsuln besaß, an die Bourbonen, galt aber immer als königstreu. Am Ende des Hundertjährigen Kriegs bat daher Jeanne d'Arc die Stadt um finanzielle Hilfe und Soldaten für ihren Kampf gegen die Engländer. Die Stadträte entschieden sehr ›bürgerlich‹: Die Soldaten bekam die Jungfrau von Orléans zwar; das versprochene Geld wurde hingegen nicht ausgehändigt.

Im Jahr 1542 fanden in Riom die ›Grands Jours d'Auvergne‹ statt, die Großen Gerichtstage unter königlicher Rechtsprechung, die viele kleine Adlige Besitz und Leben kosteten (s. S. 28). Hundert Jahre später hatte Riom seine Rolle verspielt, das königliche Gericht tagte in Clermont. Seither ist Clermont-Ferrand die wichtigste Stadt der Auvergne und enorm gewachsen, Riom blieb fast, wie es war. Die einzige Neuerung war die Einrichtung des Appellationsgerichtshofs 1804, für den der Herzogspalast abgerissen wurde. In diesem Gebäude fand 1942 der Prozess von Riom statt, ein Schauprozess des Vichy-Regimes, in dem die ›Verantwortlichen‹ für die Niederlage von 1940 angeklagt wurden: Léon Blum,

Édouard Daladier, General Gamelin und andere. Als die Verteidiger die Verantwortung Pétains für die Niederlage zur Sprache brachten, wurde der Prozess eingestellt.

Schwarzer Andesit-Stein, der Lava-Basalt aus Volvic, prägt das Stadtbild. Seit dem Erdbeben im 14. Jh., das die Stadt fast völlig vernichtete, war er als Baumaterial vorgeschrieben. Schwarz ist auch der dominierende Turm der ursprünglich romanischen **Kirche St-Amable** 1. Dieser Bau aus dem 12./13. Jh., der später eine Barockfassade erhielt, markiert das alte Stadtzentrum vor der Erweiterung im 13. Jh.

An der Coin des Taules (›Ecke der Tafeln‹), wo sich die zwei Hauptachsen der Stadt treffen, wurden im Mittelalter die Preise der Händler und Geldwechsler angeschlagen. Die **Tour de l'Horloge** 2 nebenan, ein Uhrturm mit goti-

scher Basis und Renaissance-Aufbau, kann man über 124 Stufen besteigen und genießt von oben einen fantastischen Blick über die Dächer von Riom (tgl. 10–12, 14–18 Uhr).

Das **Hôtel Guimoneau** 3 gleich links in der Rue de l'Horloge stammt aus der Mitte des 16. Jh. und zeigt an der Fassade und im Innenhof kunstvolle Steinmetzarbeiten aus Gotik und Renaissance, wie sie auch viele andere Stadtpaläste schmücken. Ein ähnlich prachtvoller Bau ist an der Rue de l'Hôtel de Ville zu sehen: die **Maison des Consuls** 4 von 1527, die wegen der Medaillons mit römischen Porträts so genannt wird. Tatsächlich war sie aber nie Sitz der Konsuln, wie sich die Stadträte im Mittelalter nannten, sondern Palast eines Offiziers des Königs. Schräg gegenüber liegt das **Hôtel de Ville** 5 (Rathaus), im Innenhof eine

Riom gesehen von der Tour de l'Horloge

93

RIOM

Bronze von Rodin (Gallia Victrix), die die Züge seiner Gefährtin und Kollegin Camille Claudel trägt. Am Bogen des Eingangs ist der erwähnte Brief der Jeanne d'Arc an die Bürger von Riom eingemeißelt.

Das **Musée Mandet** 6 an der Ecke Rue Chabrol präsentiert die größte und schönste Kunstsammlung der Auvergne: flämische, holländische und regionale Malerei aus dem 17./18. Jh., darunter interessante Darstellungen von historischen Ereignissen in der Auvergne und des ländlichen Lebens. Außerdem sind Funde der gallo-römischen Zeit ausgestellt (Juni–Sept. 10–12, 14.30–18 Uhr außer Di; sonst nur bis 17.30 Uhr).

In der Rue Delille zeigt das **Musée Régional d'Auvergne** 7, untergebracht in einem wuchtigen Stadtpalais des 18. Jh., Exponate zum traditionellen Leben in der Auvergne: Käseherstellung und Almauftrieb, Spitzenklöppelei, Trachten, Musikinstrumente und Schmuck (Juni–Sept. 10–12, 14.30–18 Uhr außer Di; sonst nur bis 17.30 Uhr).

Als letzter Rest des Palast des Herzogs Jean de Berry blieb die nur spätgotische **Ste-Chapelle** 8 erhalten, heute ein Annex des Cour d'Appel. Ihre Baumeister sollen auch am Louvre tätig gewesen sein. Berühmt sind die prachtvollen Glasfenster des 15. Jh. (Eingang Bd. Chancellier de l'Hôpital, nur mit Führung: April, Mai Mi 15–17

Sehenswürdigkeiten

1 Kirche St-Amable
2 Tour de l'Horloge
3 Hôtel Guimoneau
4 Maison des Consuls
5 Hôtel de Ville
6 Musée Mandet
7 Musée Régional d'Auvergne
8 Ste-Chapelle
9 Notre-Dame-du-Marthuret

Essen & Trinken

10 Les Petits Ventres
11 L'Ane Gris
12 Le Flamboyant

Uhr, Juli, Aug. Mo–Fr 10–12, 14.30–17.30 Uhr, Juni, Sept. Mo–Fr 15–17 Uhr).

Bei einem Bummel die belebte **Rue du Commerce** hinunter, die mit ihren Läden und Brasserien den Namen auch heute noch zu Zecht trägt, künden aufwendig verzierte Häuser vom einstigen Reichtum der Bürger dieser Stadt. Bedeutendster Schatz der spätgotischen **Kirche Notre-Dame-du-Marthuret** 9 ist die sehr lebensnah gestaltete Skulptur der ›Jungfrau mit dem Vogel‹ *(Vierge à l'Oiseau),* die ebenfalls von Künstlern am Herzogshof des Jean de Berry geschaffen worden sein soll. Ihr Thema ist eine apokryphe Überlieferung, nach der Jesus

einen Vogel aus Lehm formte und ihn durch seinen Atem zum Leben erweckte.

OTSI: 16, rue du Commerce, 63200 Riom, Tel. 04 73 38 59 45, Fax 04 73 38 25 15, www.riom.net.

Les Petits Ventres 10 **:** 6, rue Anne Dubourg, Tel. 04 73 38 21 65, Di sowie So und Mo abends geschl. Regionale Spezialitäten, mit dem lokalen Madargue-Wein verfeinert. Mitglied der Toques d'Auvergne. Menü 16–40 €.
L'Ane Gris 11 **:** 11bis, rue H. Gomot, Tel. 04 73 38 25 10. Rustikale Taverne im Stil eines Bauernhauses mit Pizza, Steak und auvergnatischen Gerichten; Reservierung empfohlen.
Le Flamboyant 12 **:** 21 bis, rue de l'Horloge, Tel. 04 73 63 07 97, Mo geschl. Spezialisiert auf auvergnatische Gerichte und regionale Weine. Menüs 18–46 €.

Regionale Spezialitäten, z. B. Madargue- und Chanturgue-Weine bei Aux Clés du Palais, Rue St-Amable. **Wochenmarkt:** Sa bei St-Amable. **Flohmarkt:** Bd. Desaix, jeden 2. Sa im Monat.

Journées du Patrimoine: Mitte Sept., mit Ausstellungen und Vorführungen zum traditionellen Handwerk. **St-Amable:** Kirchweih Mitte Juni. **Ville en Jazz:** Jazzfestival im Aug.

Châtelguyon

Atlas: S. 232, C1
Das belebte Thermalbad Châtelguyon ist das touristische Zentrum der Basse-Auvergne – mit vielen Hotels, Tennisclub, Golfplatz, ausgeschilderten Mountainbike-Routen und Kliniken fürs Heilfasten. Viele Bauten im Thermal-

viertel stammen aus der Zeit der Jahrhundertwende; das vornehme Hôtel Splendid hat wie viele weitere seine Jugendstil-Fassade bewahrt, die Grands Thermes ein orientalisch beeinflusstes Innendekor.

OTSI: 1, av. de l'Europe, Tel. 04 73 86 01 17, Fax 04 73 86 27 03, www.otchatel-guyon.com.

***Splendid: 7, rue d'Angleterre, Tel. 04 73 86 04 80, Fax 04 73 86 17 56, www.hotel-chatel-guyon-splendid.com. Modernisiertes Luxushaus direkt am Parc Thermal, mit Pool und Fitnessraum. DZ 60–110 €, Menü 22 €.

Wandern: Topoguides im OTSI. **Mountainbike:** 315 km markierte Touren, Karte im OTSI (gegen Gebühr). Fahrrad-Verleih: 30, av. Baraduc. **Parc Ecureuil:** Abenteuer-Parcours

Mozac und Volvic

Atlas: S. 232, C1
Nur 1 km westlich von Riom liegt **Mozac,** dessen **Kirche St-Pierre** 44 Kapitelle besitzt, die zu den kunstvollsten der auvergnatischen Romanik zählen. Während der Bau in späterer Zeit den romanischen Charakter gänzlich einbüßte und die meisten Kapitelle auf hohen spätgotischen Säulen kaum zu erkennen sind, stehen drei frühromanische Kapitelle, die später wiederentdeckt wurden, auf dem Boden, so dass man hier die Meisterschaft der Steinmetze von nahem bewundern kann: Ein Kapitell zeigt Atlanten, das zweite vier Engel mit den vier Winden der

Apokalypse, das dritte die detailreiche Szene der Frauen am Grab des auferstandenen Christus mit Wachsoldaten im Gewand der Zeit. Im linken Querschiff ist das emailverzierte Reliquiar des hl. Calmin (um 1170) zu sehen, der die Abtei im 7. Jh. gründete.

In **Volvic** am Rand eines Lava-Plateaus wird Andesit, ein tiefdunkles Lavagestein, dessen besondere Widerstandsfähigkeit schon den Römern bekannt war, an den Hängen über der Stadt abgebaut. Der Stein changiert von hellem Grau bis zu dunklem Anthrazit und war im 17. Jh. für Schmuckpilaster an Stadtpalästen und Schlössern beliebt. Bekannt ist Volvic auch durch sein Tafelwasser, das nach seinem langen Weg durch die Lava besonders rein ist.

In der Stadt sind einige Häuser aus dem 16. Jh. zu sehen sowie die **Kirche St-Priest,** deren Chor figurative Kapitelle aus der Romanik besitzt. Das städtische **Musée Marcel-Sahut** im Schloss (10–12, 14–17 Uhr, Di geschl.) zeigt eine gute Sammlung moderner Malerei der Jahrhundertwende (u. a. Manet, Gauguin, Daumier).

Etwas oberhalb der Stadt liegt die **Maison de la Pierre** in einem alten unterirdischen Lavasteinbruch. Hier werden Werkzeuge und Techniken des Steinabbaus präsentiert – aber Vorsicht, im Berg kann es empfindlich kühl werden (Mitte März bis Mitte Nov. alle 45 Min. Führung, 9.15–11.30 und 14.15–18 Uhr)!

OTSI: Place de l'Église, Tel. 04 73 33 58 73, Fax 04 73 33 82 35, www.volvic-tourisme.com.

Château de Tournoël

Atlas: S. 232, C1

Château de Tournoël auf den Anhöhen über Volvic war einst die mächtigste Burg der Limagne, nach aufwendigen Restaurationen lässt sie noch viel von der mittelalterlichen Gestalt erkennen. Im 13. Jh. war Tournoël Sitz des berüchtigten Grafen Guy d'Auvergne, der hier den Bischof Robert von Clermont einkerkern ließ, bis Philipp Augustus ihre Eroberung befahl. Auch sonst ist die Geschichte der Festung nicht eben arm an Intrigen und Fehden; nicht zuletzt gehörte sie auch Gaston d'Orléans (s. S. 89), der seine Ambitionen gegen Richelieu rechtzeitig genug aufgab, so dass die Burg nicht geschleift wurde.

Tournoël besteht aus einem eckigen, älteren und einem runden, jüngeren Donjon (12./14. Jh.), die im 15. Jh. durch ein Gebäude mit Wehrgang verbunden wurden. Man besichtigt kunstvolle Renaissanceportale, die Küche mit riesigen Kaminen; bemerkenswert ist auch die Aussicht über Riom und die ganze Limagne, die sich östlich unter der Burg ausbreitet (1. April bis 30. Sept. Mi–Mo 14–18 Uhr, Juli u. Aug. tgl. 10–19 Uhr).

Einen Abstecher lohnt auch die Burg von **Châteaugay,** südlich Richtung Clermont-Ferrand, die noch große Teile der originalen Bausubstanz des 14. Jh. bewahrt hat (Juli u. Aug. 10–12, 14–19 Uhr, Juni u. Sept. 14–18 Uhr). Errichtet wurde sie ab 1381 unter Pierre de Giac, dem Kanzler von König Karl VI. Heute finden hier im Sommer Kulturveranstaltungen statt. In der Burg ist aber auch die **Caveau du Gay-Cœur** ansässig, die den Châteaugay herstellt, einen der berühmten Weine der Auvergne (s. S. 78). Die Keller können, natürlich mit Verkostung, besichtigt werden.

Die ›Sümpfe‹ der Limagne

Atlas: S. 233, D1

Östlich von Riom erstreckt sich der tiefste Teil der Limagne-Ebene, der noch heute durch Überschwemmungen gefährdet ist. Jahrhundertelang ein Sumpfgebiet und erst seit 1700 trockengelegt, ist die Landschaft hier geprägt von den zahllosen Entwässerungsgräben, die von Pappel- und Weidenalleen gesäumt werden.

In **Ennezat** ließ Guy VI., Herzog von Aquitanien, 1070 die älteste erhaltene Kirche der auvergnatischen Romanik errichten, genannt ›Cathédrale du Marais‹ *(marais* = Sumpf). Chor und Westfassade wurden später zwar umgebaut, doch das Langhaus mit Emporen entspricht noch dem Idealschema. Das Innere schmücken Fresken aus dem 15. Jh., die von Künstlern am Hof von Herzog Jean de Berry in Riom stammen könnten.

Maringues, zur Zeit des Kanzlers Michel de l'Hospital einer der Zufluchtsorte der Hugenotten, war früher für seine Gerbereien berühmt. Von den 60 Werkstätten um die Mitte des 19. Jh. existiert heute noch die Tannerie Grandval, die als Museum die alten Arbeitstechniken zeigt (Juni–Sept. tgl. 14.30–18.30 Uhr).

CLERMONT-FERRAND UND DIE LIMAGNE

Die Hauptstadt der Auvergne ist eine moderne Metropole, die in der historischen Altstadt noch viel Flair bewahrt hat. Sie beherrscht die Limagne, die Ebene des Flusses Allier, deren Städte wie Issoire oder Brioude gegenüber den Gebirgsorten stets bevorteilt waren. Heute beeindruckt die Basse-Auvergne durch ihre immense Zahl von Burgruinen und Schlössern.

Clermont-Ferrand

Atlas: S. 232, C2

Die Hauptstadt der Auvergne, in derem Großraum mit rund 260 000 Einwohnern gut ein Fünftel aller Auvergnaten lebt, ging aus dem römischen Augustonemetum hervor und war stets ein wichtiger Knotenpunkt, an dem sich zahlreiche Verkehrswege kreuzten. Aus der gallo-römischen Epoche erhalten blieb jedoch nur eine *Mur des Sarrasins* genannte Mauer westlich der heutigen Place de Jaude an der Rue Rameau.

Bis weit ins Mittelalter blieb Clermont eine der bedeutendsten Städte Frankreichs; 1095 fand hier das Konzil statt, bei dem Papst Urban II. zum ersten Kreuzzug aufrief. Die Demagogie seiner Rede wirkte perfekt: Mit dem Ruf »Gott will es!« hefteten sich Kleriker und Fürsten das Kreuz aufs Gewand – drei Jahre später wurde Jerusalem in einem brutalen Gemetzel erobert.

Heute ist die Stadt am Fuß der Chaîne des Puys am Übergang zur weiten Ebene der Limagne Hauptstadt des Département Puy-de-Dôme, kulturelles und wirtschaftliches Zentrum der Auvergne, noch immer mit Bischofssitz, inzwischen aber auch mit einer Universität, die die Zahl von rund 25 000 Studenten möglichst bald verdoppeln will. Westlich umgeben von höheren Bergen, steigt die Stadt aus einem weiten Tal heraus leicht einen Hügel hinan, während sich östlich die weite Ebene der Limagne bis zum rund 10 km entfernten Allier erstreckt. Nähert man sich von der Kette der Puys aus, fallen vor allem die beiden spitzen Türme der Kathedrale auf, die die Stadt überragen; von der entgegengesetzten Richtung lugt stets der Puy de Dôme über den Dächern hervor.

Eric Rohmer hat seinen Film »Meine Nacht bei Maud« im Schnee des Winters 1968/69 gedreht, in Schwarzweiß, mit weißen Flocken und schwarzer Lava: »Für den Film wollte ich Schnee«, sagt Eric Rohmer. »Es schien mir, als schneie es in Clermont-Ferrand häufiger als anderswo, was nicht stimmt, und ich hatte das ungewöhnliche

Glück, dass es genau in dem Moment schneite, als ich Schnee brauchte, in der vorletzten Szene mit Marie-Christine Barrault und Jean-Louis Trintignant.«

Viele Altstadtgassen wirken noch so, als sei im 16. Jh. die Zeit stehen geblieben, doch sorgen die vielen Studenten durchaus für ein kulturelles Leben auf großstädtischem Niveau: Das Kurzfilmfestival, das seit 1979 alljährlich im Februar stattfindet, steht mit ca. 85 000 Besuchern (1994) in Frankreich an zweiter Stelle nach Cannes! Neben dem Wettbewerb werden dann auch Retrospektiven und thematische Reihen organisiert.

Von der Place de Jaude zur Kathedrale

Ausgangspunkt für einen Stadtrundgang in Clermont ist die weitläufige **Place de Jaude,** die große rechteckige Esplanade, an der das Stadttheater, Kaufhäuser, Einkaufszentren und Kinos liegen. Im Zentrum schwebt hoch über dem Verkehrsgewühl die **Vercingetorix-Statue** [1], die 1902 vom Bildhauer Frédéric Auguste Bartholdi geschaffen wurde, von dem auch die Freiheitsstatue in New York stammt. Der Nationalheld auf seinem Pferd schwingt wild das Schwert und überreitet den Leichnam eines Römers.

An der nordwestlichen Ecke zur Rue Blatin lohnt ein Blick auf das geschnitzte Chorgestühl aus dem Jahre 1736 im Innern der klassizistischen **Kirche St-Pierre-des-Minimes** [2], die im 19. Jh. mit einer großen Kuppel versehen wurde.

Gegenüber, jenseits des Platzes, gelangt man mit der Rue du 11-Novembre in die Fußgänger- und Einkaufszone der Stadt. Deren Hauptmeile, die **Rue des Gras,** führt leicht ansteigend zur schwarzen Kathedrale hinauf. Zunächst passiert man mit dem Hôtel Fontfreyde oder Maison des Architectes genannten Renaissancehaus (Nr. 34) das **Musée du Ranquet** [3] zur Lokalgeschichte, in dem unter anderem die von Blaise Pascal erfundene Rechenmaschine zu sehen ist (Di–So 10–18 Uhr außer feiertags).

Über der von Bistros und Souvenirläden gesäumten Gasse ragt mächtig wie ein Gebirge die **Kathedrale Notre-Dame** [4]. Mit dem gotischen Bau ganz aus dunklem Volvic-Lavagestein wurde um 1250 begonnen, Jean Deschamps, ein im Norden Frankreichs ausgebildeter Baumeister, leitete die Arbeiten. Von der vorherigen Kirche ist nur die frühromanische Krypta aus der ersten Hälfte des 10. Jh. erhalten, neben Orléans eines der ältesten Bei-

Markierte Rundgänge

Im OTSI-Büro sind kostenlose Begleithefte zu vier Rundgängen in der Altstadt und in Montferrand erhältlich. Alle erwähnten Bauten wurden mit Hinweisschildern versehen, so dass man sie auch bei einem ziellosen Streifzug entdeckt, in den Heften werden jedoch viele Erläuterungen und Anekdoten erzählt.

Clermont-Ferrand und seine Kathedrale

spiele mit Umgang und Radialkapellen. Sehenswert sind das Portal auf der Südseite, der erhöhte Chor, die Glasmalereien der Fenster im Chor und in den Chorkapellen (13. Jh.), über dem Nord- und Südportal die schönen Rosetten (14. Jh.). Ein kurioses Detail ist am Nordportal zu entdecken: Ein in den Stein geritzter Strich zeigt an, wie hoch Clermont-Ferrand im Winter 1833 eingeschneit war – in etwa 2 m Höhe!

Die 93 m hohen Türme lassen die Kathedrale aus der Ferne außerordentlich hoch wirken; sie wurden allerdings erst in der zweiten Hälfte des 19. Jh. nach Plänen von Viollet-le-Duc vervollständigt, der auch der Westfassade ihr heutiges Aussehen verlieh. Den dritten Turm an der Nordseite, die Tour de la Bayette, kann man besteigen, was sich

wegen der Aussicht auch durchaus lohnt (Zugang im Inneren, 9.30–11.30 und 14.30–17.30 Uhr, außer So vormittags).

Durch die Altstadt nach Notre-Dame du Port

Bei einem Gang durch die Altstadt rund um die Kathedrale kann man viele großartige Renaissancepaläste entdecken. Die pittoreske **Rue de la Boucherie,** einst die Gasse der Metzger, in der heute auch Gemüse, Käse und Fisch erhältlich sind, führt zur Markthalle **Marché St-Pierre** 5 . Fast automatisch wird das kulinarische Angebot den Schritt verlangsamen und einem das Wasser im Mund zusammenlaufen lassen. Auch in den Gassen jenseits

Clermont-Ferrand

der Rue des Gras, entlang der **Rue des Chaussetiers** mit dem großartigen **Hôtel Savaron** ⒀, kann man herumstreunen und bei Trödlern und Antiquariaten, Buchhändlern und Kunsthandwerkern stöbern.

Östlich der Kathedrale werden die Gassen stiller, aber auch hier reihen sich alte Stadtpaläste aneinander, die in Rue Savaron, Rue Pascal und Rue du Port mit aufwendig gestalteten Türen, Innenhöfen und Wendeltreppen zu entdecken sind.

Die zweite bedeutende Kirche, die **Wallfahrtskirche Notre-Dame du Port** ⒍ (Anfang des 12. Jh.), ist ein charakteristisches Beispiel auvergnatischer Romanik. Allerdings weist sie statt der üblichen ungeraden Zahl vier Kapellen am Chor auf. Aufgrund der Emporen fällt nur gedämpftes Licht in den Kirchenraum und auf die Kapitelle mit szenischen Darstellungen im Chorumgang, die von einem Maître Robert signiert sind und zu den herausragenden Bildhauerleistungen der Romanik zählen. Sie zeigen unter anderem die Vertreibung aus dem Paradies, den Kampf der Tugenden und der Laster und Mariä Himmelfahrt. Bis heute ist die berühmte Schwarze Jungfrau aus Nussbaumholz in der Krypta ein Pilgerziel, besonders am Sonntag nach dem 14. Mai; die Kopie der originalen romanischen Statue stammt aus dem 17. Jh. Das Portal im südlichen Querschiff ist ebenfalls beachtenswert: ungestuft, mit giebelförmigem Türsturz (einem typischen Detail der auvergnatischen Romanik), der die Anbetung der Könige, eine Szene im Tempel und die Taufe Christi zeigt.

Musée Bargoin

Am Südrand des Altstadtquadrats zeigt das **Musée Bargoin** ⒎ eine bedeutende vorgeschichtliche und gallo-römische Sammlung (45, rue Ballainvilliers, Di–Sa 10–18, So 10–12, 14–18 Uhr). Besonders erwähnenswert sind die spektakulären Bronzeartefakte (Helme, Schwerter) aus dem Depot von Aulnat aus der Keltenzeit, die Fundstücke vom Merkur-Tempel auf dem Puy de Dôme und 3000 hölzerne Exvoti aus der augusteischen Epoche, die bei Chamalières gefunden wurden.

Montferrand

Während Clermont offensiv den Weg in die Moderne und zur Metropole wählt, fügen sich im altertümlichen Montferrand, nördlich der Ausfallstraße zur A 71, Häuser der Gotik und Renaissance zum Dorf in der Stadt. Während in Clermont die Bischöfe residierten, war Montferrand Sitz der Grafen der Auvergne, seit Guy VI. um 1120 hier eine Burg erbauen ließ, und auch sonst sind

Antiquitäten

Clermont ist die Antiquitäten-Stadt Frankreichs. Wenn man nicht zum hochkarätigen Salon de l'Antiquité Anfang Dezember kommen will, kann man jeweils am 1. Samstag im Monat den großen Marché à la Brocante besuchen. Dann treffen sich auf der Place du 1er-Mai Trödelhändler aus ganz Europa.

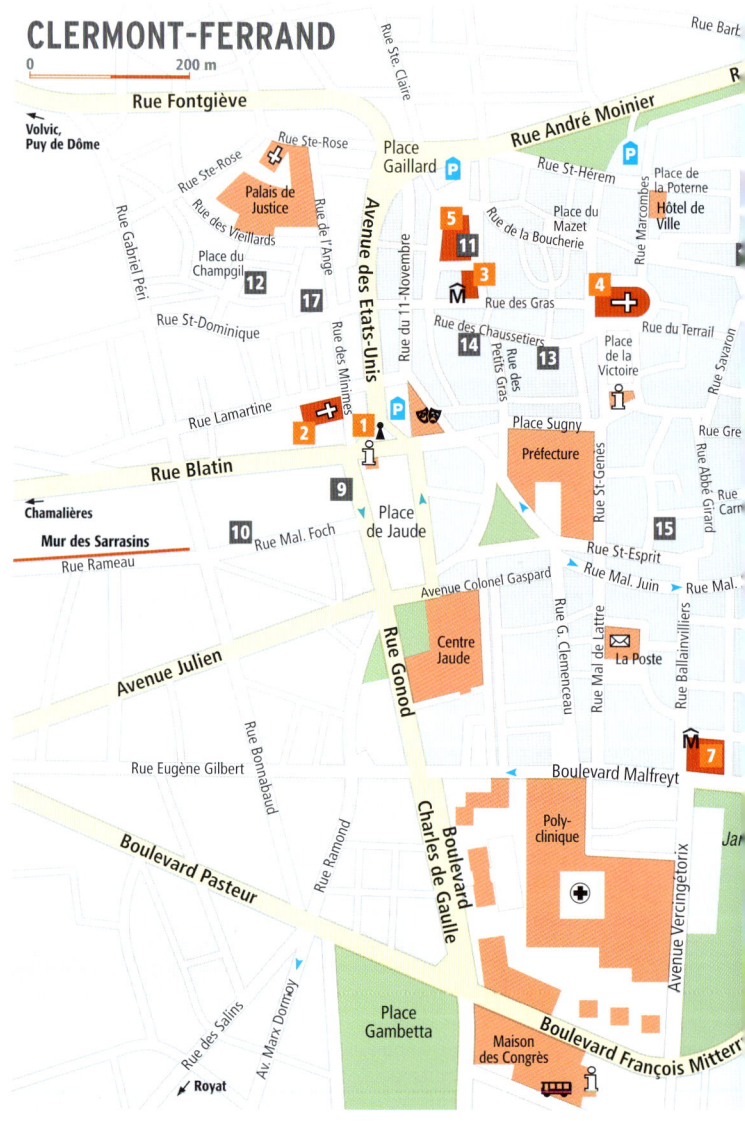

CLERMONT-FERRAND

0   200 m

Rue Fontgiève

Volvic,
Puy de Dôme

Rue Ste-Claire

Rue André Moinier

Rue Bart

R

Rue Ste-Rose

Rue Ste-Rose

Place Gaillard

Rue St-Hérem

Place de la Poterne

Palais de Justice

Rue des Vieillards

Avenue des Etats-Unis

Rue de l'Ange

Rue du 11-Novembre

Place du Mazet

Rue de la Boucherie

Rue Marcombes

Hôtel de Ville

Rue Gabriel Péri

Place du Champgil

12

17

5

11

3

M

4

Rue des Gras

Rue du Terrail

Rue St-Dominique

Rue des Chaussetiers

14

Rue des Petits Gras

13

Place de la Victoire

Rue Savaron

Rue Lamartine

Rue des Minimes

2

1

Place Sugny

Préfecture

Rue St-Genès

Rue Gre

Rue Abbé Girard

Rue Blatin

9

Place de Jaude

Rue St-Esprit

Rue Carn

15

Chamalières

Mur des Sarrasins

10

Rue Mal. Foch

Rue Mal. Juin

Rue Mal.

Rue Rameau

Avenue Colonel Gaspard

Avenue Julien

Rue Gonod

Centre Jaude

Rue G. Clemenceau

Rue Mal de Lattre

La Poste

Rue Ballainvilliers

Rue Eugène Gilbert

Rue Bonnabaud

Boulevard Malfreyt

M

7

Boulevard Pasteur

Rue Ramond

Boulevard Charles de Gaulle

Poly-clinique

Avenue Vercingétorix

Jar

Rue des Salins

Av. Marx Dormoy

Place Gambetta

Maison des Congrès

Boulevard François Mitterr

Royat

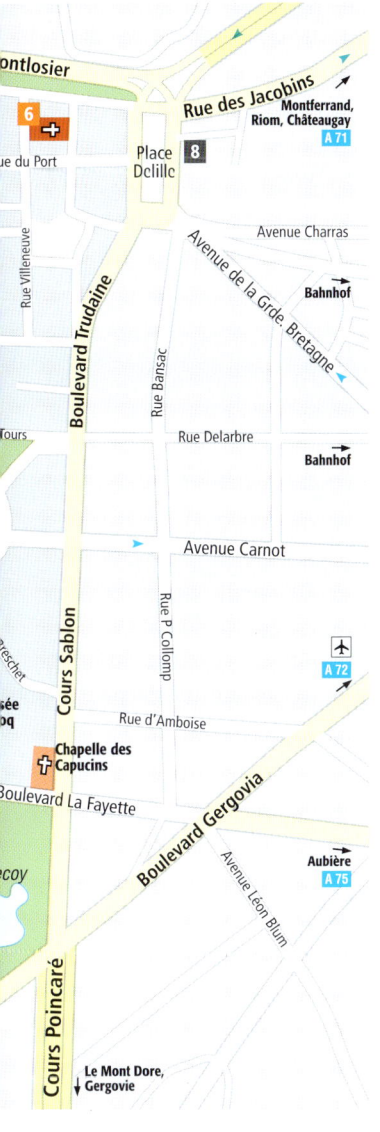

Sehenswürdigkeiten

1 Vercingetorix-Statue
2 Kirche St-Pierre-des-Minimes
3 Musée du Ranquet
4 Kathedrale Notre-Dame
5 Marché St-Pierre
6 Kirche Notre-Dame du Port
7 Musée Bargoin

Unterkunft

8 Hôtel des Puys Arverne
9 Hôtel de Lyon
10 Hôtel Foch

Essen & Trinken

11 Emmanuel Hodencq
12 Clavé
13 Le 1513 (Hôtel Savaron)
14 Le Bougnat
15 Aux Délices de la Treille
16 Relais de Pascal
17 Taverne Löwenbräu

DIE FIRMA, DER BOSS – MICHELIN

In Clermont-Ferrand hat einer der weltweit größten Reifenhersteller seinen Sitz: Die Firma Michelin erreichte 1992 nach dem spektakulären Erwerb von Uniroyal Goodrich für 4,1 Mrd. Francs über 20 % des Weltumsatzes. Direkte Konkurrenten im globalen Wettbewerb sind die Konzerne Bridgestone und Goodyear-Sumitomo. Trotz des Images als Familienunternehmen, mit dem sich Michelin präsentiert, ist die Firma rund um den Globus aktiv. Zu dem Konzern gehören 80 Fertigungsstätten in 19 Ländern, von den USA bis Japan, von Finnland bis Südafrika.

Der Multi mit dem Firmensymbol des Reifenmännchens kann allerdings auf eine fantastische Familiensaga zurückblicken. 1830, Frankreich erlebt gerade einen industriellen Boom, gründen Aristide Barbier, ein der Spekulation aufgeschlossener Notar, und Édouard Daubrée in Clermont eine Fabrik für Landmaschinen. Wie das Leben so spielt, heiratet Daubrée die Nichte des Schotten Macintosh, der einige Jahre zuvor die Lösbarkeit von Kautschuk in Benzin entdeckt hatte und gerade dabei war, mit wasserdichten Planen und Mänteln ein Vermögen zu machen. Zunächst werden in der Fabrik nur einige Bälle für Kinder hergestellt, doch der Erfolg ist so groß, dass die Kautschukverarbeitung bald einen immer größeren Bereich einnimmt. 1889 bringen dann die Enkel des Gründers Barbier, Édouard und André Michelin, den Reifen für Fahrräder auf den Markt, nachdem im Jahr zuvor der schottische Tierarzt John Boyd Dunlop erstmals Reifen aus Gummi konstruiert hatte. Als einige Jahre später ein neues Fahrzeug auftaucht, das Automobil, beginnt der Erfolg von Michelin.

Die Firma wuchs und mit ihr die Stadt. Bei soviel geballter Wirtschaftsmacht kann man schon sagen: Clermont-Ferrand ist Michelin und Michelin ist Clermont-Ferrand. François Michelin, der den Konzern 50 Jahren führt (seit 1999 zusammen mit seinem Sohn Édouard Michelin), ist ein Patron wie er im Buche steht, sparsam bis zum Geiz, misstrauisch gegenüber Politikern, ein überzeugter Katholik und noch überzeugterer Antigewerkschaftler: Noch im Mai 2000 titelte Libération skeptisch: »Michelin entdeckt das Wort ›Dialog‹« (mit den Gewerkschaften). Seit 1990, als der Betrieb 5,3 Mrd. Francs Umsatzrückgang beklagen musste, ist die Stimmung in Clermont-Ferrand jedoch zunehmend gedrückt. Tausende von Arbeitern mussten die Firma verlassen. Beschäftigte das Unternehmen 1979 noch 30 000 Arbeitnehmer in Clermont-Ferrand, waren es 1991 nur noch 16 500 ›Bibs‹, wie sich FM's Angestellte nennen. Jeder zweite musste also gehen, und darüber hinaus schnitt FM auch sein soziales Engagement zurück: Die Kinderkrippen und Schulen gingen an die Stadt, die selbst nicht allzuviel Geld hat, die Werkswohnungen, mit denen die Firma in den 20er und 30er Jahren Vorbildliches geleistet hatte, wurden verkauft, der Werksverkauf eingestellt. Ein schwerer Schlag für die Stadt und die strukturschwache Region, die sich seit Jahrzehnten mit Michelin identifiziert hat: Hier sagt man nur *l'usine,* ›die Firma‹ – und jeder weiß, was gemeint ist.

beide in Charakter, Geschichte und Lebensart ganz unterschiedlich. Erst 1630 wurden die rivalisierenden Städte durch ein königliches Dekret vereint, das 1731 freilich noch einmal wiederholt werden musste. Doch nicht ohne Boshaftigkeit heißt eine Straße hier trotzig ›Rue entre les deux villes‹, und wenn die Einwohner Montferrands den Bus besteigen, fahren sie ›in die Stadt‹.

Im Lauf der Geschichte wurde das einst prosperierende Montferrand zum Aschenputtel, die reichen Bürger gingen, es blieben die kleinen Leute. Allerdings entging so auch die historische Bausubstanz, auf dem geometrischen Grundriss südwestfranzösischer Bastiden angelegt, spekulativem Ausverkauf und urbanistischer Modernisierung: in den Rues de la Rodade, des Cordeliers, Jules Guesde und du Séminaire sind rund 80 Bürgerhäuser aus dem 15. und 16. Jh. mit eleganten Innenhöfen zu entdecken.

Das **Musée d'Art Roger-Quilliot** ist seit 1991 in Montferrand in einem alten Ursulinenkloster untergebracht, das zuletzt als Kaserne gedient hatte und vom Stararchitekten Adrien Fainsilber umgebaut wurde. Es präsentiert mit 1500 Exponaten die europäische Malerei vom Mittelalter bis in die Gegenwart, dazu Skulpturen, Wandteppiche, Mobiliar (Pl. Louis Deteix, Di–So 10–18 Uhr).

Maison du Tourisme: Place de la Victoire, 63000 Clermont-Ferrand, Tel. 04 73 98 65 00, Fax 04 73 90 04 11; Zweigstelle an der Place de Jaude (Juni–Sept.). www.ot-clermont-ferrand.fr
Espace Massif Central: im selben Gebäude, Tel. 04 73 42 60 00, Fax 04 73 42

60 09, www.chamina.com, Karten, Bücher u. a.
Internet: www.ville-clermont-ferrand.fr

***Puys Arverne 8**:** 16, place Delille, Tel. 04 73 91 92 06, Fax 04 73 91 60 25, www.hoteldespuys.fr. Modernes Hotel mit 57 großen Zimmern. DZ 87–93 €, Menüs 15–40 €.
***de Lyon 9**:** 16, place de Jaude, Tel. 04 73 17 60 80, Fax 04 73 17 60 81, hotel.de.lyon@wanadoo.fr. Mitten im Zentrum an einem sehr belebten Platz, mit Parkplatz. DZ 60–75 €.
Foch 10:** 22, rue Maréchal Foch, Tel. 04 73 93 48 40, Fax 04 73 35 47 41. Sehr einfaches Haus nahe Place de Jaude, aber sauber. 33 Zimmer, DZ 42–54 €.
Außerhalb:
***Le Radio, 43, av. Pierre et Marie Curie, 63400 Chamalières, 3 km östlich, Tel. 04 73 30 87 83, Fax 04 73 36 42 44, www.hotel-radio.fr. Schönes, gut gepflegtes Art-Déco-Hotel der frühen 1930er Jahre mit gutem Restaurant (Toques d'Auvergne). DZ 859–125 €, Menü 28–81 €.

Haute Cuisine:
Emmanuel Hodencq 11**:** Place St-Pierre, Tel. 04 73 31 23 23, So abends, Mo geschl., www.hodencq.com. Für Gault-Millau das beste Restaurant der Stadt. Menüs 32–130 €.
Clavé 12**:** 12, rue St-Adjutor, Tel. 04 73 36 46 30, So geschl. Große Ölbilder der Modernen geben dem Speisesaal aus dem 19. Jh. den gewissen Touch. Die Küche mischt regionale Tradition und aktuelle Trends. Menü ab 32 €, mittags ab 20 €, besonders geübt. *menu épicurion* zu 65 €.
Bistroküche:
Le 1513 13**:** 3, rue des Chaussetiers, Tel. 04 73 92 37 46, tgl. 12–15, 18–24 Uhr. Crêperie im 1513 erbauten Hôtel Savaron, einem schönen Renaissancehaus. Große Auswahl an Galettes (Crêpes aus Buch-

weizen mit pikanter Füllung), sehr lecker sind die ›auvergnatischen‹. Kinderfreundlicher Service. Menü ab 14 €.

Le Bougnat 14: 29, rue des Chaussetiers, Tel. 04 73 36 36 98, So, Mo und Mi mittags geschl. Kleines, aber originelles, ganz bäuerlich eingerichtetes Restaurant, typisch auvergnatische Küche, aber auch Galettes, mittags stets überfüllt, daher frühzeitig kommen. Menü ab 13 €.

Aux Délices de la Treille 15: 33, rue de la Treille, Tel. 04 91 26 90. Sehr kleines Restaurant mit lustig-bunter Deko, recht beliebt, daher mittags möglichst früh kommen. International gemischte, fantasievolle Küche. Menü 11–22 €

Relais de Pascal 16: 15, rue Pascal, Tel. 04 73 92 21 04, So geschl. Bei jungen Leuten beliebtes Weinbistrot mit großer Auswahl an auvergnatischen Weinen und einigen *casse croutes* (kleine Gerichte, Salate).

Brasserien: in den Straßen von der Rue St-Dominique hinauf zum Palais de Justice, z. B. **Taverne Löwenbräu** 17 mit elsässischer Küche (7, rue St-Dominique).

 Festival du Court Métrage: Ende Jan., Anfang Feb., renommiertes Kurzfilmfestival. Info: 26, rue des Jacobins, 63000 Clermont-Ferrand, Tel. 04 73 89 20 50, Internet: shortfilm.gdebussac.fr.

Les Contre-Plongées de l'Été: Zahlreiche Veranstaltungen (Musik, Konzerte, Animationen) im Juli/August an verschiedenen Plätzen.

Festival H20: Ende Juli auf der Place de la Victoire; Events rund um das Thema Wasser.

Jazz en tête: Ende Okt., Anfang Nov., bekannte Gruppen und Nachwuchs aus New York. Info Tel. 04 73 62 66 09.

 Perdrix: 14, rue Terrasse, Bierkneipe. 1

5e Avenue: 15, rue des Petits Gras, Jazz.

Trödelmärkte: Erster Sa im Monat, Place du 1er-Mai und So vormittags am Busbahnhof (Bd. François-Mitterrand).

Spezialitäten: Fromagerie Charras, 56, av. Charras, Käse. La Cave à Louis, 11, av. de la République, Wein. Lebensmittel, Käse, Wein außerdem rund um die Markthalle St-Pierre, z. B. in der Rue de la Boucherie.

Taxi: Taxis-Radio Clermontois, Tel. 04 73 19 53 53, 24 Std.

Autovermietung: Avis, Bahnhof, Tel. 04 73 91 72 94.

Royat

Atlas: S. 232, C2

Royat, ein Heilbad für Herz- und Arterienerkrankungen mit radioaktiven und kohlensäurehaltigen Quellen, liegt so nah bei Clermont-Ferrand, dass es quasi ein Vorort ist. Da die Monts Dômes in unmittelbarer Nähe gleichsam die Kulisse bilden und der Thermalbetrieb für ein großzügiges Angebot an Golf- und Tennisplätzen und kulturellen Veranstaltungen sorgt, ist Royat bei Clermontesen recht beliebt als vornehmes Wohnquartier.

Die eindrucksvolle romanische **Wehrkirche St-Léger** in der Altstadt wurde regelrecht als Zitadelle gestaltet, befestigt mit Zinnen, Pechnasen und Wehrgang. Blendbögen verstärken die Mauern. Die dreischiffige Krypta unterhalb des Chores weist archaische Kapitelle auf. Auf dem Platz an der Südseite fällt ein Kreuz aus Lavagestein aus dem 15. Jh. auf, in das die zwölf Apostel gemeißelt sind. Die Treppe an der Nordseite führt hinunter zur Grotte des Laveuses, aus deren Basaltwänden Quellen sprudeln.

Wer noch ein bisschen herumschlendern mag, kann im tiefer gelegenen eleganten Kurviertel die **Grotte du Chien,** eine Lavagrotte, aus deren Spalten Kohlendioxyd austritt, sowie den Park, der das Zentrum der Thermalanlagen bildet, ansteuern.

OTSI: 1, avenue Auguste-Rouzaud, 63130 Royat, Tel. 04 73 29 74 70, Fax 04 73 35 81 07, www.ot-royat.com.

Viele Kurhotels aller Kategorien, oft gelobt wird:
La Belle Meunière: 25, av. de la Vallée, Tel. 04 73 35 80 17, www.la-belle-meuniere.com, Restaurant Sa mittags, So abends und Mo geschl. Jean-Claude Bon, der Maître de Cuisine, gilt als einer der besten Köche Frankreichs. Das kleine Hotel der Kette Logis de France bietet kleine, aber gemütliche Zimmer. DZ 40–50 €, Menü 22–55 €.

Le Paradis: Avenue du Paradis, Tel. 04 73 35 85 46. Auf einem Hügel über Royat liegt dieses burgähnliche Gemäuer; abends diniert man hier mit fantastischer Aussicht über Clermont. Menü 15–40 €.

Durch die Limagne

Gergovie

Atlas: S. 232, C2
Bei **Gergovia** errang der Arvernerfürst Vercingetorix 52 v. Chr. seinen Sieg über Caesars Truppen; 50 000 römische Legionäre, die das befestigte Lager der gallischen Aufständischen angriffen, wurden in der legendären Schlacht zu Caesars Entsetzen in die Flucht geschlagen. Nach dessen Darstellung hatten sie ihre von Norden heranrückenden gallischen Hilfstruppen für Feinde gehalten. Dies war die erste und letzte Niederlage des Römers auf seinem gallischen Eroberungskrieg; wenig später musste sich Vercingetorix bei Alésia ergeben. Er wurde im Triumphzug Caesars durch Rom mitgeführt; danach ließ man ihn in den Kerkern des Juvenals verhungern.

1865 taufte sich der Weiler Merdogne bei einem Plateau wenige Kilometer südlich von Clermont gelegen nach dem Ort der Schlacht in ›Gergovie‹ um, nachdem Kaiser Napoleons III. im Jahr 1862 auf dem Plateau archäologische Grabungen veranlasst hatte. Dabei entdeckte man einen gallo-römischen Tempel sowie Reste eines Oppidum, einer mit Erdwällen befestigten Fluchtburg. Im Jahr 1900 wurde dann das weithin sichtbare Säulenmonument mit einer lateinischen (!) Inschrift errichtet. In der **Maison de Gergovie** werden die Geschichte und die archäologischen Funde erläutert (Mai bis Okt. tgl. 10–12.30, 14–18, Juli u. Aug. tgl. 10–19 Uhr, Nov., März, April Sa, So 14–18 Uhr, www.ot-gergovie.fr.). Das Plateau ist nicht nur beliebt, um Drachen steigen zu lassen, sondern bietet auch eine schöne Aussicht auf Cézallier, Limagne und Clermont.

***Hostellerie St-Martin: Pérignat-les-Sarliève, 63170 Aubière, Tel. 04 73 79 81 00, Fax 04 73 79 81 01, www.hostellerie-st-martin.com. Zum Landhotel umgebautes Herrenhaus, mit elegantem Restaurant, schöner Parkanlage und Pool, 8 km von Clermont-Ferrand entfernt. DZ 85–150 €.

Billom

Atlas: S. 233, D2
Das östlich von Clermont-Ferrand am Übergang von der Limagne zum Livradois gelegene Billom hat sich seinen mittelalterlichen Charakter bewahrt, der häufig für Filmaufnahmen als Kulisse genutzt wird. In gallo-römischer Zeit lag der Ort an der Verbindung von Lyon nach Bordeaux; im Osten Billoms sind noch Reste der Straße zu sehen. Am bedeutendsten jedoch war die Stadt im Mittelalter, denn seit dem 13. Jh. besaß sie eine Universität, die im 16. Jh. in ein Jesuitenkolleg umgewandelt wurde.

In der altertümlichen *ville close* birgt die gotische **Kirche St-Cerneuf** Fresken mit der Darstellung des Weltgerichts und eine Grablegung aus dem 15. Jh.; die romanische Krypta zeugt vom Vorgängerbau aus dem 11. Jh. In der **Altstadt** künden Fachwerk- und Steinhäuser aus Mittelalter und Renaissance, der sechseckige Glockenturm aus dem 16. Jh. und Reste der Stadtbefestigung von der einstigen Blütezeit. Berühmt sind auch die Knoblauchfelder in der Umgebung, auf denen rund ein Sechstel der gesamten Produktion Frankreichs geerntet wird.

OTSI: 13, rue Carnot, Tel. 04 73 68 39 85.

Südwestlich von Billom bietet das **Château Busséol,** eines der ältesten der Auvergne, mit dessen Bau 1170 begonnen wurde, einen herrlichen Blick auf die Limagne, die hier ›auvergnatische Toscana‹ genannt wird, weil die Hügellandschaft mit verstreuten Weilern, schlichten Kirchen, kleinen Herrenhäusern und den regelmäßigen Feldern und Wiesen der italienischen Provinz gleicht (Mitte Juli bis Mitte Sept. 10–12 und 14.30–18.30 Uhr).

Im Südosten von Billom okkupieren die Schlossruinen von **Château de Mauzun** und **Château de Montmorin** zwei weitere Anhöhen. Obwohl Richelieu Montmorin 1634 schleifen ließ und die Burg danach überdies als Steinbruch diente, blieben 11 der einst 19 Türme erhalten (1. Juli bis 15. Sept. tgl. 14–19 Uhr).

St-Saturnin

Atlas: S. 232, C2/3
Am Rand des Regionalparks der Vulkan-Auvergne (s. S. 118) überblickt St-Saturnin die Limagne. Das imposante **Château de St-Saturnin** oberhalb des Dörfchens war einst befestigter Sitz der Familie La Tour d'Auvergne, der auch Katharina von Medici (1519–89) entstammt. Da die Tochter von Madeleine de La Tour und Lorenzo II. von Medici den späteren französischen König heiratete, ging die Burg, ein imposantes Beispiel mittelalterlicher Wehrarchitektur mit dreifacher Umfriedung, in königlichen Besitz über (Ostern bis Mitte Okt. Sa, So und feiertags 14–18 Uhr, Mitte Juni bis Mitte Sept. 10–12 und 14–19 Uhr).

Bedeutender noch ist die **Kirche St-Saturnin,** mit 32 m Länge der kleinste der fünf herausragenden auvergnati-

St-Saturnin, überragt von der berühmten romanischen Kirche

schen Bauten der Romanik. Die Kirche aus heller Arkose nahe des romantischen Dorfplatzes ist trotz ihrer zurückhaltenden Schlichtheit in Maß und Dekor eindrucksvoll. Mitte des 12. Jh. erbaut, entspricht sie dem auvergnatischen Schema, obwohl der Verzicht auf Vorhalle und Radialkapellen am Chor das Bauwerk zu einer ungewöhnlichen Variante macht.

Die Comté d'Auvergne

Atlas: S. 233, D3

Vic-le-Comte ist das Zentrum der Comté, einer hügeligen Landschaft, auf deren vulkanischen Höhen zahlreiche feudale Burgen thronen. Vor diesen Burgen scheiterten seit dem 13. Jh. alle Eroberungsversuche der französischen Könige; die hiesigen Grafen

konnten ihre Unabhängigkeit bis zur Zeit von Richelieu (und den neuen Kanonen) bewahren. Sehenswert sind die Kirche St-Jean aus dem 12. Jh. und die spätgotische, für ihre Chorfenster berühmte Ste-Chapelle, der einzigen Überrest des einstigen Schlosses. In der Altstadt bilden die in zum Teil mediterran wirkenden Pastelltönen getünchten Häuser den Hintergrund für das geschäftige Treiben im Städtchen.

Le Comté: in Longues, 186, bd. Charles de Gaulle, 63270 Vic-le-Comte, Tel. 04 73 39 90 31, So abends und Mo geschl. Kreative regionale Küche (Toques d'Auvergne). Menüs 19–45 €.

Aufwendig oder behutsam restaurierte Häuser mit meist geschlossenen Fensterläden verraten in **Montpeyroux,** das

109

um 1950 so gut wie verlassen war, dass viele Häuser als Zweitwohnsitze genutzt werden. Kein Neubau verunstaltet den mittelalterlichen Eindruck des Dorfes mit seinem hoch aufragenden Donjon aus dem 13. Jh. Besonders schön ist die weite Panoramasicht bis zum unverkennbaren Puy de Dôme.

Ebenso mittelalterlich wirkt auch **Champeix** jenseits der A 75, das früher auch ein bekanntes Winzerdorf war. Heute ist der Ort für sein großes Mittelalterfest am 2. Augustwochenende berühmt; im Juli und August wird's Mittwochabend besonders romantisch, wenn ab 20 Uhr der Marché Nocturne stattfindet.

Issoire

Atlas: S. 233, D3

Das Städtchen Issoire liegt in der Limagne, unweit der Monts du Livradois am Ufer der Couze und im weiten Tal des Allier. Der Missionar Austremoine,

---

Romanik und Musik

Das Centre d'Art Roman Georges Duby in Issoire veranstaltet in der Saison (Juli und August) zahlreiche Musikveranstaltungen meist klassischer Art in den großen romanischen Kirchen der Auvergne. So wird der Besuch zu einem ganz besonderen Erlebnis. Info-Prospekte und Karten bei den OTSI-Büros; Programm auch bei www.terres-romanes-auvergne.com.

---

der im 4. Jh. vier Jahrzehnte lang die Einwohner zum Christentum zu bekehren suchte und erster Bischof der Auvergne wurde, ist hier beigesetzt.

Die **Kirche St-Austremoine** wurde Mitte des 12. Jh. aus Arkose (hellem, fast gelbem Sedimentgestein) aus Montpeyroux erbaut und ist mit 65 m Länge nach St-Julien in Brioude die zweitgrößte romanische Kirche der Auvergne. Die Außenwände der Basilika weisen Inkrustationen verschiedenfarbiger Steine auf und rund um die Apsis oberhalb der Fenster Darstellungen der zwölf Tierkreiszeichen. Die charakteristische Ostansicht – die auvergnatische Pyramide mit der gestuften Abfolge von Vierungsturm, Chorhaupt, Chorumgang und Radialkapellen ist hier von einem Platz wunderbar zu betrachten – lässt sich unschwer als typisches Merkmal der auvergnatischen Bauschule erkennen.

Auch im Innern der Kirche, im dreischiffigen Langhaus mit Emporen, dem Querhaus mit einer Kapelle an jeder Seite und dem Chor mit vier gerundeten Umgangskapellen und einer rechteckigen Scheitelkapelle, erkennt man das typische Bauschema. Die Chorkapitelle, die in ihrer Eindringlichkeit an naive Kunst erinnern, zeigen Szenen aus der Passion und Auferstehung Christi; das bekannteste darunter stellt das Abendmahl dar. Die farbenprächtige ornamentale Ausmalung des Innenraums auf rotem und sandfarbenem Grund dagegen stammt aus dem 19. Jh., doch eröffnet sie eine Vorstellung davon, wie die romanischen Kirchen, die in der Mehrzahl ausgemalt waren, ursprünglich ausgesehen haben. Die sehenswerte Krypta mit mächtigen Säulen unter dem Chor mit den Reliquien des hl. Austremoine ist nur zur Hälfte unterirdisch und hat sogar Fenster.

1577, während der Religionskriege, wurde Issoire fast dem Erdboden gleichgemacht. Der berüchtigte Capitaine Merle bemächtigte sich der Stadt, vollends zerstört wurde sie zwei Jahre später bei der Rückeroberung durch die katholischen Truppen. Der rhombenförmig die Altstadt umgürtende Boulevard-Ring markiert deutlich den Verlauf der einstigen Stadtbefestigung. Innerhalb seiner Grenzen lässt sich in den engen und verwinkelten Gässchen noch ein bisschen auf Entdeckungsreise gehen, wobei die lang gestreckte Place de la République mit dem Arkadenhaus an der Ecke zur Rue Pissevin das Zentrum der Altstadt bildet, in das mehr oder weniger alle Wege wieder münden.

Den Platz überragt die **Tour de l'Horloge,** der markante Uhrturm, den man besteigen kann; in den einzelnen Stockwerken wird eine Ausstellung zur Kultur der Renaissance gezeigt (Juni–Sept. Di–Sa 10–12, 14–19, So 14–19 Uhr, Mo geschl., letzter Einlass 45 Min. vor Schluss).

OTSI: Place Gén. de Gaulle, 63500 Issoire, Tel. 04 73 89 15 90, Fax 04 73 89 96 13, www.issoire.fr

**Du Tourisme: 13, av. de la Gare, Tel. 04 73 89 23 68, Fax 04 73 89 65 28, www.hoteldutourisme.com. Einfaches Hotel am Bahnhof, gut geführt, im Haus eine Bar, wo das Frühstück serviert wird. DZ 40–50 €.

***Camping Du Mas: Av. du Dr. Bienfait, nahe der Autobahn-Auffahrt Issoire-Süd, Tel. 04 73 89 03 59, Fax 04 73 89 41 05, www.ville-issoire.fr, April bis Okt. Großer, gut organisierter und ausgestatteter Platz, ein gutes Standquartier für Touren in der Zentral-Auvergne. Toll für Kinder wegen des riesigen Spielgeländes.

Le Globe: 37, bd. de la Manlière, Tel. 04 73 89 23 09. Brasserie am Ring-Boulevard mit auvergnatischen Spezialitäten und Pizza. Menü 13–22 €.
La Bergerie: in 63490 Sarpoil, 10 km östlich (D 999), Tel. 04 73 71 02 54, So abends und Mo geschl. In einer alten Poststation, traditionelle Küche, reservieren! Menü 20–60 €.

Sa großer, belebter **Wochenmarkt** auf Rue de la Berbiziale und Place de la République.

Im Allier-Tal nach Brioude

Atlas: S. 233, D3/4
Richtung Süden reihen sich hübsche, fast mittelalterlich wirkende Städtchen entlang dem Allier bis Brioude. In den Orten am Fluss wie Nonette, Jumeaux, Brassac-les Mines oder Auzon werden **Kanus oder Kayaks** vermietet, zumeist an den Campingplätzen. Der Allier war historisch ab Jumaux schiffbar, so sind in diesem Bereich keine allzu extremen Stromschnellen erwartbar.

Parentignat (D 996) besitzt ein prächtiges Schloss des 17./18. Jh., das als Klein-Versailles der Auvergne bezeichnet wird (Juli, Aug. tgl., Juni, Sept. nur Sa und So 14.30–18 Uhr).

Etwas weiter kann man abbiegen nach **Usson** (D 709), wo einst Königin Margot (s. S. 28) von ihrem Mann König Henri IV in Verbannung gehalten wurde und das sein Ortsbild aus dieser Zeit bis heute bewahrt hat. Von der Burgkapelle hat man einen schönen Blick über die Limagne bis hin zur Kette der Puys.

Am Übergang zwischen der Limagne und den Monts du Livradois liegt das beschauliche Städtchen **Sauxillanges,** dessen OTSI-Büro Broschüren für Wanderungen in den Livradois-Bergen bereithält.

Direkt am Allier fährt man über Les-Pradeaux (D 722) zum romantischen **Nonette,** das auf einem 170 m hohen Basaltfelsen mit einer Burgruine thront, um den der Allier eine Schleife zieht.

Ebenso altertümlich wirkt das Örtchen **Auzon**, das auf einem Berggrat an der Mündung des Auzon liegt (D 34, D 16). Überreste mittelalterlicher Mauern und viele alte Häuser verleihen dem Dorf einen pittoresken Charme. Die gedrungene und wehrhafte Kirche St-Laurent bewahrt ein romanisches Holzkruzifix und die eisernen Portalbeschläge aus dem 14. Jh. Über **Azérat** mit einer Kirche aus rotem und ockerfarbenem Stein erreicht man östlich dem Allier folgend Brioude (s. S. 114).

Auf dem linken Allierufer führt eine längere Alternativroute nach Brioude. Zunächst fährt man über die D 717 zum Dorf **Mareugheol,** das noch seine alte Befestigungsanlagen besitzt. Das **Château Villeneuve-Lembron** 4 km südlich besitzt ebenfalls noch seine feudale Gestalt mit den typischen Kegeldächern und ist für Wandmalereien aus dem 15./16. Jh. berühmt (Mitte Mai bis Mitte Sept. Di–So 10–12, 14–18 Uhr, sonst bis 17.30 Uhr).

Bei **Boudes,** dem Winzerort in der Ebene von Lembron, führt ein Abstecher in das **Vallée des Saints** (zu Fuß hin und zurück ca. 40 Min.). Die Felsen, deren Farben von ocker bis rot changieren, lassen das malerische Tal wie ein Colorado in Miniaturausgabe wirken. Dass manche der bizarren Felsformen Mönchen in Kutten ähneln, gab dem Tal seinen Namen.

🛏 *****Château de Grangefort:** Les Pradeaux, Tel. 04 73 71 02 43, Fax 04 73 71 0769, www.grangefort.com. Am Allier gelegener Campingplatz in einem alten Schloss, der auch Bungalows und Chalets vermietet, mit Pool und Kanu-Station. Unter holländischer Leitung.

🍷 **Weinverkostung in Boudes:** Claude Sauvat, Mo–Sa 9–12, 15–18 Uhr, Michel Pélissier, tgl. 8–20 Uhr.

Die Gorges d'Alagnon und Blesle

Atlas: S. 233, D4
Über St-Germain-Lembron und die D 909, weiter über Lempdes, erreicht man die Gorges d'Alagnon. Hoch über dem engsten Teil des Alagnon-Tals beherrscht die malerische Burgruine von **Château de Léotoing** das Panorama (Anfahrt über D 653 von Lempdes).

Am Ausgang der Klamm liegt **Blesle,** das eine Auszeichnung als eines der schönsten Städte Frankreichs erhielt und noch gänzlich seine historische Bausubstanz vorweisen kann. Der Ort beherbergte einst ein Benediktiner-Frauenkloster, das im 9. Jh. von einer Gräfin der Auvergne gegründet worden

Blesle, eines der schönsten Dörfer Frankreichs

war und nur dem Papst unterstand. Zu ihm gehörten die romanische Kirche St-Pierre (11./12. Jh.) und Wohngebäude, die der Zerstörung der Abtei in der Revolution entgingen. An die Barone von Mercœur, den Rivalen der Abtei, erinnern der mächtige, 27 m hohe Donjon einer Burg aus dem 13. Jh. und der gotische Glockenturm (14. Jh.) der ansonsten niedergerissenen Kirche St-Martin. Im Info-Büro neben St-Pierre bekommt man einen Stadtplan zur Orientierung. Berühmt ist die sehr alte Madonna der Kirche St-Pierre, die Notre-Dame du Cheylat. In Rue des Huit Anglais, Rue St-Esprit, Rue de la Vachoune und Rue du Portail Neuf blieb ein einzigartiges Ensemble von gut 40 Fachwerkhäusern (14.–16. Jh.) erhalten.

Mit der D 588 kommt man direkt nach Brioude, wobei sich ein Abste-

cher zum **Château de Lespinasse** anbietet. Mit ihren vollständig erhaltenen Wallmauern entspricht diese Burg noch ganz dem mittelalterlichen Bild (Juli, Aug. 14–18.30 Uhr, außer Mo).

La Bougnate: Blesle, Place du Vallat, Tel. 04 71 76 29 30, Fax 04 71 76 29 39, www.labougnate. com. Ländliches Familienhotel, gepflegt und mit viel Flair. Mit Restaurant, das Moderne und auvergnatische Tradition verbindet. DZ 75 €, Menü 25 €.

Ferme Auberge de Margaridou: Aubeyrat (zw. Lempdes und Blesle), Tel./Fax 04 71 76 22 29, www.margaridou. com, Nov. bis Jan. geschl. Eine restaurierte Schäferei mit 5 Zimmern (DZ 54 €) und Pool. Sehr gute regionale Küche gibt es in der Ferme Auberge im Juli und Aug. tgl. außer So abends und Mo, sonst nur Sa abends und So mittags nach Voranmeldung. Menü 16–25 €.

113

Blesle ist Zentrum verschiedener **Wander- und MTB-Touren** durch das Pays d'Alagnon. Info mit Plänen über das OTSI-Büro in Massiac.

Besonders belebt ist Blesle Ende Juli, wenn hier ein großer **Trödelmarkt** stattfindet.

Massiac

Atlas: S. 235, D1

Das Städtchen am Ausgang der Alagnon-Schlucht hatte historische eine gewisse Bedeutung, weil sich hier die alten Handelswege der Auvergne, von Aurillac, St-Flour und Clermont her, kreuzen. Heute liegt der Ort direkt an der A 75 und ist daher eher als Durchgangsquartier denn als Ferienort geeignet.

An der belebten Durchgangsstraße kann man in einigen Läden auvergnatische Spezialitäten kaufen, während im Zentrum des Orts ein altes Fachwerkhaus des 17. Jh. und das Schloss der Herren von Espinchal (heute Hôtel de Ville) zu besichtigen ist. Von den Wallmauern blieb noch ein Rundturm erhalten. In Massiac hat man übrigens die besten Chancen gesprochenes Auvergnatisch (Okzitanisch) zu hören, denn die Einwohner halten hier noch sehr an der Tradition fest, vor allem auf der ›Feira delhs Palhas‹ Ende Oktober.

Einen guten Rundblick über Stadt, Alagnon-Tal und die Cantal-Berge hat man von der Chapelle St-Madeleine, auf dem Basaltkegel nordöstlich von Massiac. Gegenüber liegen die Höhen von St-Victor mit den Ruinen einer mittelalterlichen Siedlung.

OTSI: 24, rue Dr Mallet, 15500 Massiac, Tel. 04 71 23 07 76, Fax 04 71 23 08 50, www.massiac.auvergne.net.

**Grand Hotel de la Poste: 26, av. Gen. de Gaulle, 15500 Massiac, Tel. 04 71 23 02 01, Fax 04 71 23 09 23, www.hotel-massiac.com. Das beste Haus Platz, gut geführt mit Sauna, Fitness-Raum, Schwimmbad. DZ 40–52 €, Menü 13–30 €.

Di **Wochenmarkt**; am 2. So in Juni **Foire à la Cerise** (Kirschenmarkt), Ende Okt. die ›**Feira delhs Palhas‹**, das traditionelle Erntedankfest.

Brioude

Atlas: S. 235, E1

Das Städtchen mit rund 7000 Einwohnern liegt abseits vom Allier, dessen Tal sich hier zu einer fruchtbaren Ebene erweitert. Im Zentrum der Altstadt von Brioude erhebt sich eine der schönsten und originellsten romanischen Kirchen der Auvergne – und mit 74 m Länge auch die größte. Die **Basilika St-Julien** ist dem römischen Legionärsoffizier Julianus geweiht, der sich hatte taufen lassen und um 304 in der Christenverfolgung unter Diokletian in Brioude enthauptet wurde. Schon in der Spätantike Wallfahrtsort, wurde sein Grab eine wichtige Etappe für die Jakobspilger (s. S. 142), daran erinnert die Marmorstatue des hl. Jakobus mit der typischen Muschel am breitkrempigen Hut im Nordportal, ein Werk des 15. Jh., noch heute. Auch Wilhelm der Fromme, Herzog von Aquitanien und Gründer von Cluny, ließ sich hier beisetzen.

Die im 11. Jh. begonnene Basilika unterscheidet sich von der typischen Bauweise auvergnatischer Kirchen in mehrfacher Hinsicht: Zum einen durch den weichen roten vulkanischen Tuffstoin, aus dem sie erbaut wurde, den man wie Holz mit der Säge zuschneiden kann und der mit Sandstein und Basalt in warmen Schattierungen von ocker über Rosa bis zu Grau kombiniert wurde. Und auch vom Grundriss her ist St-Julien ein ungewöhnliches Bauwerk, mit schmalem Mittelschiff und gleich weiten Seitenschiffen, von Pfeilern in unregelmäßigem Rhythmus gegliedert. Die für die Auvergne typischen Emporen fehlen. Die Kreuzrippengewölbe sind schon gotisch, denn an St-Julien wurde bis weit ins 13. Jh. hinein gebaut.

Im Inneren trägt vor allem der schöne Mosaikfußboden aus Allier-Kieseln zu dem ungewöhnlichen Eindruck dieser Kirche bei. Das Kirchenschiff war früher mit Malereien geschmückt, wovon noch einige Fragmente an den Pfeilern zeugen. Die rund 300 Kapitele sind auffallend unterschiedlich in Stil und Ausführung – einige derb-vereinfachend, andere fein-differenziert, so dass sie vermutlich von mehreren Werkstätten gefertigt wurden. Im Westteil blieben in der Michaelskapelle im Obergeschoss (der Tribüne der Vorhalle) größere Teile romanischer Fresken erhalten, die lange hinter einer Orgel versteckt waren. Sie zeigen den thronenden Christus mit den vier Evangelisten, den Kampf von Tugenden und Lastern sowie eine Darstellung der Hölle. Beim Hinausgehen sind am Südportal bronzene Tierkörper, die als Löwe und Affen gelten, als Türzieher zu entdecken.

Aber auch ein Spaziergang durch die engen Sträßchen ringsum lohnt

Maison de Mandrin (links) in der Altstadt von Brioude

sehr, vor allem am Samstag. Dann wird die Altstadt von einem bunten Markt belebt, der rund um die Kirche und bei der östlich gelegenen Halle aux Grains abgehalten wird.

Durch das Gässchen gegenüber dem Westportal kommt man zur Rue du Quatre-Septembre und zu einem der ältesten Häuser der Stadt: Die **Maison de Mandrin** an der Ecke rechts wurde 1373–83 als Fachwerkhaus erbaut und beherbergt heute ein Souvenirgeschäft. Benannt ist sie ist nach einem legendären Briganten, der hier 1754 einen im Ort sehr verhassten königlichen Beamten überfiel. Sehenswert auch das **Hôtel de la Dentelle** etwas weiter rechts, das in einem Palais des 15. Jh. eine Ausstellung zur Spitzenklöppelei zeigt (April–Okt. Mo–Fr 10–12, 14–18, im Juli, Aug. bis 19 Uhr, Sa, So, Fei 15–18 Uhr).

In der **Maison du Saumon** an der Place de la Résistance steht der Lachs im Mittelpunkt (Juli, Aug. tgl. 10–19 Uhr, März–Juni, Sept. Mo–Sa 10–12, 14–18, So 14–18 Uhr, Okt.–Dez., Feb. 14–18 Uhr). Der Allier gehört zu den wenigen Flüssen, in denen der Fisch noch laicht, während viele andere Wasserläufe Europas einen extremen Rückgang verzeichnen mussten. Doch auch am Allier hatte sich in den letzten 30 Jahren die Zahl der mit der Angel gefangenen Lachse dramatisch verringert: Waren es vor 1974 noch 500 bis 1500, kommt man heute jährlich nur noch auf knapp 100 Tiere. Trotz wütender Proteste von Anglern verhängte das Umweltministerium ein absolutes Fangverbot, um die Population wieder zu erhöhen.

Nur 5 km westlich thront das **Château de Paulhac** auf einem Hügel über dem Tal. Die Anlage mit Donjon und kompletten Wallmauern zählt zu den schönsten Burgen der Auvergne (Juli, Aug. 9–12, 14–17 Uhr).

OTSI: Place Lafayette, 43100 Brioude, Tel. 04 71 74 97 49, Fax 04 71 74 97 87, www.ot-brioude.fr.

**Poste et Champanne: 1, bd. du Docteur Devins, Tel. 04 71 50 14 62, Fax 04 71 50 10 55, im Feb. geschl. Kleines Hotel mit gutem Restaurant (auvergnatische Küche), sehr freundlicher Empfang; die Zimmer im Neubau um die Ecke sind ruhiger. DZ 45–64 €.

Le Saint Julien: Place Grégoire de Tours, Tel. 04 71 50 20 10. Ordentliche Pizzeria neben der Basilika mit nettem Service. Neben Pizza auch auvergnatische Gerichte. Menü 13–20 €.

Kanustation: Außerhalb an der Allier-Brücke Pont de Lamothe, Tel. 04 71 50 43 82. Bootsverleih, Anfängerkurse und markierte Wildwasserstrecken.

Sa **Wochenmarkt** an der Place Lafayette; am ersten Wochenende im Aug. **Trödelmarkt** am Ringboulevard. An der Place Lafayette eine **Weinhandlung,** die auch getrocknete Pilze verkauft.

Lavaudieu

Atlas: S. 235, E1

Das Dorf Lavaudieu (lat. *vallis dei*) liegt in idyllischer Abgeschiedenheit am Flüsschen Senouire. In dem malerischen Weiler verbirgt sich ein Kleinod romanischer Baukunst: die aus dem

11. Jh. stammende **Abbaye de Lavaudieu,** das schönste Kloster der Auvergne (Mitte Juni bis Mitte Sept. tgl. 10–12, 14–18.30 Uhr, Ostern bis Mitte Juni und Mitte Sept. bis Okt. Mi–Mo 10–12, 14–17 Uhr; Besichtigung gekoppelt mit der Maison du Boulanger).

Das ehemalige Benediktinerinnenpriorat diente bis 1948 als Scheune, doch wie durch ein Wunder hat der anmutige doppelstöckige Kreuzgang die Zerstörungen der Französischen Revolution und den Verfall der übrigen Klostergebäude überdauert. Alle Säulen sind unterschiedlich gestaltet: einfach oder gedoppelt, polygonal oder glatt, kanneliert oder gedreht, sie tragen aber nur grob behauene Kapitele. Im Refektorium wurden die romanischen Wandmalereien aus dem 12. Jh., die Christus mit den Symbolen der Evangelisten sowie Maria zwischen Engeln und Aposteln darstellen, von ihrer späteren Übermalung befreit.

In der schlichten Kirche wurden in den 1960er Jahren Fresken von 1315 unter dem Putz entdeckt, darunter eine eigenartige Pest-Allegorie: der blinde Tod, der seine tödlichen Pfeile an die Menschen verteilt. Außerdem sind der hl. Robert von La Chaise-Dieu (s. S. 138), Gründer von Lavaudieu, und Judith, die erste Äbtissin, dargestellt.

Maison d'à Côté: 43100 Lavaudieu Tel. 04 71 76 45 04. Vier *chambres d'hôte* in einem restaurierten Bruchsteinhaus mit Blick auf das Flüsschen Senouire, ländlich-freundlich geführt. DZ 45 €.

Court La Vigne: Lavaudieu, Tel. 04 71 76 45 79, Di abends und Mi geschl. Die Besitzer haben das alte Gemäuer liebevoll restauriert und in der ersten Etage ein kleines Restaurant eingerichtet. Frische Saison-Küche mit Produkten der Region. Reservierung empfehlenswert. Menü 14–23 €.

Domeyrat und Château de Chavaniac-Lafayette

Atlas: S. 235, E1/F1

Bei Domeyrat überquert man die Senouire auf einer alten ›Eselsrücken‹-Brücke unterhalb des **Château de Domeyrat,** einer beeindruckenden Burgruine mit vier Türmen, die trotz ihres verfallenen Zustandes ein schönes Beispiel mittelalterlicher Wehrbauten liefert (Juli, Aug. 15 und 16 Uhr Führung in mittelalterlichen Kostümen).

Über **Frugières-le-Pin** mit einem kleinen Résistance-Museum (Juni–Okt. Di–So 10–12, 14–18, sonst nur So 14–19 Uhr, S. 156) geht es in südlicher Richtung weiter.

Im **Château de Chavaniac-Lafayette** südlich von Paulhaguet, erbaut um 1700, wurde 1757 der Marquis de La Fayette geboren, der im Unabhängigkeitskrieg der zukünftigen Vereinten Staaten die amerikanischen Truppen an der Seite George Washingtons als ›Held der neuen Welt‹ bis zum Sieg über die Engländer unterstützte. 1920 wurde der Stammsitz des 1834 in Paris gestorbenen Generals vom La Fayette Memorial, einem amerikanischen Komitee, erworben und restauriert; seitdem gehört das im Stil des 18. Jh. eingerichtete Schloss zum Pflichtprogramm der Amerikaner auf Europareise (Juli, Aug. tgl. 9–18, im Juni Mi–Mo 10–12, 14–18 Uhr, www.chateau-lafayette.com).

117

PARC DES VOLCANS – MONTS DÔMES UND MONTS DORE

Im Westen von Clermont-Ferrand reiht sich die Vulkankette der Monts Dômes auf einer etwa 20 km langen Linie von Nord nach Süd aneinander. Sie gehen in die ebenfalls vulkanischen Monts Dore über, die mit ihren Seen und Urlaubsorten wie La Bourbole im Sommer wie im Winter das bedeutendste touristische Zentrum des Zentralmassivs bilden.

Puy de Dôme

Atlas: S. 232, C2

Der Puy de Dôme ist mit 1464 m der höchste Berg der Monts Dômes mit ihren rund 80 Kratern. Sie gehören zum **Parc Régional des Volcans d'Auverne,** der sich auf 120 km Länge über die Départements Puy-de-Dôme und Cantal erstreckt. Der eindrucksvolle Blick vom Puy de Dôme auf die Kette der Vulkane lässt auch Laien den Ursprung der Landschaft deutlich erkennen. Einige haben keinen Krater; die zähflüssige Lava erkaltete schon während des Austretens und formte kegelartige Berge mit steilen Abhängen. Das Musterbeispiel bietet der Puy de Dôme selbst. Andere, mit deutlich sichtbarem Krater, verdanken ihre Form einer Eruption, die Materie nach außen schleuderte. Die Vulkane der Monts Dômes sind – aus geologischer Sicht – noch sehr jung: Sie sind seit kaum 8000 Jahren erloschen, manche sogar erst seit 4000 Jahren (s. S. 18). Alle jedoch scheinen

wie von Schleifpapier abgerundet, oder, um es mit dem Schriftsteller Alexandre Vialatte zu sagen: »Die Alpen sind gotisch, die Auvergne ist romanisch«.

Die Auffahrt mit dem Auto ist möglich (März–Nov., gegen Maut), im Juli, August und an Wochenenden im Mai, Juni und September muss man allerdings mit dem Bus *(navette)* fahren. Der Fernwanderweg GR 4 nähert sich dem Berg von Norden und führt an seiner Südwestflanke wieder hinab. Kürzer ist der Spaziergang zu Fuß vom Col de Ceysset auf dem Chemin des Muletiers zum Gipfel. Nur mit dem Fahrrad ist der Zugang sehr eingeschränkt (März–Sept. Mi, So 7–8.30 Uhr), obwohl der Puy de Dôme bereits 1952 und 1964 Etappe der Tour de France war. Oben sorgen Drachenflieger und Paraglider für bunte Tupfer an diesem seit urdenklichen Zeiten kultisch bedeutsamen Vulkankegel (www.puydedome. com). Schon die Gallier verehrten hier einen Gott, dessen Züge sich in der gallo-römischen Epoche mit dem lateinischen Merkur vermischten: Unter dem Namen Mercurius Dumias wurde er bei Galliern wie Römern populär.

Um 50 n. Chr. entstand der große **Merkur-Tempel** auf dem Gipfel, durch seine exponierte Lage eines der schönsten gallo-römischen Monumente Frankreichs. Für eine mächtige, fast 20 m hohe Merkur-Statue war der griechische Bildhauer Zenodorus zehn Jahre bei den Arvernern geblieben und hatte nicht nur eine ungeheure Summe Sesterzen erhalten, sondern wurde daraufhin von Nero nach Rom gerufen. Von der Statue blieb nur eine Beschreibung bei Plinius dem Älteren überliefert, während Kapitelle, Friese und Objekte aus Elfenbein und Bronze im Musée Bargoin in Clermont-Ferrand besichtigt werden können.

Vulcania-Infopark

Wer sich über die faszinierenden Prozesse des Vulkanismus informieren möchte, kann dies im ›Vulcania‹ tun. Das über vier Etagen tief in das Lavagestein gebaute Informationszentrum am Fuß des Puy de Côme (Zufahrt über die D 941 nach Pontgibaud) stellt mit großem technischen Aufwand weltweite vulkanische Abläufe dar. Gute Französischkenntnisse sind von Vorteil, die zahlreichen Animationen wie künstliche Vulkanausbrüche, Weltraumreisen, Doku-Filme und interaktive Multimedia-Tafeln sind aber selbst für größere Kinder interessant. Einen halben Tag muss man auf jeden Fall einplanen (Feb.–Nov. 9–18 Uhr außer Mo, Di, Juli, Aug. tgl. 9–19 Uhr, Erw. 19 €, Kinder 6–16 Jahre 12 €, www.vulcania.com).

Orcival

Atlas: S. 232, B2

Der auf einer engen Talsohle gelegene Marienwallfahrtsort, abseits der Straße nach la Bourboule, besitzt ein Meisterwerk der auvergnatischen Romanik: die **Basilika Notre-Dame d'Orcival,** deren mächtiger Baukörper den winzigen Ort dominiert. Der Legende nach war die Jungfrau Maria hier an einer Quelle erschienen. Tatsächlich entdeckte man im 19. Jh. unter der in den Hang hineingebauten Vorhalle Reste einer Quellfassung – offensichtlich Anlass für den ungewöhnlichen Bauplatz. Von Mönchen aus La Chaise-Dieu gegründet, blieb die in der ersten Hälfte des 12. Jh. erbaute Kirche fast ohne Veränderungen erhalten.

Außen an der Fassade aus hellgrauem vulkanischem Andesit hängen Eisenketten und -kugeln von befreiten Gefangenen, Notre-Dame-des-Fers geweiht und sichtbare Zeichen ihrer Wundertätigkeit. Das Portal St-Jean weist schöne alte Eisenbeschläge mit Tier- und Menschenköpfen auf.

Die thronende Muttergottes mit Christuskind aus vergoldetem Nussbaumholz im Chor stammt aus der zweiten Hälfte des 14. Jh. und ist ein seltenes Beispiel für Hochreliefs mit Gold- und Silberverkleidung. Noch heute kommen an Christi Himmelfahrt zahllose Pilger zur Schutzherrin der Gefangenen. Die Krypta unterhalb des Chors mit ihren vielen Säulen beeindruckt durch ihre Schlichtheit.

Den schönsten Blick auf die Kirche hat, wer sich ein paar Schritte vom Ort entfernt etwas erhöht in den umge-

benden Feldern oder am Waldsaum befindet. Von den vier kleinen Radialkapellen und den beiden Apsiden des Querschiffs steigt der Blick über Chorumgang und Chorhaupt zum oktogonalen Vierungsturm auf.

Durch den stufenweisen Aufbau wirken sie mächtig und doch harmonisch. Wenig Interesse zeigten die Baumeister für die Westfassade, nicht nur hier, wo die Kirche in den Felsen gebaut wurde und ohnehin nicht von Westen betreten werden kann, sondern etwa auch in St-Nectaire und St-Saturnin: Dort fehlen jeglicher plastischer Schmuck und gliedernde Elemente, weil diese Seite der rauen Witterung besonders ausgesetzt war.

Château de Cordès

Nôtre, dem berühmten Gartengestalter Ludwigs XIV. (Mai–Okt. tgl. 10–12, 14–18 Uhr).

Montlosier und Lac d'Aydat

Über die N 89 erreicht man **Montlosier,** das zweite Informationszentrum des Vulkan-Regionalparks im Gebiet der Monts Dômes (Mai–Okt. 10–12.30, 13.30–18, Juli, Aug. bis 19 Uhr). Die Ausstellung, unterhalb des Puy de la Vache gelegen, informiert zum Thema ›Mensch und Vulkanismus‹. Nahebei liegt der idyllische **Lac d'Aydat,** ein beliebter Badesee – im Sommer quasi ein Freibad für Clermont-Ferrand. Im OT-SI-Büro in Aydat erhält man einen Plan für eine ›Route des Laves‹, die durch die Montagne de la Serre zu alten Dörfern aus schwarzem Lavastein führt.

**Camping Chadelas: Direkt am See, Zufahrt über D 90, Tel. 04 73 79 38 09. Schattige Plätze unter Kiefern, mit Kinderspielplatz. Reserv. notwendig 15. Juli–15. August.

St-Nectaire

Atlas: S. 232, C3

St-Nectaire, etwas südlich, besitzt die wohl schönste romanische Kirche der Auvergne. Der Ort besteht aus zwei Teilen, St-Nectaire-le-Haut und St-Nectaire-le-Bas. Die romanische Kirche erhebt sich im alten, oberen Ortsteil, während unten im Tal des Couze die betagten Hotels eines früher ziem-

Das nördlich gelegene, aus dem 12. bzw. 15. Jh. stammende **Château de Cordès** erhielt sein jetziges Gesicht im 17. Jh., als der Maréchal d'Allègre das Schloss zum eleganten Landsitz ausbauen ließ. Der streng geometrische Barockgarten mit seinen meterhohen Hecken, Laubengängen und Wasserbassins ist ein Werk der Schule von Le

lich beliebten Thermalbads liegen. Die **Kirche St-Nectaire** beeindruckt nicht zuletzt durch ihre exponierte landschaftliche Lage, nur die Ruine der Burg Murol unterbricht in der Ferne die Silhouette der bewaldeten Hügel ringsumher. Den schönsten Blick hat man, wenn man der kleinen Asphaltstraße aus dem Ort hinaus noch ein wenig den Hang hinauf folgt.

Die mit knapp 38 m Länge relativ kleine Kirche besitzt drei Türme, zwei an der Westseite, die ihre Gestalt erst im 19. Jh. erhielten, und einen oktogonalen Vierungsturm. Dass der Chor nur drei Radialkapellen aufweist, ist eine Abweichung vom auvergnatischen Bauschema, im Gesamteindruck aber zeichnet sich die Kirche durch ausgewogene Proportionen und maßvolle Harmonie aus. Der Namenspatron, der hl. Nectaire (Necterius), soll von Petrus persönlich als Apostel in die Auvergne geschickt worden sein; nach der Überlieferung wurde er hier auf dem Berg Cornadore begraben.

Im Inneren der im 12. Jh. erbauten dreischiffigen Kirche fallen als erstes die lebendig gestalteten Kapitelle auf (von 103 sind 22 polychrom). Vor allem die sechs Figurenkapitelle im Chor verdienen Beachtung, deren Themenkreis unter anderem Szenen der Passion Christi und aus der Apokalypse, die wunderbare Brotvermehrung, den ungläubigen Thomas und Episoden aus dem Leben des hl. Nectaire umfasst. Bemerkenswert auch die Prunkstücke des **Kirchenschatzes,** eine holzgeschnitzte Madonna und das mit vergoldetem Kupferblech ummantelte Reliquiar des hl. Baudimus, einem der Gefährten des hl. Nectaire. Die Edelsteine, mit denen die Figur, eines der bedeutendsten Werke romanischer Plastik, besetzt war, wurden Anfang des 20. Jh. gestohlen, so dass nur leere Fassungen an die Pracht erinnern.

Nicht minder berühmt ist der exzellente Käse St-Nectaire, der ein AOC-Siegel erhielt und nur in 70 Gemeinden in und um die Monts Dore hergestellt werden darf. Er ähnelt von außen einem zu lange gelagerten Brie und ist von zartem, leicht nussigem Geschmack.

Im Tal liegt das Thermalbad mit rund 40 warmen Quellen, Casino, Hotels und Kurbetrieb. Dort kann die **Fontaine pétrifiante,** eine ›versteinernde Quelle‹, besichtigt werden, die für Inkrustationen aller nur denkbaren Objekte sorgt. Die Krustenbildung dauert 6–14 Monate (8.30–12 und 14–19 Uhr im Sommer, 9.30–12 und 14–17.30 Uhr im Winter).

OTSI: Les Grands Thermes, 63710 St-Nectaire-le-Bas, Tel. 04 73 88 50 86 (nur zur Saison), Fax 04 73 88 40 48, www.ville-saint-nectaire.fr.

Relais de Sennectaire: Place de l'Église, Tel. 04 73 88 51 66, Fax 04 73 88 54 31, modernisierter Bau nahe der Kirche, regionale Küche. DZ 55 €.

Murol und Lac Chambon

Atlas: S. 232, C3

Die Festung von **Murol,** ein mächtiger Burgbau aus dem 12. Jh., der eine Zeit-

Picknick am Lac Chambon

lang der Familie d'Estaing gehörte, hatte eine wechselvolle und turbulente Geschichte. Im 17. Jh. entging sie nur knapp dem Dekret Richelieus, der die Burgen der Auvergne schleifen ließ, um die streitbaren kleinen Feudalherren zu unterwerfen. In der Revolutionszeit ein Räuberversteck, verfiel Murol seit dem 19. Jh. und diente dem zu ihren Füßen liegenden Dorf als Steinbruch. Nach dem zum Teil noch erhaltenen Donjon zu urteilen, waren die Ausmaße dieser Burg einst beträchtlich. Bisweilen ist noch heute Waffengeklirr zu hören, wenn die Ritterspektakel der Compagnons de Gabriel stattfinden (Besichtigung mit Animation Juli u. Aug. 10–12 und 13.30–18 Uhr, Mi und Sa nur Besichtigung, ebenso den Rest des Jahres).

OTSI: 63790 Murol, Tel. 04 73 88 62 62, Fax 04 73 88 60 23, www. grandevallee.com.

Hôtel du Parc: Rue George Sand, Tel. 04 73 88 60 08, Fax 04 73 88 64 44, www.hotel-parc.com. Mit Tennisplatz und kleinem Pool. DZ 38–42 €. ****Hôtel des Pins: Rue de Levat, Tel. 04 73 88 60 50, Fax 04 73 88 60 29. Direkt an der Straße, aber sehr schön. 25 Zimmer, DZ 35–50 €.

In den Ausläufern der Monts Dore liegt in 877 m Höhe der **Lac Chambon,** der zu den berühmtesten Vulkanseen der Auvergne zählt. Ein Lavastrom hat hier einen Damm gebildet, hinter dem sich das Wasser staute. Am 60 ha großen und 12 m tiefen See mit vielen Inselchen, einem flachen und einem steilen

123

Fête de la Dévalade

Anfang Juli wird die Madonnen-statue aus der Kirche St-André von Besse nach Vassivière hinauf-gebracht, um Ende September mit der *Fête de la Dévalade* in ihr Win-terquartier zurückgeholt zu wer-den. Die große Prozession folgt dem Weg auf die Sommerweide, wo die Jungfrau dann den Som-mer über die roten Rinder des Ar-tense-Plateaus beschützt.

rina von Medici, die aus der Familie La Tour d'Auvergne stammte, und später ihrer Tochter, der Königin Margot, ge-hörte. Weniger einzelne Bauten lohnen einen Rundgang als die Tatsache, dass der Ort sein historisches Stadtbild über die Jahrhunderte fast vollständig hat bewahren können, besonders male-risch ist die Rue de la Boucherie.

Heute ist Besse nicht nur als Stand-ort für Ferien in den Monts Dore be-liebt, sondern auch als Ausflugsziel; daher gibt es im alten Zentrum zahlrei-che Restaurants und viele kleine Läden mit den Produkten der Region – vom Saint-Nectaire-Käse bis Brombeerkon-fitüre.

Ufer und dem nahegelegenen Château de Murol verlocken zahlreiche Wan-derwege zu Ausflügen etwa zum Saut de la Pucelle, einer fast 100 m hohen Felsnadel am Nordende des Sees. Mit seinen touristischen Einrichtungen wie Bootsverleih, Strand, Hotels und Sporteinrichtungen am Ostufer ist der Lac Chambon heute ein beliebtes Aus-flugsziel – sogar für die Einwohner von Clermont-Ferrand.

Das bescheidene romanische Kirch-lein von **Chambon-sur-Lac** weist am Portal den typisch auvergnatischen giebelartigen Architrav auf, der hier die Steinigung des hl. Stephans zeigt.

Besse-et-St-Anastaise

Atlas: S. 232, C3
In der befestigten Stadt **Besse** (früher Besse-en-Chandesse) wirken die dunklen Häuser aus Lavagestein eher vornehm-städtisch als dörflich. Wohl-habend war Besse einst, als es Katha-

🔲 **OTSI:** Place du Dr Pipet, 63610 Besse-et-St-Anastaise, Tel. 04 73 79 52 84, Fax 04 73 79 52 08, www.super-besse.com.

🛏️ 🍴 ****Hostellerie du Beffroy:** Tel. 04 73 79 50 08, Fax 04 73 79 57 87. Haus aus dem 16. Jh. mit 12 recht kleinen Zimmern, das beste Restaurant am Platz mit kreativer Regionalküche (Mo geschl.). DZ 46–84 €, Menü ab 21 €.
**Hôtel de la Providence et de la Poste: Tel. 04 73 79 51 49, Fax 04 73 79 51 49, www.hotel-providence-besse.com. Fami-liärer Dorfgasthof am Ortseingang mit 10 gemütlichen Zimmern, 7 Studios (wo-chenweise). Das Restaurant serviert Hausmannskost in einem Speisesaal des frühen 20. Jh. DZ 45–64 €, Menü ab 20 €.
**Auberge de la Petite Ferme: Route de Super-Besse, 1,5 km vom Lac Pavin ent-fernt, Tel. 04 73 79 51 39, Fax 04 73 79 57 99, www.auberge-petite-ferme.com. Bodenständiger Landgasthof mit 32 Zim-mern und rustikalem Restaurant mit au-vergnatischen Spezialitäten. DZ 37–58 €.

Im Zentrum von Besse viele Dorfgaststätten mit regionaler Küche.
Auberge du Point de Vue: In Trossagne, St-Pierre Colamine, 7 km östl. über D 633 und D 619, Tel. 04 73 96 31 45, Mo, Di abends und Mi geschl., Reservierung erwünscht. Beliebtes Dorfgasthaus mit ländlicher Küche und tollem Blick über das Massiv der Monts Dore.

 Trödelmarkt (Brocante) am 2. Wochenende im Juli und im Aug.; **Foire aux Vins et Fromages** Ende Juli; **Fête des Estives** Anfang Aug. mit Show-Auftrieb einiger Salers-Rinder und großem Volksfest am Lac Pavin, wo ein ganzer Salers-Ochse am Spieß gebraten wird; **Fête de la Dévalade** am 3. Wochenende im September, dreitägig mit Straßenmusik und Volkstänzen.

Lac Pavin

Der 5 km südwestlich gelegene kreisrunde Lac Pavin (1197 m ü. M.) gilt als schönster Kratersee. Sein spiegelglattes Wasser liegt glatt und schwarz inmitten des bis ans Ufer reichenden, düsteren Nadelwaldes – allerdings entfesselt einer Legende zufolge jeder in den See geworfene Stein ein Gewitter. Auf dem Uferwanderweg kann man den 44 ha großen und 90 m tiefen See, an dem als einziges Gebäude ein Restaurant steht, in gut 45 Min. umrunden oder von der Südseite in etwa 30 Min. den Puy de Montchal (1411 m) ersteigen.

Super-Besse

Über Besse, am Fuß des Puy de Perdrix, liegt der moderne Skisportort Super-Besse (1350 m). Im Sommer kann man mit der Gondelbahn auf den Gipfel (1824 m) hinauffahren, von dem sich ein großartiger Rundblick eröffnet – auf die höchsten Berge des Zentralmassivs, den benachbarten Puy de Sancy, den Puy Ferrand und die umliegenden Täler.

Monts Dore und Puy de Sancy

Von Mural führt die D 996 führt hinauf in das Massiv der Monts Dore. Beim Col de la Croix-Morand (1401 m) ist sportlichen Wanderern ein Abstecher empfohlen: Hier kann man den **Puy de la Tache** (1636 m) besteigen, der einen grandiosen Ausblick eröffnet: auf den Puy de Sancy, der die weiten Gletscherbecken überragt, und bei klarer Sicht bis zu den Monts Dômes im Norden (3 Std. hin und zurück). Hat man entlang dem Sessellift die ersten 200 steilen Meter überwunden, geht es ohne große Steigungen weiter. Der GR 4 führt weiter bis zum Puy de Sancy, ist hier aber weniger frequentiert als in dessen Umkreis.

Le Mont-Dore

Atlas: S. 232, B3

Unterhalb des höchsten Berges der Auvergne, des Puy de Sancy (1885 m), zieht sich Le Mont-Dore (1050 m) in einem engen Tal am Ufer der Dordogne entlang. Dieser Ort von etwas verstaubter Vornehmheit ist nicht nur als Thermalbad mit 33–44 °C heißen, kieselsäurehaltigen Quellen, sondern auch als Höhenluftkurort für Bronchitis und Asthma bekannt. Bereits in der gallo-römischen Epoche wurden die Quellen genutzt, Reste römischer Thermen sind in den heutigen Thermalanlagen zu besichtigen. Das **Établissement Thermal** entstand ab 1817 im neo-byzantinischen Stil und kann als eine der schönsten Badeanlagen der Welt gelten. Heute bringen Skigäste auch in der Wintersaison Leben in den Ort, für sie entstanden zahlreiche moderne Hotels.

Kurgäste und Wanderer können in der Umgebung eindrucksvolle Ziele für Spaziergänge wählen: Die Wasserfälle der **Grande Cascade** 1 km südlich des Ortes stürzen aus 30 m Höhe von einem Basaltfelsen herab; die Cascades du Queureuilh, du Rossignolet und du Saut du Loup erreicht man in nordwestlicher Richtung.

Der **Funiculaire du Capucin** nahe dem Office de Tourisme, eine Draht-seilbahn von 1897, die unter Denkmalschutz steht, führt zu einer Lichtung in 1250 m Höhe, dem Salon du Capucin, von wo man in etwa einer Stunde zu Fuß den Gipfel Le Capucin erklimmt.

OTSI: 96, av. de la Libération, 63240 Le Mont-Dore, Tel. 04 73 65 20 21, Fax 04 73 65 05 71, www.mont-dore.com.

***Le Panorama: 27, av. de la Libération, Tel. 04 73 65 11 12, Fax 04 73 65 20 80, www.hotel-le-panorama.com. Das beste Haus am Ort. DZ 64–81 €, Menü 24 €.
**Le Puy Ferrand: Tel. 04 73 65 18 99, Fax 04 73 65 28 38, www.hotel-puy-ferrand.com, 4 km südlich, D 983. Am Fuß des Puy de Sancy, gut ausgestattet, mit herrlicher Aussicht. DZ 45–78 €, Menü 15 €.
Jugendherberge: Route du Sancy, 3 km außerhalb von Le Mont-Dore, Tel. 04 73 65 03 53, Fax 04 73 65 26 39, www.fuaj.org, Nov. geschl. Großes Holzhaus im Wald, am Fuß des Puy de Sancy.

Castelet: Av. Michel-Bertrand, Tel. 04 73 65 05 29. Gutes Hotelrestaurant, Spezialität z. B. Forelle in Enzian *(truite à la gentiane)*. Menüs 16–25 €.

Puy de Sancy

Die Talstation der Seilbahn zum Puy de Sancy liegt etwa 4 km südlich von Le Mont-Dore. Vom höchsten Gipfel der Monts Dore reicht der Blick weit über die Auvergne hinaus – was schon in den 1930er Jahren zum Bau einer Seilbahn führte, einer der ersten Frankreichs (Dez.–April 9–17, Mai, Juni, Sept. 9–12.30, 13.30–17, Juli, Aug. 9–17.30 Uhr).

Bergrennen in Le Mont-Dore

Jedes Jahr um den 10. August brummt es in den Bergen bei Le Mont-Dore etwas lauter. Dann findet das Course de Côte der Französischen Autorennmeisterschaften statt. Auf der ›schönsten Strecke Europas‹ messen sich dann alle Autotypen außer der Formel 1; besonders interessant sind die historischen Rennfahrzeuge (VHC). Das Rennen findet auf der D 36 zwischen Moneaux/Chambon s. Lac und dem Col de la Croix St-Robert statt.

Von der Bergstation erreicht man zu Fuß in knapp einer halben Stunde den Gipfel, an dessen Hängen in einer amphitheaterähnlichen Senke ein Gebirgsbach namens Dore entspringt. Ein wenig tiefer, nahe der Talstation der Seilbahn, vereint er sich mit einem weiteren Bach, der Dogne. Zur Dordogne geworden, passiert diese in starkem Gefälle die Thermalbäder Le Mont-Dore und La Bourboule und zieht ihrem fernen Ziel, dem Atlantik, entgegen.

Die Monts Dore, die häufig auch nach der höchsten Erhebung Massif du Sancy genannt werden, sind die zweite markante Bergkette des Zentralmassivs und erstrecken sich über rund 800 km^2. Die Berglandschaft ist hier – mit gezackten Kämmen, Geröllabhängen, trogartigen Tälern, Kraterseen, Felswänden, Wasserfällen und grünen Weideflächen auf baumlosen Hochebenen – abwechslungsreicher als in den Monts Dômes und im Cantal-Massiv, da die Vulkanberge hier älter sind und von Erosion und Gletschern zerklüftet wurden.

La Bourboule

Atlas: S. 232, B3

La Bourboule, nach Le Mont-Dore der zweite große Urlaubsort des Massif du Sancy, ist bekannt als Kurort bei Allergien und Neurodermitis und als bedeutendstes Zentrum für Kinderkuren Frankreichs. Der Thermalsaison von Mai bis September folgt im Winter die Skisaison, so dass der Ort ein sehr lebendiges Ferienressort mit zahlreichen modernen Hotels ist. Berühmt ist La Bourboule, dessen Name vom keltischen Wassergott Bovis abgeleitet ist, vor allem als Zentrum für MTB (frz. VTT)-Touren in den umliegenden Bergen.

Der 12 ha große **Parc Fenestre** mit Mammutbäumen geht direkt in die Berge über, die hier manchen Besucher an die schottischen Highlands erinnern. **Le Rocher des Fées,** ein 50 m hoher Block aus Granit, wird gerne als Ziel eines Spaziergangs gewählt; in östlicher Richtung können zwei Wasserfälle, **Les Vernières** und **Plat-à-barbe,** auf einem Rundweg (2,5 km vom Zentrum, zum Teil GR 30, GR 41) angesteuert werden.

Mit einer Gondelbahn vom Parc Fenestre erreicht man in 4 Min. das **Plateau von Charlannes** (1146 m), wo alljährlich der Skimarathon der nordischen Disziplinen ausgetragen wird und man zu Wander- oder Mountainbike-Touren in die weitere Umgebung aufbrechen kann.

OTSI: 63150 La Bourboule, Place de la République, Tel. 04 73 65 57 71, Fax 04 73 65 50 21, www.bourboule.com.

***Régina: 48, av. Alsace-Lorraine, Tel. 04 73 81 09 22, Fax 04 73 81 08 55. DZ 58–107 €, Menü 14–35 €.
Le Pavillon: 209, av. d'Angleterre, Tel. 04 73 65 50 18, Fax 04 73 81 00 93, DZ 35–52 €, Menü ab 13 €. In einer ruhigen Seitenstraße, nahe dem Parc Fenestre. Zahlreiche preiswerte, nicht klassifizierte Hotels. **Restaurants vor allem in den Hotels. Empfehlenswert im Régina.

Bus: Im Sommer nachmittags stdl. ein Shuttle-Bus (Navette) nach Le Mont-Dore und Le Sancy.

Château de Val

Ins Tal der Dordogne

La Tour d'Auvergne

Atlas: S. 232, B3
Südlich von Bourboule erreicht mit man mit der D 88, vorbei am Roche Vendeix, La Tour d'Auvergne, knapp 1000 m hoch auf einem Basaltplateau vor dem Kamm des Puy de Sancy gelegen. Der kleine Ort war Sitz einer Familie, die berühmte Persönlichkeiten der französischen Geschichte hervorgebracht hat: Henri de La Tour d'Auvergne, der ›Große Turenne‹, der die Armeen Ludwigs XIII. und Ludwigs XIV. zum Sieg führte, und Katharina von Medici, Tochter von Madeleine de La Tour und Lorenzo de Medici. Doch fast nichts mehr erinnert an die einst so bedeutende Burg, von der aus die Grafen de La Tour seit dem 13. Jh. die ganze Region beherrschten. Von hier führt die D 47 über das **Plateau de l'Artense,** einer der einsamsten Gegenden der Auvergne.

Château de Val

Atlas: S. 232, A4
Mit der D 922 erreicht man Château de Val, eines der schönsten Schlösser der Region. Einst lag die zugleich wehrhaft und elegant wirkende Burg auf einem steilen Felsvorsprung in dichtem Wald, doch seit 1951, seit der Stauung der Dordogne, spiegelt sich das Schloss, das die Familie d'Estaing im 15. Jh. erbaute, im Wasser des Stausees. Mit Führung können Schloss und eine go-

tische Kapelle besichtigt werden (Mitte Juni bis Mitte Sept. tgl. 10–12, 14–18.30 Uhr, sonst von März bis 15. Okt. nur bis 17.30 außer Di).

Bort-les-Orgues

Atlas: S. 232, A4
Der Stausee der Dordogne bei Bort-les-Orgues ist mit knapp 480 Mio. m^3 Wasser, 1400 ha Wasserfläche und 18 km Länge die zweitgrößte Talsperre Frankreichs. Der Luftkurort selbst, an der Grenze von Cantal und Corrèze gelegen, wird samstags und jeden zweiten Dienstag von einem Markt belebt. Die berühmten **Basaltorgeln** liegen auf der anderen Seite des Flusses, 350 m oberhalb des Ortes; hinter

Chantery führt eine kleine Treppe rechts hinauf. Wie Orgelpfeifen aneinandergereiht liegen die Vulkannadeln auf fast 2 km Länge am Hang offen. An ihren Füßen kann man kleine Grotten erkunden, auf der Bergkuppe genießt man vom **Aussichtspunkt** einen weiten Blick auf Bort, das sich am Dordogne-Ufer entlang zieht, die Monts Dore, das Artense-Plateau und das Cantal-Massiv.

☐ **OTSI:** Place Marmontel, 19110 Bort-les-Orgues, Tel. 05 55 96 02 49, Fax 05 55 96 90 79.

☐ Besichtigung des Stauwerks: 9–18 Uhr in der gesamten Saison. Stdl. Schiffe ab der Staumauer zum Château de Val.

Ydes

Atlas: S. 232, A4

Im Mittelpunkt des Dörfchens Ydes im lieblichen Tal der Sumène steht eine kleine romanische Kirche aus dem 12. Jh. Zum Charme des einschiffigen Gebäudes mit Kammglockenturm tragen auch die Skulpturen bei: Das Hauptportal von St-Georges zeigt an den Gewänden Daniel in der Löwengrube, die Verkündigung, den Propheten Habakuk und an den Archivolten die Sternzeichen, über dem südlichen Seitenportal kämpft der hl. Georg gegen den Drachen. Bis zur Aufhebung des Ordens im Jahr 1312 gehörte Ydes den Tempelrittern, die auch die Kirche erbauen ließen.

Zwischen Allier und Loire

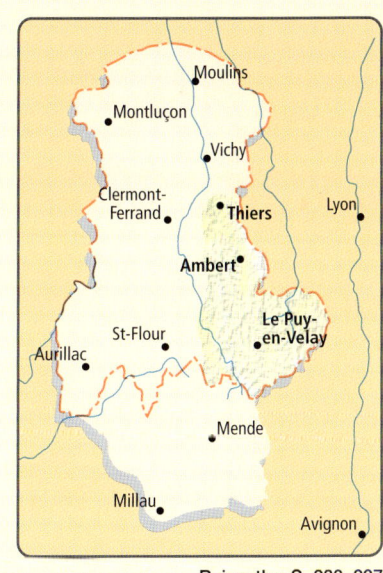

Chanteuges im Allier-Tal

Reiseatlas S. 233, 237

IM REGIONALPARK LIVRADOIS-FOREZ

Von Thiers bis Le Puy erstrecken sich die Monts du Forez und Monts du Livradois, zwei bewaldete Mittelgebirgsrücken, zwischen denen sich die Dore ihr Tal gegraben hat. Die Landschaft hat hier nichts Vulkanisches mehr, erinnert eher an den Schwarzwald, und tatsächlich heißt ein Teil der Region Bois Noirs. In den weiten Waldgebieten findet man pittoreske Dörfer, und über allem thront der ›Stuhl Gottes‹ – die berühmte Abtei La Chaise-Dieu.

Thiers

Atlas: S. 233, E2

Thiers ist ein ›französisches Solingen‹; die Messerschmiedekunst *(coutellerie)* wird hier seit fünf Jahrhunderten ausgeübt. Noch heute stellt die metallverarbeitende Industrie etwa ein Drittel der Arbeitsplätze der Stadt und erzeugt 70% der französischen Produktion an Messern und Scheren. Sie ist nun jedoch in der Ville basse im Dore-Tal angesiedelt, während die traditionelle Messerschleiferei nur noch museal in der Altstadt präsentiert wird. Diese, die *Ville haute,* zieht sich mit steilen, romantischen Gassen über einen hohen Hang am engen Tal der Durolle.

Die Stauwehre des Flusses nutzten die *couteliers* früher, um ihre Schleifsteine anzutreiben. Dabei lag der Messerschleifer bäuchlings auf einer Planke ausgestreckt, unter ihm der Schleifstein, auf den er die Rohklinge presste, auf seinen Beinen lag ein Hund, der ihn wärmte. Heute werden in Thiers aber kaum noch Messer im alten Stil produziert, hauptsächlich verkauft man hier Ware aus Laguiole (s. S. 182).

Nach dem Panoramablick von der **Terrasse du Rempart** mit weiter Aussicht über die Limagne betritt man mit der Rue du Bourg, heute Fußgängerzone, die Altstadt mit zahlreichen historischen Häusern; vor allem Nr. 10 mit prachtvollem Flamboyant-Portal aus der Spätgotik lohnt einen Blick. An der Place du Pirou steht die um 1410 für den Verwalter des Bourbonenherzogs Louis II. erbaute **Maison du Pirou** mit vorkragendem Obergeschoss, ein großes Fachwerkhaus, in dem heute das Office de Tourisme untergebracht ist.

Von hier geht es durch die nach den Messerschmieden benannte Rue des Couteliers, ebenfalls mit einigen schönen alten Holzhäusern. In der **Maison de l'Homme des Bois** (Nr. 21) werden in einer Messerschleiferwerkstatt die alten Arbeitstechniken demonstriert. Diese Werkstatt gehört zu dem ansprechend gestalteten **Musée des**

Couteliers, zu dem man etwas weiter die Straße hinunter gelangt (58, rue de la Coutellerie, Okt.–Mai Di–So 10–12, 14–18, Juni, Sept. tgl. 10–12, 14–18.30, Juli, Aug. tgl. 10–18.30 Uhr).

Rechts vom Museum führt die schmale Treppengasse Pedde de St Genès zur Place du Palais hinauf. Dort erinnert die **Kirche St-Genès** aus dem 11. Jh. an die Zeit, als dieser Platz Mittelpunkt von Thiers war. Das etwas klobige Bauwerk besitzt eine verzierte Kuppel, die größte romanische der ganzen Auvergne, und beeindruckt durch seine Schlichtheit, die schönen Glasfenster und das Christusfresko in der Apsis.

Die erwähnte ›Pedde‹, auvergnatisch für Fußsteg, ist im Übrigen typisch für diese sich über den hohen Hang staffelnde Stadt. Steil treppauf, treppab geht man in den unteren Stadtteilen durch Gassen mit Häusern, die nach Jahren des Verfalls zunehmend wieder renoviert werden.

Ein Spaziergang durch die Rue 4-Septembre führt hinunter in das alte Handwerkerviertel von Thiers, vorbei am Geburtshaus von Jacques Daguerre, einem Wegbereiter der Fotografie, und an der Kirche St-Jean mit schönem Ausblick auf das Durolle-Tal, wo die Werkstätten der Messerschleifer *(rouets)* lagen. Beim Couteliers-Museum kann man einen Wanderplan bekommen, mit dem man dieses **Vallée des Rouets** erkunden kann. Einer der Bauten im Tal, die alte Fabrik **Creux de l'Enfer,** wird heute als Centre d'Art Contemporain für Kunstausstellungen genutzt (Mo, Mi–Fr 10–12, 14–18, Sa, So 14–18 Uhr).

OTSI: Place du Pirou, 63300 Thiers, Tel. 04 73 80 65 65, Fax 04 73 80 01 32, www.thiers.com, www.ville-thiers.fr.

***Le Parc Geoffroy: 5 km außerhalb an der Straße nach Clermont, 49, av. du Gén. de Gaulle/RN 89, Tel. 04 73 80 07 00, Fax 04 73 80 87 01, www.parc-de-geoffroy.com. Sehr gepflegt geführtes ehemaliges Messerschleiferhaus mit 31 Zimmern, Garten und neuem Anbau. DZ 67–85 €, Menü 18 €.

Le Coutelier: 4, place du Palais, Tel. 04 73 80 79 59, So abends, Mo, Di geschl. Auvergnatische Gerichte in einer ehemaligen Messerschleiferwerkstatt gegenüber von St-Genès. Menü 12–23 €.
A la Belle Excuse: 6, rue du Bourg, Tel. 04 73 80 39 02. Traditionelle Küche, große Auswahl an Salaten, liegt ruhig in einer Altstadtgasse. Menü ab 7,50 €.

ILOA: Richtung Autobahn. Großzügige Freizeitanlage mit Golf, Tennis, Reitstall, Bootsverleih und Erlebnisbad.

Traditionelle Messer und Repliken historischer Schwerter werden in vielen Läden der Altstadt angeboten. Auf der **Route des Métiers** (Faltblatt beim OTSI-Büro) kann man Imker, Töpfer und Bauernhöfe rund um Thiers besuchen, die Käse oder Blaubeerkonfitüre herstellen.

Pamparina: 2. Sa im Juli, Musikveranstaltung.

Bois Noirs und Monts du Forez

Im Norden erstrecken sich die **Bois Noirs,** der ›Schwarzwald‹ Frankreichs mit dichtem Tannenforst, wo man mit Chabreloche und St-Rémy-sur-Durolle zwei kleine Messerschleiferdörfer besuchen kann. Eine schöne Tour durch den Wald über den Puy de Montoncel (1053 m) verbindet die beiden Städtchen.

Durch die **Monts du Forez** im Süden, ebenfalls ein Mittelgebirge mit ausgedehnten Wäldern, kann man auf gewundenen Bergstraßen bis Ambert fahren. Eine schöne Strecke führt über das **Château de Vollore** (17. Jh.) und das Bergdorf Vollore-Montagne bis **Aubusson d'Auvergne** mit einem beliebten Badesee. In der mächtigen Anlage von Schloss Vollore (Juli, Aug. 14–19 Uhr) finden im Sommer Konzerte statt sowie immer Mittwoch abends 22 Uhr illuminierte Führungen.

Über Le Brugeron fährt man zum **Col du Béal** hinauf (1390 m, hier ist man schon auf den Hochalmen) und in Serpentinen wieder bis **Job** mit seinem prächtigen Kirchturm hinunter (knapp 6 km vor Ambert).

🛏 🍴 ****Auberge du Montoncel:** Les Cros d'Arconsat, 63250 Chabreloche, Tel. 04 73 94 20 96, Fax 04 73 94 28 33, www.montoncel.com. Einfaches Berghotel mit 10 Zimmern in den Bois Noirs, mit Garten und gutem Restaurant. DZ 31–40 €, Menü 14–25 €.

Wandern: In den Bois Noirs und Monts du Forez wurden gut ein Dutzend Wanderwege mit Themenschwerpunkten (sentier de découverte) eingerichtet.
Mountainbike: Ein Netz miteinander verknüpfter VTT-Rundstrecken (300 km) erschließt den Regionalpark. Infos (auch zu Reitzentren, Skilanglauf und anderen Outdoor-Aktivitäten): www.parc-livradois-forez.org.

Durch das Tal der Dore

Atlas: S. 233, E2–F3
Entlang der Dore, früher mit ihren Treidelkähnen ein Hauptverkehrsweg der Region, verführt heute die D 906 zur schnellen Durchreise gen Süden, doch schon knapp 5 km hinter Pont-de-Dore lohnt ein Abstecher zum **Château d'Aulteribe.** Wie ein Märchenschloss taucht es im Wald auf, doch erhielt der Bau aus dem 15. Jh. erst im 19. Jh. seine jetzige Gestalt. Im Erdgeschoss kann man die Gemächer mit Gemälden, Möbeln im Louis-XV-Stil und fünf kostbaren flämischen Tapisserien besichtigen (Mitte Mai–Mitte Sept. tgl. 10–12, 14–18, sonst nur bis 17.30 Uhr und Mo geschl.).

Über St-Dier und das Dorf **Sauviat,** das sehr romantisch über einer Dore-Schleife thront, erreicht man bei **Courpière** wieder die D 906. Neben der Kirche im Stil der auvergnatischen Romanik mit Seitenschiff, Emporen und skulptierten Kapitellen steht die Maison Aymard, ein restauriertes Renaissancegebäude, das alle anderen Häuser mit seinem steilen Dach bizarr überragt.

Die mittelalterlichen Bruchsteinhäuser von **Olliergues** ziehen sich vom Ufer der Dore die Abhänge hinauf zum Schloss und zur Kirche mit einem hölzernen Glockenturm. Der pittoreske Ort macht bei abendlicher Sonne einen fast italienischen Eindruck. Im Château, das einst der Familie La Tour d'Auvergne gehörte, ist heute ein **Musée des Vieux Métiers** eingerichtet, das alte Handwerkstechniken vorführt (Juli, Aug. 10–19, März–Okt. 10–12, 14–18 Uhr).

Ambert

Atlas: S. 233, F3

Bei Ambert öffnet sich das Tal der Dore wieder zur Ebene – zwischen den Monts du Forez und den Monts du Livradois. Das größte Städtchen in diesem einsamen Waldland besitzt eine der großen spätgotischen Kirchen der Auvergne: **St-Jean** wurde 1471 im Flamboyant-Stil begonnen, zur Blütezeit von Ambert, als die Region Zentrum der Papierherstellung war und fast allein Lyon, die französische Druckerstadt des 16. Jh., belieferte. Vom damaligen Reichtum zeugen auch noch einige Häuser der Epoche in der Altstadt.

Sehenswert auch die **Tour de Mandrin,** letzter Rest der Wallmauer, um die sich eine hübsche Legende rankt: Während der Religionskriege soll sich der berüchtigte Hugenottenführer Capitaine Merle hier verschanzt haben. Als die Truppen der Liga anrückten, wollte er angesichts der Übermacht einem Kampf aus dem Wege gehen. So stellte er die Statuen aus der Kirche auf die Bastion, die nun heftig unter Feuer genommen wurde. Als die Katholi-

Mittelalterliches Flair in der Altstadt von Ambert

schen sahen, dass die ›Verteidiger‹ keine Regung zeigten, glaubten sie, sie hätten es mit unverwundbaren Soldaten zu tun – und zogen überstürzt ab.

Daneben lohnt unbedingt ein Besuch im **Musée du Fromage,** wo alles Wissenswerte zur Herstellung der auvergnatischen Käse, besonders aber des Fourme d'Ambert präsentiert wird – mit den alten Werkzeugen und einem echten Affinage-Keller, wo Hunderte von Käselaiben auf langen Holzregalen reifen (tgl. 9–12, 14–18 Uhr, www.fourme-ambert.com).

Rund wie der Fourme ist auch das **Hôtel de Ville,** wenn auch von anderen Ausmaßen – 20 m hoch und 30 m im Durchmesser. Unter seinen Arkaden findet der Markt statt, und sogar zu literarischen Ehren brachte es der Dorftreffpunkt: Jules Romain ließ hier seinen Roman »Les Copains« (Die Kumpel) spielen.

OTSI: 4, place de l'Hôtel de Ville, 63600 Ambert, Tel. 04 73 82 61 90, Fax 04 73 82 48 36, www.ambert.com.

**La Chaumière: 41, av. Maréchal Foch, Tel. 04 73 82 14 94, Fax 04 73 82 33 52. Einfaches Hotel an der Straße zum Bahnhof, mit guter Regionalküche. DZ 50–60 €, Menü 15–34 €.

Festival d'Ambert: 2. Woche im Aug., Puppentheater.
Festival Vertolaye: Ende Juli, Anfang Aug. etwas südlich von Olliergues, keltische Musikgruppen, organisiert von der Vereinigung Celtadore.

Train de la Découverte: Juli, Aug. eine Panorama-Bummelbahn Richtung La Chaise-Dieu oder Olliergues.

Umgebung von Ambert

In knapp 6 km Entfernung von Ambert (über die D 996, links D 57) liegt der **Moulin Richard-de-Bas,** die letzte Papiermühle aus der großen Zeit von Ambert. Hier wird noch nach alter Technik handgeschöpftes Papier hergestellt, 20–25 kg pro Tag, ein Produkt für luxuriöse Bucheditionen in limitierter Auflage. Besuchen kann man das Papiermuseum sowie die Produktionsstätte selbst. Im 15. und 16. Jh. arbeiteten fast 300 Mühlen im Tal des Lagat. Damals waren die Mühlen hier sehr renommiert und belieferten sogar die königliche Druckerei. Im 18. Jh. begann der Niedergang des Handwerks, bis es im 19. Jh. durch industrielle Konkurrenz vollends ruiniert wurde (tgl. 9–12, 14–18, Juli, Aug. 9–20 Uhr).

Eine kurze, aber steile Rundtour führt auf der D 67 weiter hinauf zum **Col des Supeyres,** mit 1366 m der höchste Pass der Forez-Berge. Oben kann man in der Jasserie du Coq Noir ländliche Produkte der Region kaufen sowie Käse und Brot aus bäuerlicher Produktion kosten (Juli, Aug. 9–19 Uhr). Zurück geht es über **Valcivières,** eine Sommersiedlung der Weidehirten; man kann auch den längeren Weg über **St-Anthème** nehmen, das für seinen Tomme-Käse bekannt ist.

Chemin des Papetiers: Die Rundtour (gelbe Markierung, 2 Std., mit frz. Erläuterungstafeln) führt an mehreren aufgegebenen Papiermühlen vorbei. Start in Valeyre, Ende bei Richard-de-Bas.

Moulin Richard-de-Bas: Handgeschöpftes Papier im Museumsshop.

Marsac-en-Livradois

Atlas: S. 233, F3

Über die D 906 geht es weiter nach La Chaise-Dieu. In Marsac befindet sich in der romanischen Kapelle gegenüber der Kirche ein Museum zur Geschich te der Weißen Büßer *(Pénitents Blancs),* einer religiösen Bruderschaft, die im 17./18. Jh. eine bedeutende Rolle spielte. Ihre Kleidung, eine lange Kutte mit einer spitzen Kapuze, die nur die Augen freigibt, mag mittelalterlichen Grusel lebendig werden lassen. Die Bruderschaft zeichnete sich aber weniger durch mysteriöse Riten aus, ihre Mitglieder übernahmen vielmehr als Sühne einer persönlichen Verfehlung gesellschaftlich wenig angesehene Aufgaben, vor allem Krankenpflege bei Seuchen oder Betreuung zum Tode Verurteilter. Um dabei nicht verspottet zu werden, verbargen sie Gestalt und Gesicht. Weiße Büßer gab es in vielen Orten des Livradois; in der Revolution wurde die Loge verboten und enteignet (Musée des Pénitents Blancs, Juli, Aug. 10–12, 14–19, Juni, Sept. 14–17 Uhr).

Arlanc

Atlas: S. 233, F4

In Arlanc lohnt neben der romanischen Kirche St-Pierre vor allem das Museum für Spitzenklöppelei in der Mairie (Rathaus) mit einer Sammlung alter Spitzen sowie Darstellungen der unterschiedlichen Klöppelmethoden und des Handwerkszeugs (Mitte Juni–Mitte Sept. 10–12, 15–18, April, Mai 15–18 Uhr).

Carreau (Fenster) nennt man den kissenartigen Rahmen, auf denen die Klöppelspitze angefertigt wird. Dabei wird das Muster auf eine Papierunterlage gezeichnet und mit Nadeln auf dem Kissen abgesteckt, um die herum dann die Fäden verschlungen werden. Das Garn ist an Spindeln aus Buchsbaum, Kirschholz oder Elfenbein befestigt, etwa um einen stärkeren Faden zu kennzeichnen.

Im 19. Jh. war die Spitzenherstellung in entlegenen Regionen, etwa im Livradois oder im Cantal, der wichtigste handwerkliche Erwerbszweig. Noch in den kleinsten Dörfern wurde in Heimarbeit geklöppelt; für die ganze Auvergne schätzt man, dass vor dem Ersten Weltkrieg etwa 150 000 *dentellières* auf diese Art das Familieneinkommen aufbesserten.

OTSI: 63220 Arlanc, Tel. 04 73 95 03 55, Fax 04 73 95 18 92.

Nach La Chaise-Dieu

Von Arlanc aus führen zwei mögliche Routen nach La Chaise-Dieu (s. S. 138). Die alte Straße, in Serpentinen durch die Gorges de la Dore ansteigend, ist landschaftlich schöner. Kunstreisende werden die neue Straße über **Dore l'Église** am Zusammenfluss von Dore und Dorette bevorzugen, wo sie eine romanische Kirche mit sehenswertem Portal erwartet. Treppenstufen führen zum fünffach gewölbten Portal hinauf, dessen alte Holztüren noch erhalten sind.

DAS VELAY

»Weniger dramatisch als die Schweiz, schöner als Italien«, beschrieb George Sand in ihrem Roman »Jean de la Roche« die außergewöhnliche landschaftliche Schönheit des Velay. Erloschene Vulkane, deren Hänge im Frühjahr zu Wiesen voller Narzissen werden, die wilden Schluchten von Allier und Loire und hübsche Städtchen wie Le Puy machen den Reiz des Départements Haute-Loire aus.

La Chaise-Dieu

Atlas: S. 237, D1

Hoch oben auf dem Plateau, die 1000-m-Grenze und die Buchenwälder sind zurückgelassen und schwarze Tannen beherrschen die Landschaft, liegt La Chaise-Dieu. Der Name ›Stuhl Gottes‹ könnte nicht treffender gewählt sein (auch wenn er tatsächlich aus *Casa Dei*, ›Haus Gottes‹, abgeleitet ist): Hoch über den Tälern, entrückt allem Irdischen, gründete Robert von Turlande, Kanonikus der Abtei von Brioude, 1043 ein benediktinisches Kloster, das sich bald zu einer reichen Abtei entwickelte und von Schenkungen des auvergnatischen Adels profitierte.

Die große Stunde der *Casa Dei* kam aber erst, als ein früherer Novize des Klosters als Clemens VI. 1342 zum Papst gewählt wurde. Damals residierten die Päpste in Avignon – Verschwendungssucht, pompöser Luxus und Günstlingswirtschaft standen, wie Boccaccio im »Decamerone« lebensnah schildert, späteren Zuständen in der Renaissance kaum nach. Und Clemens VI. war der Verschwendungssüchtigste und Eitelste unter ihnen. Er begann den Bau der großen Kathedrale von La Chaise-Dieu, für die er die besten Künstler seines Hofes (und das hieß, seiner Zeit) abstellte und in der er sich ein prunkvolles Grabmal errichten ließ, umgeben von 44 Marmorstatuen. Die Hugenotten haben dieses einzigartige Zeugnis päpstlichen Hochmuts, mit Ausnahme der Liegefigur des hl. Vaters selbst, 1562 zerstört.

Diese Plünderung war der Anfang vom Ende der Abtei. Danach wurden meist die unehelichen Söhne der Könige zu Äbten ernannt, das Kloster, dessen Besitzungen (und Einnahmen) sich weit über die Auvergne hinaus erstreckten, wurde zur Pfründe, von dessen Wohlstand auch Richelieu und Mazarin als Titularäbte zehrten. Das klerikale Leben erreichte nie mehr den Stand der mittelalterlichen Blütezeit. Nachdem La Chaise-Dieu in der Revolution geschlossen worden war, begann man Anfang des 20. Jh. mit der

138

Restaurierung. Seit 1965 ist die Orgel wiederhergestellt und das Kloster Ende August Veranstaltungsort eines renommierten Musikfestivals.

Ein kleines Dorf mit Restaurants und Souvenirläden gruppiert sich rund um das Kloster, überragt von der gewaltigen **Abteikirche St-Robert.** Stufen führen zum Portal hinauf, über das sich wehrhaft die beiden Türme in den Himmel recken, deren unterschiedliche Ausführungen vom plötzlichen Geldmangel nach dem Tod Clemens VI. künden. Das gotisch geprägte Innere wird ganz vom riesigen Lettner aus dem 15. Jh. dominiert, der den Bereich der Mönche von dem des Laienvolks abtrennt.

Erst hinter dem Lettner kommt man zu den Schätzen der Kirche. Das Hauptschiff wird ganz vom geschnitzten Chorgestühl der Mönche einge-

nommen. In der Mitte ruht der eitle Papst, an den seine Liegefigur erinnert. Durch ihre lebendige Farbigket beeindrucken die **flämischen Wandteppiche** vom Anfang des 16. Jh., die sich ganz um das Chorgestühl ziehen. Das Thema ist das Leben Jesu, wobei den einzelnen Stationen in Form eines Triptychons jeweils zwei Seitendarstellungen aus dem Alten Testament beigegeben sind, die ikonographisch als Vorwegnahme verstanden werden. Der Zyklus beginnt rechts vom Chor mit der Verkündigung. Interessant wird die Bildreihe auch dadurch, dass alle Szenen in Kleidung, in Haartracht und auch im Hintergrund der Kultur des ausgehenden 15. Jh. entsprechen, und das detailverliebt und lebensnah.

Das 26 m lange und 2 m hohe **Totentanz-Fresko** im linken Seitenschiff

Die Abteikirche von La Chaise-Dieu

beeindruckt durch die freie Zeichnung der schattenhaften Figuren auf braunem Grund: Der in Leichentücher gehüllte Tod reißt tänzelnd Menschen aller Schichten aus dem Leben, vom Papst bis zum Bauern.

Durch die Sakristei im Erdgeschoss der wehrhaften Tour Clémentine, in der sich die Mönche bei der Plünderung durch die Hugenotten verschanzten, gelangt man in die **Schatzkammer** *(Salle du Trésor)*, wo neben liturgischem Gerät einige hervorragende Tapisserien aus dem 14.–17. Jh. zu sehen sind.

 OTSI: Place de la Mairie, 43160 La Chaise-Dieu, Tel. 04 71 00 01 16, Fax 04 71 00 03 45. Kirche geöffnet Juni–Sept. Mo–Sa 9–12, 14–19, So 14–19; sonst 10–12, 14–17 Uhr, www.abbaye-chaise-dieu.com.

Echo et Abbaye: Place de l'Echo, Tel. 04 71 00 00 45, Fax 04 71 00 00 22. In einem alten Wirtschaftsgebäude der Abtei; mitten im touristischen Trubel, aber ruhig und gut geführt. DZ 47–60 €.
**Hôtel de la Casadeï: Place de l'Abbaye, Tel. 04 71 00 00 58, Fax 04 71 00 01 67, www.lacasadei.com, Nov.–April geschl. Logis-de-France-Haus mit 9 Zimmern am Platz vor der Kirche. DZ 43–50 €.
Außerhalb: *****Mistou:** 25 km östlich in 43500 Pontempeyrat, Tel. 04 77 50 62 46, Fax 04 77 50 66 70, www.mistou.fr. Renovierte Wassermühle von 1730 am Ufer der Ance, mit 14 Zimmern, gutem Restaurant und Pool. DZ 85–120 €, Menüs 27–52 €.

Festival de La Chaise-Dieu: Ende Aug., Reservierung ab Juni beim OTSI, www.chaise-dieu.com.

Wochenmarkt: Do, großer **Pilzmarkt** am letzten Do im Okt.
Auvergne Gourmand: Place de la Mairie, Steinpilze, Pfifferlinge, Morcheln, eingelegt oder getrocknet, Blaubeerkonfitüre, Honig.

Allègre

Atlas: S. 237, D2
Eine schöne Strecke nach Le Puy biegt bei Sembadel-Gare ab (D 13) und führt durch das Waldland des Livradois nach Allègre. Vom Marktplatz des pittoresken Bergdorfes (1107 m) mit der winzigen Kapelle Notre-Dame du Oratoire und einem malerischen Stadttor erklimmt man den Hügel mit der Burgruine. Das Schloss, von dem heute nur noch ein Teil der Westbastion in Form eines riesigen Torbogens (›La Potence‹ genannt) steht, beherbergte in seinen Glanzzeiten König Franz I. auf seiner Wallfahrt nach Le Puy. Von hier reicht die Aussicht weit nach Südwesten bis zu den Höhen der Margeride.

Château de la Rochelambert

Atlas: S. 237, D2
Kurz vor St-Paulien mit einer romanischen Kirche mit farbigem Mauerwerk führt ein Abstecher zum Château de la Rochelambert, das sich über dem Tal der Borne bei Marcilhac erhebt. In dem nach einem Brand 1562 neu erbauten Schloss mit seinem romantischen Erkerturm siedelte die Schriftstellerin George Sand, die mit dem Hausherrn be-

Château de la Rochelambert

ALS REISEN NOCH GEFÄHRLICH WAR

Pilgerrouten durch die Auvergne

In Le Puy versammelten sich seit dem 10. Jh. – ebenso wie in Tours, Vézelay und St-Gilles (bei Arles) – Scharen von Menschen, um sich gemeinsam zu Fuß auf den beschwerlichen Weg zum Grab des Apostels Jakobus in Santiago de Compostela zu machen. Der auvergnatische Pilgerweg von Le Puy aus galt als mühseligste der vier großen Routen in Frankreich. Er führte über Bains, St-Privat d'Allier nach Saugues (42 km), über St-Alban, Nasbinals, Aubrac nach Espalion (111 km) und weiter über Estaing bis Conques (50 km) durch einsame und gefährliche Gegenden. Die als Via Podiensis bezeichnete Strecke war 220 km lang; bis zum Grab des hl. Jakobus waren knapp 800 km zurückzulegen. Entlang des Pilgerwegs entstanden Hospize und Herbergen, Kirchen zur Verehrung lokaler Heiliger, Abteien blühten auf und mit ihnen die Bildhauerkunst der Romanik.

Das Grab des hl. Jakobus war im 9. Jh. im abgelegenen Asturien ›entdeckt‹ worden: Nach dem Märtyrertod des Apostels hatte Herodes verboten, den Leichnam zu bestatten – aber nach der Legende konnten Mitbrüder den Toten an sich nehmen und auf ein Schiff bringen, das von einem Engel über das Meer gesteuert wurde. 900 Jahre später fand dann ein Einsiedler durch den Lichtschein der Sterne (daher der Name *campus stellae* – Sternenfeld) die Lage der vermeintlichen Grabstätte. Santiago (= Sant Jago) entwickelte sich zum Wallfahrtsziel für die abendländische Christenheit, erst recht, nachdem sich dort die Wunder häuften. Die Pilger führten auf dem Heimweg am breitkrempigen Hut die Jakobsmuschel als Zeichen ihrer Pilgerschaft mit.

Bereits im 12. Jh. hatte Santiago denselben Rang wie Jerusalem und Rom erreicht, man beklagte überfüllte Kathedralen und Herbergen: Um 1140 wurde der erste ›Pilgerführer‹ geschrieben, genannt *Liber Sancti Jacobi,* in dem neben einer Sammlung von Legenden um den Apostel auch Reiserouten und Tipps angegeben waren. Ein französischer Kleriker namens Aimery Picaud hatte diesen fünfbändigen Reiseführer zusammengestellt, denn ungefährlich war die Pilgerfahrt nicht: Straßenräuber und Wegelagerer verbreiteten Angst, »böse Wirte« und schlechte Gasthöfe erschwerten die mühevolle Reise.

Die meisten Pilger zogen es wegen der Gefahren vor, in Gruppen zu reisen; im günstigsten Falle war man erst nach sechs Monaten wieder zu Hause. Eine erste Unterbrechung erfuhren die Wallfahrten im Hundertjährigen Krieg (1339–1453), als die Engländer die Wege blockierten. 1671 wurden die Pilgerreisen von Ludwig XIV. eingeschränkt, da er mit seinen Untertanen nicht auch französisches Geld in fremde Länder ziehen lassen wollte. Erst seit einigen Jahrzehnten lebt die Tradition wieder auf: Seit 1972 folgt der Fernwanderweg GR 65 dem auvergnatischen Jakobsweg; seit 1998 gehört der Jakobsweg zum Weltkulturerbe der Unesco.

freundet war, den Roman ›Jean de la Roche‹ an. Mit Führung zu besichtigen sind Möbel und Kunstobjekte aus dem 12.–15. Jh., Waffen sowie Erinnerungen an George Sand (Mai–Okt. 10–12 und 14–18 Uhr, Do geschl.).

Château Polignac

Atlas: S. 237, E2
Schon von weitem fasziniert Château Polignac – die einst mächtige Festung mit einem markanten Turm liegt auf einem Basaltplateau, das sich schroff aus der Ebene erhebt. Die nahezu uneinnehmbare Burg hatte ihre große Zeit im Mittelalter, wurde von dem mächtigen Geschlecht der Polignac aber schon im 16. Jh. dem Verfall überlassen, als sie sich ein komfortableres Schloss bei Lavoute an der Loire erbauten (s. S. 149). Vom hübschen Dorf windet sich ein Pfad an beeindruckenden Befestigungsanlagen vorbei zur Burg hinauf. Die Wehrmauern kann man einmal umrunden, den Turm besteigen. Die Rundumsicht ist fantastisch: aus hellem Dunst ragen die Marienstatue und die Kathedrale von Le Puy empor (Ostern bis Okt. 14–18 Uhr, Juni–Sept. 10–19 Uhr).

Le Puy-en-Velay

Atlas: S. 237, E2
Eine Landschaft wie ein gigantisches Bühnenbild: Zwei schroff aufragende Basaltspitzen aus kegelförmig erstarrter Lava prägen den ersten Eindruck vom Wallfahrtsort Le Puy und dem fast unwirklichen Panorama. Auf der schma-leren, fast senkrecht aufsteigenden Vulkannadel in diesem von Hügelkuppen umgebenen Becken thront die winzige Kirche St-Michel d'Aiguilhe (›St. Michael auf der Nadel‹) rund 80 m über der Stadt. Auf dem zweiten großen Felsen überragt die Stadt eine 22 m hohe Marienstatue aus dem Zweiten Kaiserreich.

Le Puy gehörte im Mittelalter für Pilger, die sich auf den Weg nach Santiago de Compostela in Spanien machen wollten, zu den vier wichtigsten Sammelpunkten, die jeweils den Hauptwegen den Namen gaben; in Le Puy nahm die Via Podiensis ihren Anfang. Überdies ist Le Puy neben Chartres einer

Fête du Roi de l'Oiseau

Anfang/Mitte September findet in Le Puy alljährlich die **Fête du Roi de l'Oiseau** statt, ein Fest, das die Stadt für eine ganze Woche in die Renaissance zurückversetzt. Jeder, Einheimische wie Hunderte angereister Gäste, trägt historische Tracht und geht je nach Geschmack als Bettler, Bürger, Bauer oder Edelmann. Die Restaurants servieren Menüs der Epoche, Straßentheater, Schausteller und Musikanten ziehen durch die Stadt, und im Jardin Henri Vinay werden die Handwerkstechniken der Epoche präsentiert. Im Zentrum steht ein seit dem 16. Jh. nachgewiesener Wettkampf, bei dem der beste Bogenschütze der Stadt ermittelt wird.

der ältesten Marienwallfahrtsorte Frankreichs. Dass sechs Päpste und 14 Könige im Lauf der Jahrhunderte anreisten, trug dazu bei, den Ruhm über den ganzen Okzident zu verbreiten. Aus aller Herren Ländern strömten die Pilger herbei, nicht zuletzt auch, weil die Deckplatte eines Dolmens, auf dem um 420 Maria erschienen war und um den Bau einer Kirche gebeten hatte, Kranken als wundertätiger *pierre des fièvres* (›Fieberstein‹) Heilung verschaffte.

Heute hat Le Puy rund 20 000 Einwohner und bildet den Verwaltungs- und Handels-Mittelpunkt der Region Velay, hat jedoch wegen der schlechten Verkehrsanbindung wirtschaftliche Probleme und verliert Einwohner (1975 waren es noch 27 000).

Ein guter Ausgangspunkt für einen Rundgang ist das Office de Tourisme, das im Stadttheater an der **Place du Breuil** 1 untergebracht ist. Rings um diesen großen Platz am Rande der Altstadt reihen sich die ›offiziellen‹ Gebäude der Stadt, das Palais de Justice, die Département-Verwaltung und die Präfektur. Jenseits der die Altstadt eingrenzenden Boulevards, an denen Kinos und Geschäfte, Cafés und Brasserien für ein geschäftiges Treiben sorgen, gelangt man über die Rue Porte Aiguière zur **Place Martouret.** Linker Hand begrenzt den Platz das Hôtel de Ville (Rathaus) aus dem 18. Jh.

Durch die Rue Courrerie gelangt man zur **Place du Plot** mit der **Fontaine de Bidoire** 2, dem ältesten Brunnen der Stadt aus dem 13. Jh., der später mit Delphinen und Adlern geschmückt wurde.

Hier biegt man rechts in die Rue Chênebouterie, folgt dann der Rue Raphaël. Die Altstadt von Le Puy ist ein faszinierendes Gewirr von Treppen und steilen, gepflasterten Gässchen, Torbögen und Durchgängen. Einige Gebäude wurden in den vergangenen Jahren renoviert, und in vielen Fällen zog man es vor, die auch hier aus dunkelgrauem Lavagestein erbauten Häuser pastellfarben zu verputzen – schließlich ist hier im Südosten der Auvergne der Midi nicht mehr weit.

An der Place des Tables wendet sich der Weg steil bergauf durch die **Rue des Tables** 3, eine der malerischsten Straßen der Stadt. Vorbei an Souvenirläden und Spitzenklöpplerinnen steigt

---

Sehenswürdigkeiten

1 Place du Breuil
2 Fontaine de Bidoire
3 Rue des Tables
4 Kathedrale Notre-Dame
5 Statue Notre-Dame-de-France
6 St-Michel d'Aiguilhe
7 Marché Couvert
8 Tour Pannessac
9 Musée Crozatier

Unterkunft

10 Hôtel Bristol
11 Hôtel Dyke
12 Hôtel Le Brivas

Essen & Trinken

13 Le Bateau Ivre
14 Tournayre
15 L'Olympe

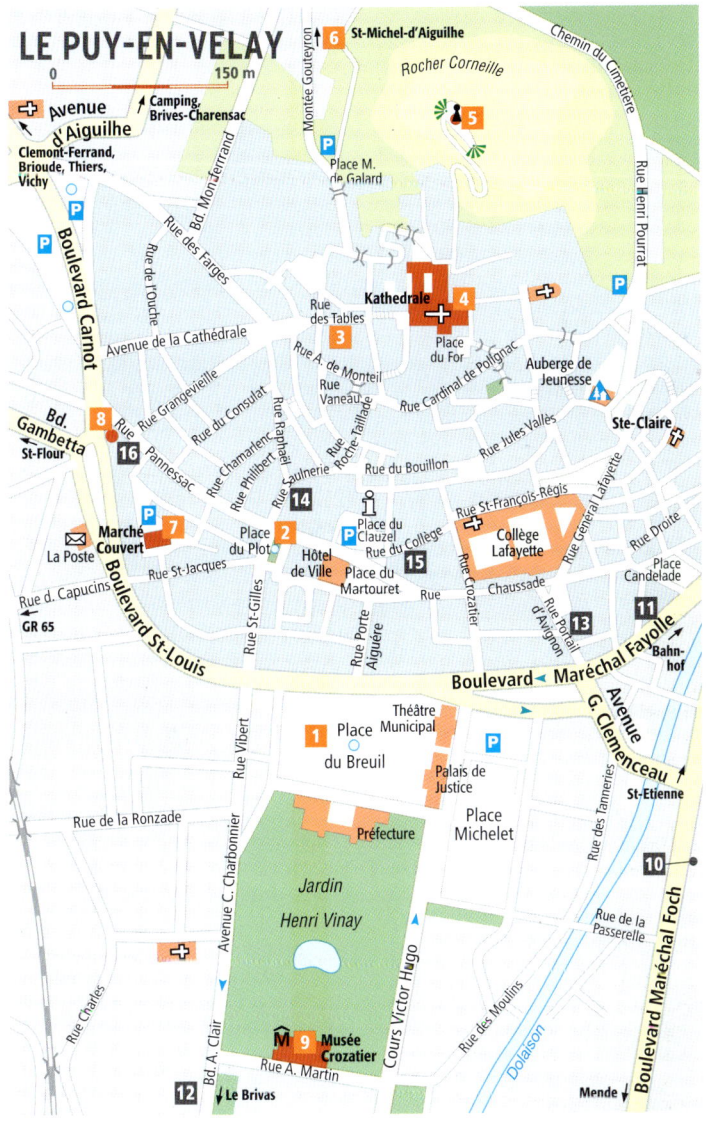

LE PUY-EN-VELAY

0   150 m

6 St-Michel-d'Aiguilhe

Rocher Corneille

Chemin du Cimetière

Montée Gouteyron

Camping, Brives-Charensac

Avenue d'Aiguilhe

Clémont-Ferrand, Brioude, Thiers, Vichy

Place M. de Galard

5

Rue Henri Pourrat

Boulevard Carnot

Rue des Farges

Bd. Montferrand

Rue de l'Ouche

Rue Grangevieille

Avenue de la Cathédrale

Rue des Tables

Rue A. de Monteil

Kathédrale

4

Place du For

Auberge de Jeunesse

Rue Vaneau

Bd. Gambetta

St-Flour

8 Rue **16**

Rue Pannessac

Rue du Consulat

Rue Raphaël

Rue Chamarlenc

Rue Philibert

Rue Saulnerie

Rue Roche-Taillade

Rue Cardinal de Polignac

Rue du Bouillon

Rue Jules Vallès

Ste-Claire

14

Place du Clauzel

Rue St-François-Régis

Collège Lafayette

Rue Général Lafayette

Rue Droite

Place Candelade

Marché Couvert **7**

La Poste

2 Place du Plot

Rue St-Jacques

Hôtel de Ville

Place du Martouret

15

Rue du Collège

Rue Crozatier

Chaussade

Rue

11 Bahn-hof

Rue d. Capucins

GR 65

Boulevard St-Louis

Rue St-Gilles

Rue Porte Aiguère

Rue Portail d'Avignon

13

Boulevard Maréchal Fayolle

Théâtre Municipal

1 Place du Breuil

Palais de Justice

Place Michelet

Avenue G. Clémenceau

St-Etienne

Rue Vibert

Rue de la Ronzade

Avenue C. Charbonnier

Préfecture

Rue des Tanneries

10

Jardin Henri Vinay

Rue de la Passerelle

Rue Charles

Bd. A. Clair

Cours Victor Hugo

M **9** **Musée Crozatier**

Rue A. Martin

Rue des Moulins

Dolaison

Boulevard Maréchal Foch

Mende

12 Le Brivas

man zur romanischen **Kathedrale No-tre-Dame** 4 hinauf (Okt.–März 9.30–12, 14–16.30 Uhr, April–Juni 9.30–12.30, 14–18 Uhr, Juli–Sept. 9.30–18.30 Uhr).

Der Anblick der majestätischen Fassade hoch über ihnen hat schon unzählig viele Pilger am Ende eines langes Marsches überwältigt. Die Farbigkeit des Gesteins, mosaikartig in dunklen und hellen, zum Teil rötlichen Tönen verwendet, lässt an byzantinisch-arabische Einflüsse denken. Eine lange Treppenflucht führt aus der Rue des Tables über die Porte Dorée direkt in die Kirchenmitte, was zu der Redewendung geführt hat, man betrete die Kirche durch den Nabel und verlasse sie wieder durch die Ohren.

Wegen der wachsenden Pilgermassen und eines Erdbebens musste die Kirche aus dem 12. Jh. mehrfach vergrößert und umgebaut werden; überdies wurde sie im 19. Jh. einer radikalen Restaurierung unterzogen, so dass ihre Baugeschichte sich insgesamt recht verwickelt ausnimmt. Bei der Vergrößerung, die für den ungewöhnlichen Eingang sorgte, verlängerte man die Kirche um zwei Joche, wegen des steil abfallenden Geländes auf einem Unterbau, der die Fassade um ein Geschoss erhöhte. Das sechsjochige Langhaus überwölben Trompenkuppeln, die wiederum an maurische Architekturformen erinnern.

Ziel aller Pilger ist eine Schwarze Madonna, die Nachbildung aus dem 19. Jh. einer in der Französischen Revolution verbrannten Statue, die im Bereich der Vierung unter einem Baldachin aufgestellt ist. Der Überlieferung

nach soll Ludwig der Heilige das Original vom Kreuzzug aus Ägypten mitgebracht haben.

Durch einen Seiteneingang gelangt man in den **Kreuzgang** des Klosters mit farbigen Bogensteinen, geometrischen Motiven und Kleeblattbögen, in dem wiederum orientalisch inspirierte Architekturelemente mit romanischen eine harmonische Synthese von strenger Schönheit eingehen: Der Kunsthistoriker Emile Mâle hielt den Kreuzgang für den »schönsten des christlichen Europas«. Der älteste Teil der im Wesentlichen aus dem 12. Jh. stammenden Anlage ist die Südgalerie zur Kirche hin. Die Kapitelle wecken mit ihren erzählenden Darstellungen der Laster und Tugenden, von Verdammnis und Erlösung das Interesse für mittelalterliche Ikonographie.

Oberhalb der Kathedrale thront auf dem Rocher Corneille die Madonnenfigur **Notre-Dame-de-France** 5, die nach dem Krieg von 1871 aus dem Metall Krupp'scher Kanonen gegossen wurde (Mai–Sept. 9–19 Uhr, Okt.–März 10–17 Uhr, April 9–18 Uhr). Für einen Obolus kann über steile Treppen hinaufsteigen. Gut 130 m über der Place du Breuil befindet man sich nun – am mit 755 m höchsten Punkt Le Puys. Auch ohne die Treppe im Innern der Kolossalstatue zu erklimmen, hat man einen imposanten Rundblick: Unterhalb des Kathedralbezirks staffelt sich die mittelalterliche Altstadt steil an den Hang, während sich der neuere Teil von Le Puy am Ufer der hier noch jungen Loire und der Borne entlangzieht. Auch der Donjon von Polignac ist zu sehen, im Westen Espaly und die monumentale Josephsstatue.

Panorama von Le Puy links Notre-Dame-de-France, rechts die Kathedrale

Über rund 270 Treppenstufen (und gegen Gebühr) zu erreichen ist die auf dem 80 m hohen Basaltkegel des Rocher Aiguilhe gelegene romanische Kapelle **St-Michel d'Aiguilhe** 6 (März 10–12, 14–17 Uhr, April–Juni, Sept., Okt. 10–12, 14–18 Uhr, Mitte Juni–Mitte Sept. 9–19 Uhr).

Wegen der exponierten Lage passt sich der Grundriss dem Gelände an, und man weiß nicht, was man mehr bewundern soll: das kleine Meisterwerk romanischer Architektur oder die Baumeister, die solch schwieriges Gelände meisterten. Schon vor dem Jahr 1000 war hier an der Stelle eines Merkur-Tempels ein Bauwerk zu Ehren des Erzengels errichtet worden, doch die heutige Kapelle wurde um 1100 erbaut – allerdings scheint der quadratische Chor noch auf den Vorgängerbau

zurückzugehen. Im Innern umgibt ein Säulenumgang aus dem 12. Jh. ellipsenförmig das 4 x 4 m große Presbyterium aus dem 10. Jh., in dem sich Reste der Wandbemalung (Christus und das Weltgericht) erhalten haben.

Für den Rückweg wählt man die Rue du Cardinal Polignac, Rue Rochetaillade und Rue Saulneraie quer durch die Altstadt. Im modernisierten **Marché Couvert** 7, einer Halle aus Eisenträgern aus dem 19. Jh., kann man sich vor der Abreise mit den Spezialitäten von Le Puy versorgen. *Jésus* nennt sich eine würzige Dauerwurst, *Verveine,* ein Eisenkrautlikör, wird als Digestif getrunken. Unter Gourmets berühmt sind die *Lentilles Vertes,* die Linsen von Le Puy.

Beim Schaufensterbummel durch die Rue Pannessac, die ihren Namen von der **Tour Pannessac** 8, einem Turm eines Stadttors aus dem 13. Jh. hat, und durch die **Rue Grenouillit** sollte man auch den alten Bürgerhäusern aus dem 16. und 17. Jh. Beachtung schenken.

Das **Musée Crozatier** 9 am Jardin Henri Vinay zeigt Exponate zur Geschichte und Kunst des Velay (Mai–Sept. Mo, Mi–So 10–12, 14–18 Uhr, sonst Mo, Mi–Sa 10–12, 14–16 Uhr, So 14–16 Uhr). Bemerkenswert eine Spitzensammlung mit Musterbüchern, die das Handwerk der Spitzenklöppelei anschaulich macht, das im 16. Jh. in der Region aufkam. Während der Blütezeit stellten hier rund 100 000 Klöpplerinnen Spitze her, die an den Fürstenhöfen Frankreichs und Europas bekannt und gesucht war.

Die **Basaltorgeln von Espaly** sieht man man gut vom kleinen Vorort Espaly-St-Marcel aus. Dort krönt eine weitere Statue, ein monumentaler St-Joseph, eine spitze Felsnadel. Am linken Ufer der Borne erkennt man gut die wie Orgelpfeifen aufgereihten Basaltsäulen, deren regelmäßige Prismenformen sich beim Erkalten des durch Spalten aufsteigenden Magmas bildeten.

OTSI: Place du Clauzel, 43000 Le Puy, Tel. 04 71 09 38 41, Fax 04 71 05 22 62, www.ot-lepuyenvelay.fr. Prospekt mit Stadtrundgang erhältlich.

**Bristol 10: 7, av. Foch, Tel. 04 71 09 13 38, Fax 04 71 09 51 70, www.hotelbristol-lepuy.com. Altehrwürdig, aber charmant, wegen der Ausfallstraße ein Zimmer zum Garten nehmen! Mit beliebtem Restaurant. DZ 38–53 €.
**Dyke 11: 37, bd. Maréchal Fayolle, Tel. 04 71 09 05 30, Fax 04 71 02 58 66. Zentral

gelegen mitten im Trubel, modern renoviert, kleine, aber gut gepflegte Zimmer. DZ 40–48 €.
**Le Brivas 12: 2, av. Charles Massot, Tel. 04 71 05 68 66, Fax 04 71 05 65 88, E-Mail: brivas@wanadoo.fr. Etwas außerhalb im Vorort Vals, modern und sehr ruhig, mit Parkplatz und Garten. DZ 45–86 €.
Camping: Der Platz Bouthezard unterhalb des Aiguilhe ist nicht besonders schön, besser weicht man nach Brives-Charensac aus: **Camping d'Audinet,** Tel. 04 71 09 10 18, www.brives charensac.fr, mit Badeplatz an der Loire.

Viele Brasserien findet man am Altstadtring bei der Plac du Breuil sowie an Place du Marché Couvert und Place Cadelet.
Le Bateau Ivre 13: 5, rue Portail d'Avignon, Tel. 04 71 09 67 20, So abends, Mo geschl. Kreative Regionalküche mit hohem Anspruch in schönem Gewölbe. Menü 18–30 €.
Tournayre 14: 12, rue Chênebouterie, Tel. 04 71 09 58 94, So und Mo geschl. Anspruchsvolle regionale Gourmet-Küche (Toques d'Auvergne). Menü 20–80 €.
L'Olympe 15: 8, rue du Collège, Tel. 04 71 05 90 59, So und Mo geschl. Gehobene Regionalküche von einem jungen aufstrebenden Koch. Menü 20–55 €.
Poivrier 16: 69, rue Pannesac, Tel. 04 71 02 41 30, Mo geschl. Moderne Bistro-Küche. Menü 20–25 €.

Marienprozession am 15. Aug., eine der größten Frankreichs.
Fête du Roi de l'Oiseau: Anfang/Mitte Sept., großes Renaissancefest, Kostümverleih ab Donnerstag im Atelier Couture, 29, rue Raphaël, Tel. 04 71 09 16 53; www.roideloiseau.com, 2 Tage um 32 €.

Wochenmarkt: Sa (groß) und Mi auf Place du Plot, Place du Martouret

und Place du Breuil, Sa auch **Trödelmarkt** auf der Place du Clauzel.
Spitzenarbeiten: Rue des Tables.
Maison de la Lentille Verte du Puy: Rue des Tables. Spezialisiert auf grüne Linsen.

Zur Quelle der Loire

Atlas: S. 237, E2, F2, F3
Administrativ gehört das Département Haute-Loire zur Region Auvergne und umfasst die Landschaft Velay und je einen kleinen Teil des Brivadois, Vivarais und Gévaudan. Geschichtlich gesehen war das Velay jedoch eigenständig, und nur Brioude im Nordosten des Départements wurde noch zur historischen Auvergne gerechnet.

Die D 103 folgt dem Oberlauf der Loire nördlich von Le Puy und führt zunächst zum **Château Lavoûte-Polignac,** das auf einem Felsvorsprung über einer Loire-Schleife zu schweben scheint. Das im 16. Jh. erbaute, so robust wie elegant wirkende Schloss wurde im 19. Jh. komplett restauriert und ist noch immer im Besitz der Familie Polignac, die es Besuchern geöffnet hat (April, Mai, Okt. tgl. 14–18, Juni–Sept.10–13, 14–19 Uhr).

Chamalières-sur-Loire

Atlas: S. 237, E2
Über Lavoûte-sur-Loire und Vorey gelangt man nach Chamalières-sur-Loire. Die sehenswerte romanische **Kirche St-Gilles** aus dem 11.–12. Jh. gehörte einst zu einem Mitte des 9. Jh. gegründeten Kloster. Da es bedeutende Reliquien besaß, unter anderem einen Na-

gel vom Kreuz Christi, wurde es bald zum Wallfahrtsort. Die archaische Vorhalle stammt noch auch dem 10. Jh. Im Innern beeindruckt der ›Pilier des Prophètes‹, ein Weihwasserbecken mit Statuen alttestamentarischer Propheten und Könige: Jesaja, Jeremias, David und Salomon. 1480 wurde das Kloster von einer Flut mitgerissen – die Geschichte des Tals ist mit zahllosen Hochwassern überliefert (1480, 1651, 1846, 1866, 1878 usw.), die sich tief ins kollektive Gedächtnis einprägten. Das Staudammprojekt bei Serre de la Fare (15 km vor Le Puy), das die Gefahr begrenzen sollte, rief viele Gegner auf den Plan, deren Aktionen eine breitere Öffentlichkeit auf die bislang eher unbeachtete landschaftliche Schönheit der Region aufmerksam machten.

Auf der anderen Seite liegt hoch über dem Ufer die Ruine des **Château d'Artias,** dann verlässt man bei Retournac das Loire-Tal und folgt der D 103 nach **Yssingeaux,** einer einst befestigten Stadt mit Büßerkapelle aus dem 14. Jh. und Rathaus aus dem 15. Jh., die in Frankreich vor allem deswegen bekannt ist, weil hier seit 1984 die nationale Hochschule für Konditorei ansässig ist.

Gerbier de Jonc

Atlas: S. 237, F3/4
Über Queyrières und St-Julien-Chapteuil, entlang dem Mont Meygal (1436 m), erreicht man **Moudeyres,** eines der letzten Dörfer, in denen die Dächer noch traditionell mit Stroh gedeckt werden. Der zweite Teil des Ausflugs führt zum **Mont Mézenc** (1753 m) und zum **Gerbier de Jonc** (1551 m), an

dem eine der vielen Quellen als Ursprung der Loire gilt.

Beide Berge erheben sich nur wenig über die Hochebene, doch bilden sie eine entscheidende Wasserscheide Frankreichs: Wenige hundert Meter weiter, und die Loire würde in die Rhône münden. Kaum noch Bäume gibt es hier, nur Gestrüpp und Sträucher. Oben am Gerbier de Jonc verwandelt sich die Einsamkeit der Bergregion in die Betriebsamkeit eines Touristenziels: Busse und Autos parken vor Restaurants und Souvenirständen – ein Indiz dafür, welch nationale Bedeutung die Franzosen der Loire zumessen. Doch bietet sich hier einer der schönsten Ausblicke über das Zentralmassiv, bei guter Witterung auch bis zu den Alpen.

Mensch und Vieh unter einem Dach – in der **Ferme Bourlatier,** einem imposanten Bauernhof aus dem 17. Jh., kann man das traditionelle Bergbauernleben kennen lernen. Eindrucksvoll: der 500 m² große Heuschober, der wie ein riesiger, auf dem Bauch liegender Bootsrumpf wirkt (3 km östl. des Gerbier de Jonc an der D 122, Juni, Sept. 11–18, Juli, Aug. 10–19 Uhr).

Les Estables und Le Monastier-sur-Gazeille

Atlas: S. 237, F3 und E3
Les Estables, in 1346 m Höhe, ist einer der höchstgelegenen Orte des Zentralmassivs – bis zu 1,50 m dick werden daher die Wände der Häuser gebaut. Heutzutage versucht der Ort, der traditionell von der Viehwirtschaft lebte, den Wintertourismus anzukurbeln: Für Langläufer werden Loipen ge-

spurt, ein paar Lifte erlauben die Abfahrt auf einem Dutzend Pisten.

Für den Rückweg nach Le Puy fährt man über die D 535 und **Le Monastier-sur-Gazeille** in 930 m Höhe, in dem die ehemalige Klosterkirche St-Chaffre die typisch auvergnatische Inkrustation verschiedenfarbiger Steine aufweist. Von hier brach einst Robert Louis Stevenson zu seiner Wanderung durch die Cévennes auf (s. S. 200). Der Name des Ortes erinnert noch heute an das in der karolingischen Epoche bedeutende Kloster (lat. *monasterium),* das älteste des Velay, dessen Töchtergründungen im Piemont und im Rhône-Tal zu finden waren.

OTSI: 43150 Les Estables, Mairie, Tel. 04 71 08 31 08.

***Le Pré Bossu: In Moudeyres, 43150 Le Monastier-sur-Gazeille, Tel. 04 71 05 10 70, Fax 04 71 05 10 21, www.leprebossu.fr.fm. Anspruchsvolle regionale Küche (Toques d'Auvergne), 10 rustikale Zimmer in einem gemütlichen Landgasthof gehobener Klasse. DZ 90–140 €.
Auberge des Fermiers du Mézenc: In Les Estables, Tel. 04 71 08 34 30. In einem alten Bergbauernhof (von dem aber nur noch die Außenmauern stehen – innen ist alles neu), deftige Gerichte aus Produkten der Region (Würste, Rindfleisch mit Le-Puy-Linsen, Käse, Quark mit Honig, Kastanienkuchen), auch Verkauf.

Les Ailes du Mézenc: Le Gencstoux, 07310 Borée, Tel. 04 75 29 38 49, April–Okt. Gleitschirmfliegen.
École de parapente Velay Space: Le Bourg, 43150 Les Estables, Tel. 04 71 03 95 17, April–Okt. Gleitschirmfliegen.

DIE ALLIER-SCHLUCHT UND DAS HOCHPLATEAU DER MARGERIDE

Die Montagne de la Margeride und das untere Allier-Tal zählen zu den einsamsten Gegenden der Auvergne. Besonders spektakulär sind die Gorges de l'Allier südlich von Langeac, ein enges Tal aus Granit und Basaltsäulen, deren dunkle Farbe den Schluchten ein düsteres Aussehen verleiht – im Sommer sorgen aber die vielen Kayakfahrer für bunte Tupfer.

Gorges de l'Allier

Atlas: 236, C2; S. 237, E3–D3
Nördlich von Brioude und Issoire fließt der Allier durch die fruchtbare Ebene der Limagne. Südlich, ab **Vieille-Brioude,** einem hübschen alten, auf einem Felssporn gelegenen Ort, beginnt der engere Teil des Allier-Tals, die **Gorges de l'Allier.** Auf dem Weg nach Süd lohnt ein Stopp in **St-Ilpize** mit einer winzigen romanischen Kapelle und einer mittelalterlichen Burgruine.

Lavoûte-Chilhac

Atlas: S. 236, C2
Lavoûte-Chilhac liegt an einer U-förmigen Biegung des Allier, über den an dieser Stelle eine aus dem Mittelalter stammende ›Eselsrücken-Brücke‹ führt. Während die Häuserfront am linken Ufer die konkave Schleife des Flusses wiederholt, nehmen die klassizistischen Konventsgebäude am jenseitigen Ufer die Biegung in konvexer

Form wieder auf – eine beeindruckende Anpassung an geographische Gegebenheiten. Gegründet wurde die Benediktiner-Priorei 1025 durch Abt Odilon von Cluny, der 1048 in Souvigny (s. S. 67) starb. Die heutige Anlage wurde Mitte des 18. Jh. neu errichtet, nur die Kirche stammt noch aus dem 15. Jh. Inzwischen beherbergt die Abtei eine ›Maison des Oiseaux‹, die mit Schautafeln und Filmen die Vogelwelt der Region Allier-Livradois dokumentiert (Juli, Aug. tgl. 9.30–12.30, 14.30–18.30, Juni, Sept. Mi, So 14–18 Uhr).

Offensichtlich war das Gebiet bereits rund 25 000 Jahre vor unserer Zeitrechnung besiedelt, denn unweit des Allier wurden bei den **Falaises de Blot** bedeutende paläontologische Funde aus der Epoche der Frühmenschen gemacht. Zum Teil sind sie im kleinen Musée de la Paléontologie im nahen, oberhalb des Allier gelegenen Örtchen **Chilhac** ausgestellt (Place de l'Église, 10–12, 15–19 Uhr). Grabungen konnten gar die Spuren eines Hominiden vor

1,8 Mio. Jahren bezeugen – die ältesten Europas.

OTSI: 43380 Lavoûte-Chilhac, Tel. 04 71 77 46 57, Fax 04 71 77 40 11, www.lavoute-chilhac.auvergne.net.

**Hostellerie Le Prieuré: 43380 Lavoûte-Chilhac, Tel. 04 71 77 47 93, Fax 04 71 77 48 00. Einfaches Hotel, einzigartiger Blick über den Allier auf die Uferfront des malerischen Orts. DZ 27–54 €.

Safaraid: Lavoûte-Chilhac, Tel. 05 65 30 74 47. Kanuverleih.
Cap'vacances: Chilhac, Tel. 04 71 77 43 66, www.capvacances.com. Kanu und Kayak, Rafting.

Langeac

Atlas: S. 236, C2
Vor Langeac, einer lebendigen Kleinstadt mit rund 4000 Einwohnern, öffnet sich das Allier-Tal. Die Altstadt wird von dem im Halbkreis verlaufenden Boulevard Charles-de-Gaulle eingefasst, an dem Office de Tourisme, Geschäfte und Cafés liegen und der dem

---

Rafting

In Monistrol, Chilhac und anderen Orten in den Gorges de l'Allier gibt es Raftingmöglichkeiten, Kayak- und Kanuverleiher. Aus ökologischen Gründen sind Wildwasserfahrten auf die Zeit von 10 bis 18.30 Uhr beschränkt und im Nov. und Dez. zum Schutz der Lachse gänzlich verboten.

Verlauf der einstigen Stadtbefestigung folgt. In den Gässchen innerhalb dieser Begrenzung sind vor allem die **Greniers à Sel,** Salzspeicher aus dem 18. Jh. in der Rue Abbé Dumas, interessant.

Ein Bummel durch die Altstadt führt zum **Jacquemart** genannten Gebäude an der Place de la Liberté, in dem Ausstellungen von Kunsthandwerk und zu regionalen Themen organisiert werden, und zur **Kirche St-Gal,** die an die Uferstraße am Quai Voltaire grenzt. Der Chor war schon Teil der einstigen Stadtbefestigung, unterhalb derer der Allier floss.

OTSI: Place Aristide-Briand, 43300 Langeac, Tel. 04 71 77 05 41, Fax 04 71 77 19 93, www.langeac.com.

Auberge de l'Île d'Amour: Route de Saugues, Tel. 04 71 77 00 11, So abends und Mo geschl. Am südlichen Ortsrand von Langeac, direkt am Allier. DZ 43–58 €, Menüs 21–30 €.

Festival de Poésie du Haut-Allier: Ende Aug., Anfang Sept., auch in St-Arcons, Chanteuges, Chavaniac, Lavaudieu, Lavoûte-Chilhac.

Wochenmarkt: Di und Do.

Tonic Aventure: Île d'Amour, Tel. 04 71 77 25 64, www.tonic-aventure.fr, April–Okt. Kanu und Kayak, Rafting, Canyoning.

Cévenol (s. S. 155): Abfahrt Di, Mi, Do, Fr in Juli und Aug. 9.10 Uhr allieraufwärts nach Langogne, zurück fährt man per SNCF-Zug.

Rafting in den Gorges de l'Allier

Chanteuges

Atlas: S. 236, C2

Nach Überqueren des Allier erreicht man Chanteuges, ein kleines Dörfchen, dessen Gassen zum Teil Fußgängern vorbehalten sind. Diese *calades* führen zum Kloster oben auf dem Basalthügel hinauf, das man schon von weither sieht. Es wurde im 10. Jh. gegründet und ging im 12. Jh. in den Besitz von La Chaise-Dieu über. Aus dieser Zeit stammt noch die Kirche mit 44 schönen Kapitellen. Der Blick von der Terrasse davor, ursprünglich das Friedhofsgelände, reicht zurück flussaufwärts nach St-Arcons und über die Dächer des Ortes hinab ins Tal. Nur wenige der anderen Klostergebäude überstanden die Stürme der Zeit; was jedoch vom schlichten romanischen Kreuzgang erhalten blieb, ist von besonderem Charme und bietet auch hier eine denkbar geeignete Kulisse für das Poesie-Festival.

St-Arcons-d'Allier

Atlas: S. 237, D2

Das malerisch auf einer Basaltkuppe gelegene Dörfchen St-Arcons-d'Allier wird von seiner kleinen romanischen Kirche überragt, die den höchsten Punkt des Dorfes einnimmt. In den engen gepflasterten Gassen entdeckt man ungewöhnlich viele restaurierte Häuser. Nicht einmal Kabel stören die Harmonie in diesem Ensemble aus Holz und Stein. Dabei war die Lage noch vor 20 Jahren dramatisch – nur 19 Einwohner waren dem Dörfchen geblieben. Gerettet wurde St-Arcons von

Kirchlein Ste-Marie-des-Chazes

einer tatkräftigen Bürgermeisterin, die für Geldgeber, Publicity, Hilfe und ein wenig Tourismus sorgte und mit unkonventionellen Methoden den Ort verwaltet.

Turm und Wohngebäude des **Château de St-Arcons,** eines kleinen Schlosses, das im 15. Jh. zur Priorei gemacht wurde, bilden im September den reizvollen Hintergrund für Lesungen im Rahmen des Poesie-Festivals (Juli bis Aug. 14–17 Uhr).

 Les Deux Abbesses: St-Arcons-d'Allier, Tel. 04 71 74 03 08, Fax 04 71 74 05 30, www.les-deux-abbesses.fr. Hübsch restaurierte Hostellerie in historischen Gemäuern, mit Restaurant. DZ 200–350 €.

St-Julien-des-Chazes und Prades

Atlas: S. 237, D2

Das Dörfchen **St-Julien-des-Chazes** mit einer romanischen Kirche mit Kammglockenturm ist charakteristisch für das Allier-Tal: Das dunkle Lavagestein ist als Baumaterial allgegenwärtig. Die winzige Kirche **Ste-**

Marie-des-Chazes aus dem 12. Jh. steht einsam am gegenüber liegenden, rechten Ufer des Allier.

Auf einem kleinen Felsen sind Reste einer Burg erhalten, und mit einer romanischen Kirche weiß das Dörfchen auch aufzuwarten, doch die beeindruckendste Sehenswürdigkeit von **Prades** wurde von der Natur geschaffen: Am 97 m hohen Rocher du Bac am Ufer gegenüber liegen eine Reihe von Basaltprismen offen, die sich beim Erkalten der Lava gebildet haben.

Hinter Prades klettert die D 48 hinauf zum Dörfchen **Vergues** und erlaubt nun immer wieder fantastische Ausblicke in die Tiefe. Zwischen 200 und 300 m beträgt die Differenz zwischen Talsohle und Plateau. Hoch oben hockt die Burgruine **Rochegude** wie ein Adlerhorst an einem strategisch wichtigen Punkt über der Schlucht, neben ihr eine winzige Kapelle auf einem Felsvorsprung, die die Wanderer passieren, die dem GR 65, dem alten Jakobspilgerweg, folgen.

Monistrol d'Allier

Atlas: S. 237, D3

Eingekesselt liegt Monistrol d'Allier im engen Talgrund, zu dem sich die Straße hinunterwindet. Schon im Mittelalter gab es hier einen Flussübergang, und auch heute scheint die Brücke der Daseinsgrund des Ortes zu sein, wenn es nicht das große EDF-Stromwerk ist. Daneben hat sich Monistrol aber zur wichtigsten Station aller Wildwassersportler im Allier-Tal entwickelt.

Flussaufwärts führt eine Straße nur noch bis **Le Pont d'Alleyras,** danach paddeln die Kayakfahrer ganz allein in der Natur nach Norden; sie starten an der zweiten großen Kayakstation in **Chapeauroux.** Doch den Windungen des einsamen Canyons folgen auch die Zuggleise der SNCF. Ab 1864 wurde diese Verbindung von der Hauptstadt des Zentralmassivs in die Provence gebaut, teils durch kurvige, ins Felsgestein geschlagene Tunnel. Mit dem ›**Cévenol**‹ genannten kleinen Zug erreichte man Nîmes von Paris aus in 12 Std. Auf dieser Trasse fährt heute ein *train touristique;* dabei erhält man Erläuterungen durch einen Führer und besucht verschiedene Museen am Weg (Abfahrt in Langeac, S. 152 und Langogne).

Camping Le Vivier, Monistrol, Tel. 04 71 57 24 14. **Hôtel des Gorges,** Tel. 04 71 57 24 50, Fax 04 71 57 25 36.

AN Rafting: Monistrol, Tel. 04 71 57 23 90, www.an-rafting.com. Rafting, Canyoning, Abenteuer-Parcours.

Montagne de la Margeride

Atlas: S. 236/37, C3–D4

Die Gorges de l'Allier werden im Osten, Richtung Le Puy, begrenzt von den Monts du Devès, einem Hochplateau mit dem landschaftlich schönen Vulkansee Lac du Bouchet. Im Westen schließen die Margeride-Höhen an, die in etwa dem nördlichen Teil der historischen Provinz Gévaudan entsprechen. So bildet der Allier zugleich eine markante Zäsur zwischen den alten Grafschaften Velay und Gévaudan.

IM MAQUIS
Die Résistance in der Auvergne

Im Zweiten Weltkrieg, als Frankreich von den Nazis besetzt war, boten die einsamen Bergregionen der Auvergne sichere Verstecke für die Widerstandskämpfer, die in abgelegenen Bauernhäusern Unterschlupf fanden. Nach dem Wort für Strauchwald *(maquis)* nannte man sie Maquisarden. Ab 1943, als die Engländer begannen, Waffen, Sprengstoff und Funkgeräte abzuwerfen, häuften sich die Sabotageaktionen, meist gegen Eisenbahnlinien und Stromleitungen. Das Vichy-Regime richtete die berüchtigte Miliz ein und organisierte bewaffnete Großoperationen gegen die Maquisarden. Bis zum 20. August 1944, dem Ende des Vichy-Regimes, weiteten sich die Kämpfe zum offenen Bürgerkrieg mit Deportationen, Geiselerschießungen und Fememorden aus. Hunderte, die in die Hände der Gestapo gefallen waren, begingen aus Angst vor Folterung Selbstmord.

Im April 1944, alle rechneten mit der baldigen Landung der Alliierten, beschlossen die örtlichen Chefs der einzelnen Résistance-Gruppen der Auvergne einen großen Aufstand. Am 20. Mai begann die ›Mobilmachung‹ für die Operation Caïman; Ende Mai waren etwa 3700 Mann am Mont Mouchet zusammengezogen. Dieser 1428 m hohe Berg ist die am wenigsten besiedelte Ecke der dünn besiedelten Auvergne. Am 1. Juni rückten die Deutschen von Clermont-Ferrand aus gegen die Widerstandskämpfer im Maquis vor. Die Kämpfe zogen sich mit kleineren Scharmützeln bis zum 6. Juni 1944 hin. Der D-Day begann mit einem Aufruf der BBC an die Franzosen, sich zu erheben, am Abend waren die Alliierten gelandet. Nun wurden die Deutschen auch in der Auvergne zunehmend nervöser: Am 10. Juni rückten drei deutsche Einheiten mit schwerer Artillerie von Le Puy, Langeac und St-Flour vor, sie betrachteten jeden als Terroristen, den sie in den inzwischen zum freien Frankreich ausgerufenen Dörfern rund um den Mont Mouchet antrafen. Bei den Kämpfen konnten die Maquisarden unter Colonel Gaspard, mit bürgerlichem Namen Émile Coulaudon, ihre Position bis zur Nacht des 11. Juni halten und sich dann nach Süden absetzen.

Die Zivilbevölkerung aber zahlte einen furchtbaren Blutzoll: Die Dörfer Ruynes-en-Margeride und Clavières waren niedergebrannt, alle Frauen, Kinder und Männer tot, so gut wie alle Bauernhöfe der Umgebung waren in Flammen aufgegangen. Doch die Kämpfe gingen am 20. Juni an der Truyère weiter und breiteten sich wie ein Lauffeuer in der ganzen Auvergne aus. Zwischen dem 19. und dem 27. August wurden schließlich alle Städte der Auvergne von den Soldaten des Maquis befreit, nur Clermont-Ferrand räumten die Deutschen kampflos.

Am Mont Mouchet, dort, wo das in den Kämpfen restlos zerstörte Forsthaus mit dem Hauptquartier des Maquis lag, wurde 1946 ein recht martialisches Denkmal errichtet und 1989 das Musée de la Résistance mit einer eindrucksvoll präsentierten Dokumentation eröffnet.

Saugues

Atlas: S. 236/37, C/D3
Das Städtchen Saugues ist das Zentrum der Margeride-Region. Der achteckige Glockenturm der gotischen **Kirche St-Médard** am Marktplatz stammt noch vom romanischen Vorgängerbau, im Innern ist eine Muttergottes als Himmelskönigin aus dem 12. Jh. sehenswert. Die **Chapelle des Pénitents Blancs** ist Ziel einer Prozession der Weißen Büßer, die am Vorabend von Gründonnerstag im Licht von Fackeln und Laternen stattfindet. Ein kleines **Musée de la Bête du Gévaudan** erinnert an einen von Schauermärchen umwobenen Wolf, der zwischen 1764 und 1767 über 100 Menschen getötet haben soll (S. 184, 15. Juni–15. Sept. tgl. 10–12, 14.30–18.30 Uhr).

Das Dorf wird von der **Tour des Anglais** (12.–13. Jh.) überragt, einem mächtigen, quadratischen Turm mit Zinnen, dem einzigen Überrest einer ganzen Reihe von Türmen und Befestigungsmauern. Seinen Namen erhielt er von einer Brigantenbande entlassener Söldner, die nach dem Hundertjährigen Krieg zwischen England und Frankreich von Raub und Überfällen lebten und sich des Turms bemächtigt hatten. Vom Dachgeschoss bietet sich ein weiter Rundblick auf die mit Nadelwald, Ginster und Heide bewachsenen Hügel der Margeride-Höhen (Juli, Aug. 10–12, 14.30–18.30 Uhr).

 OTSI: 43170 Saugues, Tel. 04 71 77 84 46, Fax 04 71 77 66 40.

 Wochenmarkt: am Fr, Obst, Gemüse und Spezialitäten des Gévaudan.

Mont Mouchet

Atlas: S. 236, C3
Die waldreiche Margeride-Hochebene mit einer durchschnittlichen Höhe von 1300 m erstreckt sich vom Allier-Tal im Osten bis zur Hochebene von Aubrac im Westen. Die höchste Erhebung liegt im Süden beim Signal von Randon (1551 m). Der Mont Mouchet (1465 m) in den ausgedehnten Wäldern im nördlichen Teil steht als Symbol für die Résistance gegen die deutsche Besatzung Frankreichs (s. S. 156). Neben dem **Monument National aux Maquis de France,** für das bereits am 20. Mai 1945 der Grundstein gelegt wurde, befindet sich ein sehenswertes Museum zur Geschichte von Widerstand und Kollaboration in der Auvergne (Musée de la Résistance, Mai–16. Sept. tgl. 9.30–12, 14–19 Uhr, 16. Sept.–15. Okt. Sa, So 10–12, 14–18 Uhr).

Écomusée de la Margeride

Atlas: S. 236, B3
Einer der Orte, die von den Deutschen während der Befreiungskämpfe 1944 niedergebrannt und mit Geiselerschießung gestraft wurden, war **Ruynes-en-Margeride.** Dort wurde in einem mittelalterlichen Wehrturm die Zentralstelle des **Écomusée de la Margeride** eröffnet, zu dem außerdem die Ferme Pierre Allègre (ein Bauernhof in Loubaresse), die Domaine de Longevialle (Ausstellung zum Garabit-Viadukt) und die École de Clémence Fontille (eine Einklassenschule in Signalauze) gehören (Juni, Sept. 14–18 Uhr, Juli, Aug. 10–13, 15–19 Uhr).

Das Cantal

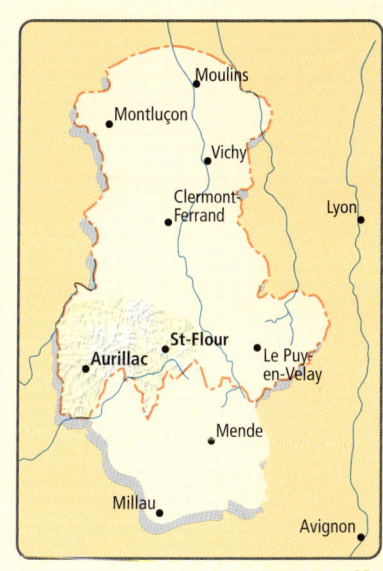

Blick über das
Vallée de Mandailles

Reiseatlas S. 234

ST-FLOUR UND DAS TRUYÈRE-TAL

Malerisch thront die Altstadt von St-Flour auf einem schroff ins Tal des Ander abfallenden Basaltplateau. Der dunkle Basalt prägt auch die Stadt, denn aus ihm sind die meisten historischen Gebäude errichtet. Südlich verläuft das einsame Tal der Truyère; mit dem Thermalbad Chaudes-Aigues beginnt das weite Hochplateau des Aubrac.

St-Flour

Atlas: S. 235, D2

Das Städtchen hat etwa 7500 Einwohner, an deren berühmtesten, den früheren Staatspräsidenten Georges Pompidou, ein Denkmal auf dem weitläufigen Platz am Cours Spy des Ternes erinnert.

Die **Rue des Lacs,** die geschäftige Hauptstraße, durchquert die noch mittelalterlich wirkende Altstadt und führt zum zentralen Platz, zur **Place d'Armes**. Da es in St-Flour ausgesprochen viele Läden mit regionalen Produkten gibt, kann man sich hier gut mit Mitbringseln eindecken. Die Rue Marchande, Rue du Breuil und Rue Sorel beeindrucken darüber hinaus mit ihren prachtvollen Fassaden.

Die wuchtige gotische **Kathedrale St-Pierre** [1], 1400–66 erbaut, erinnert eher an militärische als an sakrale Architektur. Das wehrhafte Aussehen zeigt deutlich, dass ihre Entstehungszeit die des Hundertjährigen Krieges und der englisch-gascognischen Brigantenbanden war, als St-Flour im hart umkämpften Grenzgebiet von strategischer Bedeutung war. Auch in den Religionskriegen gelang es den Protestanten trotz mehrfacher Belagerungen nicht, die Stadt einzunehmen. Ursprünglich hatte die Kirche vier Türme, von denen jedoch zwei im 19. Jh. im Rahmen einer Restauration niedergerissen wurden. Berühmt ist auch der *Bon Dieu Noir,* eine schwarze Christusfigur aus dem 13. Jh., deren Herkunft und Bemalung mysteriös bleiben.

Das **Musée de la Haute-Auvergne** [2] im ehemaligen Bischöflichen Palais zeigt neben gallo-römischen Fundstücken vor allem traditionelles Handwerk der Region: Käseherstellung (Cantal, Salers) und das Leben in den *burons,* geschnitztes Mobiliar, Musikinstrumente (Drehleier und Dudelsack), Spitzenhauben und religiöse Kunst, vornehmlich Holzskulpturen, darunter der namengebende hl. Florus (tgl. 9–12, 14–18 Uhr, Okt.–April So geschl.).

Die **Maison des Consuls** [3] mit dem **Musée Alfred Douet,** ebenfalls an der Place d'Armes gelegen, ist leicht an ihrer Renaissancefassade zu erkennen, die das Gebäude von den übrigen, meist noch gotischen Häusern unterscheidet. Im Museum sind Salle Consulaire und Salle des Gardes, die Bibliothek, Mobiliar und Tapisserien zu besichtigen (tgl. 9–12, 14–18 Uhr, Okt. bis April So geschl.).

Hinter dem Haus der Konsuln erlaubt die **Terrasse des Roches** 4, eine Aussichtsterrasse an den Stadtmauern, den Blick auf die Unterstadt, das Tal des Ander und die Margeride.

Von den Wehranlagen blieben zwei Stadttore erhalten: die **Porte des Roches** 5 hinter der Kathedrale (noch mit Fallgitter!) und die **Porte du Thuile** 6 an der Rue de la Frauze.

Ein skulptiertes Steinkreuz aus merowingischer Zeit ist am **Calvaire** 7 am westlichen Ende der Stadt zu sehen (ebenfalls mit schöner Aussicht).

OTSI: Place d'Armes, 15100 St-Flour, Tel. 04 71 60 22 50, Fax 04 71 60 05 14, www.saint-flour.com.

**Grand Hôtel de l'Europe 8: 12–13, Cours Spy des Ternes, Tel. 04 71 60 03 64, Fax 04 71 60 03 45, www.saint-flour-europe.com. In der Oberstadt, Zimmer nach hinten mit Panoramablick. DZ 38–68 €, Menü 14 €.
Auberge de la Providence 9: 1, rue du Château-d'Alleuze, Tel. 04 71 60 12 05, Fax 04 71 60 33 94, www.auberge-de-la-providence.fr. In der Unterstadt, 500 m von der Hauptstraße, regionale Spezialitäten. DZ 45–60 €, Menü 16–25 €.

Chez Geneviève 10: in der Oberstadt, 25, rue des Lacs, Tel. 04 71 60 17 97. Hübsch eingerichtet, preiswerte auvergnatische Spezialitäten. Menü 17 €.
Le Nautilus 11: im Hôtel des Messageries am Bahnhof, 23, av. Ch. de Gaulle, Tel.

Die Oberstadt von St-Flour

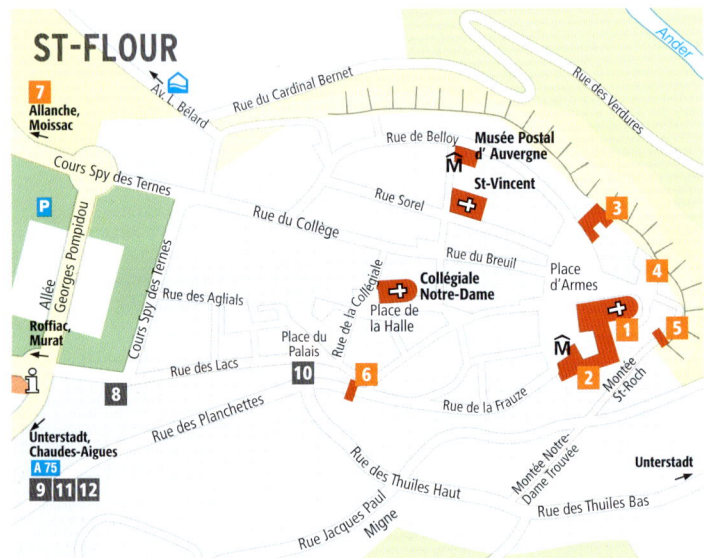

04 71 60 11 36, www.hotel-messageries. com. Kreative Küche, z. B. Ragout vom Salers-Rind mit Linsen. Menü 13–26 €. **Ferme-Auberge Le Ruisselet:** in Mazérat (4 km Richtung Roffiac), Tel. 04 71 60 11 33, reservieren, So abends und Mo geschl. Mit Zutaten vom eigenen Hof. Menü 16–20 €.

Mountainbike (VTT): Ausgehend von St-Flour oder Ruynes-en-Margeride gibt es rund 260 km markierte Rundtouren, Infos beim OTSI.

Trödelmarkt und **Fête médiévale,** 3. Juniwoche; **Festa del Païs:** Anfang Aug., Markt, Musik, Viehpräsentation, Verkostung regionaler Produkte; **Dit d'Alleuze,** erste Aug.-Hälfte, S. 163.

Markt: Sa vormittags; **Marché de Pays:** Juli, Aug. Di ab 17.30 Uhr.

Im Tal der Truyère

Château d'Alleuze

Atlas: S. 235, D3
Über die Staumauer Barrage de Lanau überquert man die Truyère und erreicht die D 921, von der bald rechter Hand die D 48 zum Château d'Alleuze abzweigt. Die Burgruine liegt 18 km südlich von St-Flour auf einer Halbinsel am Truyère-Stausee – vor dem Bau des Barrage de Grandval erhob sie sich beherrschend auf einem Felssockel hoch über der Schlucht. 1390 zerstörten aufgebrachte Bürger aus St-Flour das Raubritternest, von dem nur der von vier runden Ecktürmen flankierte mächtige Donjon – und auch dieser nur als Ruine – erhalten blieb.

Sehenswürdigkeiten

1 Kathedrale St-Pierre
2 Musée de la Haute-Auvergne
3 Maison des Consuls
4 Terrasse des Roches
5 Porte des Roches
6 Porte du Thuile
7 Calvaire

Hotels

8 Grand Hôtel de l'Europe
9 Auberge de la Providence

Essen und Trinken

10 Chez Geneviève
11 Le Nautilus
12 Le Ruisselet

Le Dit d'Alleuze: Feuerwerk, Musik und Theater, alle zwei Jahre im Aug. (2004, 2006), Karten (Eintritt und Busfahrt) in den OTSI-Büros von St-Flour, Aurillac und Chaudes-Aigues, Eintritt 16 €, Kinder 6–12 J. 12 €.

Viaduc de Garabit

Atlas: S. 235, D2
Die filigrane Konstruktion des **Viaduc de Garabit** über die Truyère gehört zu den Meisterwerken der Eisenarchitektur (s. S. 164). Wie die neue Betonbrücke der Autobahn A 75 überspannt sie die durch den Barrage de Grandval aufgestaute Truyère. Über die D 13 gelangt man am Aussichtspunkt **Belvédère de Mallet** noch ein zweites Mal ans Ufer des Sees, dann entfernt sich die Straße wieder von der Truyère.

Chaudes-Aigues

Atlas: S. 234, C3
Chaudes-Aigues gilt als das Heilbad mit den heißesten Quellen Europas, die hier 82 °C heiß aus der Erde sprudeln – darunter die Source du Par mitten im Ort dampfend in einen Brunnen. Im Sommer dient das heiße Wasser ausschließlich zu Thermalzwecken (gegen Arthritis und Rheumatismus). Im Winter werden mit der vulkanischen Wärme der heißen Quellen über ein Kanalsystem 150 Häuser geheizt.

In ein enges Tal geschmiegt, zieht sich der beschauliche Kurort mit seinen Bauten aus der Belle Époque am Remontalou entlang; Souvenirgeschäfte und Lokale säumen die Gassen. Die überall in der Auvergne mit fast abergläubischer Religiosität verehrten Heiligen sind hier allgegenwärtig. Traditionell hat jedes Viertel einen eigenen Schutzheiligen, insgesamt acht an der Zahl, die man bei einem Rundgang in kleinen Vitrinen entdecken kann.

OTSI: 1, av. G. Pompidou, 15110 Chaudes-Aigues, Tel. 04 71 23 52 75, Fax 04 71 23 51 98, www.chaudesaigues. com.

**Aux Bouillons d'Or: 10, quai du Remontalou, Tel. 04 71 23 51 42, Fax 04 71 23 57 41, www.cantal-hotels.com. Schön renovierter Jugendstil. DZ 30 40 €.
**Auberge du Pont de Lanau: 4 km nördlich, Neuvéglise, Tel. 04 71 23 57 76, www. auberge-du-pont-de-lanau.com. Landgasthaus mit 8 Zimmern und kreativer Regionalküche, z. B. Pieds de porc mit Zwiebelconfit. Menü 18–33 €.

EIFFELTURM HORIZONTAL

Der Viadukt über die Truyère

Die Industrialisierung des 19. Jh. und die damit verbundene Erschließung der ›Provinz‹ durch neue Transportwege brachte die Moderne in Gestalt neuartiger Eisenkonstruktionen auch in die Auvergne: 1877 begann die Planung der Eisenbahnlinie von Paris nach Béziers im Languedoc, die geradewegs mitten durch die Auvergne und über die tiefe Schlucht der Truyère führen sollte. Das ehrgeizige Projekt, dieses Flusstal mit einem Viadukt zu überspannen, wurde 1880 einem Ingenieur anvertraut, der bereits mit spektakulären Konstruktionen bekannt geworden war: Gustave Eiffel.

Eiffel, 1832 in Dijon geboren und 1923 in Paris gestorben, ist heute vornehmlich wegen seines Turms in Paris berühmt, der zum Wahrzeichen wurde und für

Der Viadukt von Gustave Eiffel über die Truyère

seinen Baumeister die Krönung eines Lebenswerkes darstellte, das sich ganz der ›Kunst des Eisens‹ verschrieben hatte. Zum Meister der Eisenbautechnik wurde Gustave Eiffel durch den Brückenbau: Bereits 1858 hatte er als 26-jähriger einen Eisenbahnviadukt bei Bordeaux gebaut, 1871 hatte er den Douro in Portugal mit einem bestaunten Brückenbau überspannt und 1883 den Pont de Cubzac über die Dordogne errichtet. Der Eiffelturm entstand 1887–1889 für die große Weltausstellung, wenige Jahre nach der spektakulären Brücke über die Truyère. Damals feierte Frankreich sich als fortschrittliche Industrienation – und der Turm war zunächst nur eine Art Spielerei mit modernsten Techniken, die speziell für den Brückenbau entwickelt worden war.

In der Tat waren die Schwierigkeiten beim Viaduc de Garabit enorm: Die fragile Eisenkonstruktion musste nicht nur das Gewicht tonnenschwerer Güter tragen können, sondern auch Elastizität besitzen, um seitliche Schwankungen durch Wind von mehreren Metern sowie eine Längenvarianz von etwa 10 cm zwischen Sommer und Winter abzufedern. 3169 t Eisen, 41 t Stahl, 23 t Gusseisen, 15 t Blei und 678 768 Nieten wurden in nur drei Jahren (1881–1884) verbaut – das Ganze zu Kosten von 3 383 000 Francs. Die Reihe der eindrucksvollen Zahlen ließe sich weiter verlängern, doch nur soviel: Die Brücke ist 564 m lang, ihr großer Mittelbogen hat eine Spannweite von 165 m und wiegt allein 1200 t. Stellte man die Kathedrale Notre-Dame hinein, hätte man immer noch Platz für ein achtstöckiges Hochhaus.

Die Höhe der Brücke hat allerdings nach dem Bau des Barrage de Grandval, der die Truyère aufstaut, optisch abgenommen: sie erreicht heute nur noch 95 m Höhe. Ursprünglich überquerten die Eisenbahnschienen den Fluss auf einer Höhe von 122,20 m. Übertroffen werden diese Zahlen heute nur noch vom Viaduc des Fades nordwestlich von Clermont-Ferrand, der 1908 vollendet wurde (s. S. 83). Er überspannt die Sioule auf einer Länge von 470 m und erreicht dabei eine Höhe von 123 m. Diese Brücke ist heute die höchste Eisenbrücke Europas, ein Rekord, den der Viaduc de Garabit 30 Jahre früher ebenfalls aufgestellt hatte. Ein Mythos also, der als solcher auch zum Kinostar wurde: 1966 drehte Costa-Gavras hier sein ›Un homme de trop‹ (deutsch: Ein Mann zuviel) mit Michel Piccoli und Bruno Cremer, auch Romy Schneider in einem unvollendeten Film von Henri-George Clouzot sowie Sophia Loren und Burt Lancaster in ›Cassandra Crossing‹ hatten vor der mächtigen Kulisse ihre Auftritte.

Was heute allerdings als Zeugnisse industriellen Könnens und moderner Technik bestaunt wird, war den meisten Zeitgenossen ein Dorn im Auge. Die kulturelle Elite Frankreichs reagierte »im Namen des Geschmacks« entrüstet auf die »Drahtgestelle« – sie sah in ihnen den Triumph der *art industriel* über die wahre Ästhetik. Ästhetische Qualitäten bietet der Viadukt heutigen Augen jedoch schon: Es gibt verschiedene Aussichtspunkte, und von den Ausflugsbooten öffnen sich ungewöhnliche Perspektiven, wenn sie die gigantische und zugleich grazile Eisenkonstruktion bei der Rundfahrt auf dem Stausee unterqueren.

DIE MONTS DU CANTAL

Das Cantal-Massiv, ein alter vulkanischer Bergstock, wird von strahlenförmig verlaufenden Tälern zerschnitten, deren jedes einen eigenen Charakter besitzt. Kleine Städtchen aus grauem Stein wie Murat, Riom-ès-Montagne, Salers oder Vic-sur-Cère bewachen diese Täler, über denen auf tiefgrünen Wiesen die roten Salers-Rinder grasen.

Murat

Atlas: S. 234, C2

Das Städtchen Murat im Tal des Alagnon, das auch Schauplatz volkstümlicher Viehmärkte ist, gehört durch seine einmalige Lage am Rocher de Bonnevie zu den malerischsten Orten des Cantal. Von weit her sieht man bereits die monumentale weiße Madonnenstatue auf dem aus ›Basaltorgeln‹ aufgebauten Bergkegel über Murat. Die Altstadt ist aus dessen grauem Basalt an den Hang gebaut, was zu dem einheitlichen Charakter des Stadtensembles beiträgt. Wegen der Höhenlage (knapp 1000 m) wird Murat auch als Wintersportquartier frequentiert – dem Tourismus ist wohl auch die eigenartige permanente Lautsprecherbeschallung der Straßen im Zentrum zu verdanken.

Ein Rundgang durch das altertümliche Städtchen führt zum hochgelegenen Hauptplatz mit einem Marché Couvert (Eisenarchitektur des 19. Jh.), der spätgotischen Kirche Notre-Dame des Oliviers, zum Ancien Baillage aus dem 16. Jh. in der Rue de l'Argenterie

und zum Renaissancebau der Maison Rodier.

Die **Maison de la Faune,** eine Einrichtung des Regionalparks der Vulkane der Auvergne, präsentiert in einem Gebäude des 16. Jh. die Tierwelt in ihrem jeweils spezifischen Milieu (Rue Porte de la Garde, Juli, Aug. Mo–Sa 10–12, 15–19, So 15–19 Uhr, Mai–Okt. Mo–Sa 10–12, 14–17, So 14–17 Uhr).

Den schönsten Blick auf Murat hat man von der romanischen Kirche von **Albepierre-Bredons** aus dem 11. Jh. am gegenüberliegenden Vulkankegel.

Richtung Condat erreicht man **Chastel-sur-Murat,** eine Kirche in 1192 m Höhe auf einer kahlen Hügelkuppe, durch die der Wind fegt.

OTSI: 15300 Murat, 2, rue du Fbg. Notre-Dame, Tel. 04 71 20 09 47, Fax 04 71 20 21 94.

**Les Breuils: 34, av. du Dr. Mallet, Tel. 04 71 20 01 25, Fax 04 71 20 33 20. Ein hübsches Herrenhaus an der Hauptstraße, nach hinten einigermaßen ruhig. DZ 50–76 €.

**Les Messageries: 18, av. du Dr. Mallet,

Tel. 04 71 20 04 04, Fax 04 71 20 02 81, www.hotel-les-messageries.com. Gleiche Lage, preiswerter. DZ 41–58 €, Menü 9 €.

Restaurant de la Paix: 2, rue St-Martin, Tel. 04 71 20 07 51. Rustikale auvergnatische Gerichte.

Auberge de Maître Paul: Place du Planol. Pizzeria und Regionalküche.

Le Jarrousset: 3 km östlich an der N 122, Tel. 04 71 20 10 69, Mo abends und Mi geschl. 16 Punkte im Gault-Millau und eines der besten Restaurants im Département (Toques d'Auvergne). Im Sommer mit Terrasse. Menüs 22–45 €.

Viehmarkt Anfang Juli. Ende Juli, Anfang Aug. **Festival für Volkstanz** und Volksmusik in Dienne, Murat, Albepierre-Bredons, Laveissière und anderen kleinen Orten der Umgebung. **Prozession Notre-Dame des Oliviers** am letzten So im Aug.

Maison du Buronnier: In Laveissière, Richtung Super-Lioran, wird die Cantal-Herstellung vorgeführt (Juli u. Aug. 10–12, 14.30–19 Uhr, sonst Mitte Mai–Sept. nur 14–18 Uhr).

Marché de Pays: Juli u. Aug. Mi ab 17.30 Uhr, Bauernmarkt mit Verkostung und Musik.

Die Cantal-Berge

Atlas: S. 234, B2

Das Cantal-Massiv zwischen den Monts Dore im Norden und der Hochfläche des Aubrac im Südosten gelegen, nimmt fast das ganze gleichnamige Département ein. Schätzungen zufolge war diese Berggruppe vor 10 bis 20 Mio. Jahren ein einziger riesiger Vulkan von 60 bis 80 km Durchmesser und 3000 m Höhe. Zähflüssige Lava erstarrte zu einer Landschaft von Basaltkegeln, die durch Erosion und die Gletscher der Eiszeit um mehr als 1000 m abgetragen wurde. Weiter nach außen hin bildeten die sternförmig in alle Richtungen fließenden Basaltströme weite Hochplateaus.

Die Hochflächen in den höheren Lagen erlauben keinen Ackerbau mehr, wurden aber als Sommerweiden für das Vieh genutzt. Hier, abseits von Wirtschaftszentren und Industrie, müssen die Menschen sich der Natur anpassen und mit ihr leben. Doch wegen der Milchquoten, der Fleischpreise und des ›Fortschritts‹ anderswo finden immer weniger ein Auskommen verlassen ihre Heimat. Von den *burons* an den Hängen, in denen der berühmte Cantal-Käse produziert wird (s. S. 48), sind nur noch eine Handvoll in Betrieb. Die jahrhundertealte Tradition, dass der *buronnier* den ganzen Sommer über in einer der kleinen Hütten blieb und das Hüten, Melken und die Käseherstellung übernahm, ist so gut wie verschwunden. Auch die Zahl der Rinder, die einst zu Tausenden im Sommer die Hochalmen bevölkerten, nimmt ab. Seither erhofft man sich vom Tourismus Einkünfte, vor allem vom Wintersport.

Puy Mary

Atlas: S. 234, B2

Der imposante Puy Mary (1787 m) kann im Sommer über den Pas de Peyrol mit dem Auto überquert werden, von November bis Juni ist der Pass mögli-

Aufstieg zur Gipfelstation auf dem Puy de Sancy

cherweise wegen Schnee gesperrt. An der höchsten Stelle, zugleich der höchste Pass des Zentralmassivs, hat man 1582 m erreicht und kann zu Fuß (von Parkplatz, Souvenirständen und Gaststätten aus) die letzten 200 Meter auf dem Berggrat bis zum Gipfel klettern (etwa 45 Min. hin und zurück; festes Schuhwerk ist angebracht). Auf diesem vielbegangenen Abstecher wird man die an den Cantal-Hängen lebenden Mufflons und Gemsen kaum beobachten können, aber das wunderbare Panorama, das weit über die strahlenförmig wie Speichen eines Rades vom Puy Mary ausgehenden Gletschertäler hinaus reicht, lohnt den Aufstieg. Hunderte von Wildblumen, darunter der Gelbe Enzian (s. S. 17, 170) beleben die prärieähnlichen Hochalmen; ringsherum liegen in einem Radius von nur et-

wa 10 km die anderen Gipfel der Cantal-Berge: eine kahle, herb-schöne Gebirgslandschaft von beispielloser Friedlichkeit.

Info: www.puymary.com.

Parapente Puy Mary: 15400 Le Claux, Tel./Fax 04 71 78 95 21, www. parapente-puy-mary.com. Gleitschirmfliegen.

Plomb du Cantal

Atlas: S. 234, B2
Naturgemäß werden die Gipfel stärker besucht, zu denen eine Straße oder Seilbahn den Aufstieg erleichtert: Zum Plomb du Cantal führt vom modernen Wintersportort **Super-Lioran** aus eine Seilbahn auf den höchsten Gipfel des

Massivs. Hier gleicht inzwischen nichts mehr dem, was Grenouille, der Held aus Patrick Süskinds Roman ›Das Parfüm‹, dort fand, nämlich den Punkt des Königreichs, der von allen Menschen am weitesten entfernt sei.

Zu Fuß ist eine Besteigung vom **Col de Prat-de-Bouc** auf der anderen Seite des Gipfels möglich (GR 4, $^1/_2$ Tag, 10 km südöstlich von Murat, D 39).

 Info: s. Super Lioran, S. 58.

 Seilbahn: *Téléferique* ab Super-Lioran, im Sommer tgl. ca. stündl., in der Nebensaison nur ab 20 Pers.

Im Ort Super-Lioran zahlreiche **Sportangebote:** Quadfahren, Bungee-Trampolin etc.

Puy Griou

Atlas: S. 234, B2
Zum Puy Griou, der vermutlich in etwa das Zentrum alten Vulkankraters anzeigt, führt an der Südostflanke ein in Serpentinen aufsteigender Weg ($^1/_2$ Tag, ab Les Chazes, oberhalb der N 122, zwischen dem Tunnel von Lioran und St-Jacques-des-Blats). Auch hier wird die Mühsal mit einer fantastischen Aussicht belohnt.

Pas de Peyrol

Atlas: S. 234, B2
Von der Passhöhe führt die schmale D 680 steil (15 %) hinunter, beschreibt einen Halbkreis um den **Cirque du Falgoux** und eröffnet wunderbare Ausblicke in das Tal des Mars und, nach-

dem man am Col de Néronne (1242 m) auf die andere Flanke gewechselt ist, der Maronne.

Das Cézallier

Atlas: S. 234, C1
Zwischen den Cantal-Bergen und den Monts Dore liegen zwei rauhe Landschaften, im Süden die **Monts du Cézallier** mit mittleren Höhen um 1200 m, im Norden das **Plateau de l'Artense,** auch ›auvergnatisches Skandinavien‹ genannt, weil Vegetation und Klima an Nordeuropa denken lassen.

Das Cézallier erstreckt sich von Blesle (s. S. 112) bis Riom-ès-Montagne, von Allanche bis Condat. Es ist eine fast baumlose, einsame Hochebene, auf der im Sommer große Viehherden weiden. Verschiedene Infozentren des Vulkanregionalparks dokumentieren Natur und Traditionen. Vom 1551 hohen **Signal du Luguet,** zwischen Apcher und St-Alyre-ès-Montagne gelegen, überblickt man dieses weite Land von Horizont zu Horizont (Aufstieg 30 Min. ab dem Weiler Parrot).

Allanche

Atlas: S. 234, C1
Allanche, das sich mit seinen basaltgrauen Häusern und Wehrmauern inmitten weiter Weideflächen entlang dem gleichnamigen Fluss erstreckt, ist das Zentrum des Cézallier. Dienstags ist dort Markt, Mitte Juli, Mitte August und im September finden große Viehmärkte statt – hier scheint die Auvergne noch wie vor 50 Jahren zu sein.

Allanche ist aber auch Startpunkt des ›Vélorail‹, mit dem man wie ein Radfahrer die stillgelegte Eisenbahnstrecke nach Moissac abfahren kann.

📖 **OTSI:** Grand Rue de l'Abbé de Prade, Tel./Fax 04 71 20 48 43.

🚲 **Vélorail** nur mit Voranmeldung: Tel. 04 71 20 49 89, www.velorail.com.

🔒 **Foire Brocante:** Großer Trödelmarkt, 1. Wochenende im Aug., mit regionstypischer Verköstigung, 13 € Eintritt; tolles Angebot, aber ziemlich teuer.

Riom-ès-Montagnes

Atlas: S. 234, B1
Lohnend ist auch ein Abstecher nach Riom-ès-Montagnes, das für seine Viehmärkte bekannt ist, die etwa 16 Mal jährlich stattfinden (Info in allen OTSI-Büros der Region). Das dortige **Musée de la Gentiane** ist eines der vom Vulkanregionalpark installierten Informationszentren und dokumentiert Flora, Wildfrüchte und medizinische Pflanzen (Juli u. Aug. tgl. 10-12.30, 14.30–19 Uhr, zweite Juni- und erste Septemberhälfte nur 14–18 Uhr). Unter anderem wird hier die Technik der Ernte und der Verwertung des Gelben Enzians erläutert, aus dessen Wurzel der Bitteraperitif Gentiane hergestellt wird.

📖 **OTSI:** Pl. Charles de Gaulle, Tel. 04 71 78 07 37.

👣 Anfang Juli große **Fête de la Gentiane.**

Salers

Atlas: S. 234, A2
Salers ist eine fast museal erhaltene kleine Bilderbuchstadt aus Lavagestein, deren historisches Stadtbild weitgehend erhalten blieb. Das ›französische Rothenburg‹ – allerdings ein ganz und gar auvergnatisches, in dem die Mauern schwarz, die Dächer dunkelgrau und die Kühe rot sind – ist sehr beliebt bei Touristen, was wegen der zahllosen Souvenirgeschäfte unübersehbar bleibt. Die Farbe des verwen-

Renaissancehäuser in Salers

deten Basalts lässt nur schwer einen heiteren Eindruck entstehen – und so ist Salers bei regnerischer oder nebliger Witterung so düster, dass man sich am liebsten vor einem Kaminfeuer einrichten möchte.

Seit 1564, als die Stadt Sitz des Gerichts für die Hautes Montagnes d'Auvergne wurde, ließen sich wohlhabende Richter und Advokaten vornehme Bürgerhäuser errichten. Das Schloss, um das herum die Renaissancestadt entstand, gibt es nicht mehr: Es wurde 1666 auf Anordnung Ludwigs XIV.,

nach der Verurteilung der Barone von Salers anlässlich der Grands Jours d'Auvergne (s. S. 28), geschleift. Und 1790, mit der Verlegung der Gerichtsbarkeit nach Aurillac, begann der Niedergang der Stadt.

Mittelpunkt von Salers ist die **Place Tyssandier D'Escous,** benannt nach dem Züchter, der im 19. Jh. die berühmte Rasse des Salers-Rindes (s. S. 24) durch Kreuzungen verbesserte. Seine Büste steht auf einem Basaltpfeiler auf dem Platz. Besonders beachtenswert: **Ancien Bailliage,** das alte,

von zwei Ecktürmchen flankierte Gerichtsgebäude (links vom Office de Tourisme), die **Maison de Flogeac** (gegenüber) mit Eckturm und das **Hôtel de la Ronade** (rechts) mit fünfstöckigem Turm, alle zwischen dem 15. und 18. Jh. errichtet.

Durch den Torbogen des Uhr- und Glockenturms und die pittoreske Rue du Beffroi gelangt man zur **Kirche St-Matthieu** (15./ 16. Jh.), die eine sehenswerte spätgotische Grablege mit äußerst realistischen Figuren enthält. Die **Maison des Templiers** war einst Herberge für die Jakobspilger, heute ist hier ein kleines Museum zur Kunst und Tradition der Region untergebracht, mit einem großen Holzstier vor dem Eingang (Mai–Mitte Okt. 10.30–12.30, 14.30– 18.30 Uhr). Von der Aussichtsterrasse der **Esplanade de Barrouze** öffnet sich ein schöner Blick auf den Puy Violent (1589 m) und hinunter in das Maronne-Tal, über dem Salers an der Abbruchkante eines fruchtbaren Plateaus liegt.

Zum **Puy Violent** östlich von Salers (Atlas: S. 234, B2) führt eine Straße von Vielmur bis zum Parkplatz Croix-des-Vachers hinauf, so dass nur rund 200 Höhenmeter aufzusteigen bleiben. Vom Gipfel in 1589 m Höhe fällt der Blick auf den höheren Puy Mary (s. S. 167), der den Cirque du Falgoux überragt.

 OTSI: Place Tyssandier d'Escous, Tel. 04 71 40 70 68, Fax 04 71 40 70 94, www.pays-de-salers.com.

 ****Le Bailliage:** Tel. 04 71 40 71 95, Fax 04 71 40 74 90, www.salers-hotel-bailliage.com. Charmantes Hotel mit Gourmet-Restaurant gleich am Eingang zur Altstadt (Logis de France). Die 27 freundlichen Zimmer sind geschmackvoll eingerichtet mit Antikmöbeln. DZ 48–75 €, Menü ab 18 €.

**Hôtel des Remparts: Espl. de Barrouze, Tel. 04 71 40 70 33, Fax 04 71 40 75 32, www.salers-hotel-remparts.com. Gut geführter Dorfgasthof mit gepflegten Zimmern. Großes Restaurant mit deftiger lokaler Küche und schöner Aussicht. DZ 45–51 €, Menü 12 €.

La Diligence: Rue du Beffroi, Tel. 04 71 40 75 39. Mit Liebe geführtes Familienrestaurant, lockere Atmosphäre im urigen Schnakraum, große Auswahl regionaler Gerichte, Spezialität sind Bourriols, auvergnatische Crêpes. Große Auswahl regionaler Weine.

Fête de la Renaissance, Ende Juli. mit Straßentheater, Markt und kostümierten Gruppen, gleich gefolgt von der **Fête du Fromage. Rindermarkt** in der zweiten Sept.-Hälfte.

Château de la Trémolière

Atlas: S. 234, A1

Das im 15. Jh. erbaute Château de la Trémolière liegt am Rande des Dörfchens Anglards-de-Salers (D 22). Das kleine Schloss beherbergt zehn Wandteppiche aus dem 16. Jh., die in der berühmten Werkstatt von Aubusson angefertigt wurden. Sie zeigen ein ebenso naives wie pittoreskes Bestiarium – Einhörner, Drachen – sowie minutiös gezeichnete Dörfer und Städte als Motive (15. Juni–15. Sept. tgl. 14–19 Uhr, Juli u. Aug. auch 10.30–12.30 Uhr).

Mauriac

Atlas: S. 234, A1

Mauriac ist eines der typischen grauen Basaltstädtchen der Haute-Auvergne (rund 4000 Einwohner). Die **Basilika Notre-Dame des Miracles** mit acht eckigem Glockenturm gilt als bedeutendste romanische Kirche der Region. Der Bau wurde im 12. Jh. anstelle einer merowingischen Kapelle begonnen. Sehenswert ist vor allem das skulpturengeschmückte Portal, das allerdings erst im 13. Jh. entstand.

Das Tympanon stellt Christi Himmelfahrt, die äußerste Archivolte die Sternzeichen dar, allerdings wurden allen Figuren – der Jungfrau Maria und den zwölf Aposteln – während der Revolution die Köpfe abgeschlagen. Im Inneren der aus dunklem Lavastein erbauten Kirche ist neben der Schwarzen Madonna und den mit Tiermotiven verzierten Kapitellen besonders das polychrome romanische Taufbecken sehenswert.

Gegenüber der Kirche, an der Place Georges Pompidou, sollte man auch das **Kloster St-Pierre** besuchen. Es wurde bereits in der Merowingerzeit von einer Königstochter gegründet, die wesentlichen Bauten stammten aus dem 11. Jh. Nachdem es in der Französischen Revolution säkularisiert worden war, überbaute man den Kreuzgang mit Privathäusern, wobei eine Seitenwand der Kathedrale als Rückwand verwendet wurde (mit Wandschränken in den Kirchenfenstern). Alle anderen Teile benutzte man als Steinbruch, teils für den Bau des Rathauses. Bei einem geführten Rundgang besichtigt man den Kapitelsaal und den Kreuzgang und macht einen Rundgang um den Komplex.

OTSI: 1, rue Chappe d'Auteroche, 15200 Mauriac, Tel. 04 71 67 30 26, Fax 04 71 68 25 08.

Bonne Auberge des Voyageurs: Place de la Poste, Tel. 04 71 68 01 01, www.auberge-des-voyageurs. com. Regionale Küche, preiswert.

Château d'Anjony

Atlas: S. 234, A2

Das spätmittelalterliche Château d'Anjony, eines der schönsten Beispiele auvergnatischer Burgarchitektur, liegt auf einer Anhöhe im Tal der Doire über dem Dörfchen **Tournemire.** Im 15. Jh. ließ ein Waffenkamerad von Jeanne d'Arc den Donjon mit vier runden, gleich hohen Ecktürmen erbauen; der Wohntrakt wurde im 18. Jh. angefügt.

Das Innere ist unbedingt eine Besichtigung wert: Die Burgkapelle im Erdgeschoss wurde im 16. Jh. bis in den letzten Winkel mit Fresken ausgemalt. Auch in der Salle des Preux (›Heldensaal‹) im zweiten Geschoss sind die Wände freskiert: Helden aus der Antike, dem Alten Testament und der Geschichte – alle in Kleidung der Renaissance – reiten auf Pferden oder Elefanten. Der Prunksaal im dritten Geschoss dagegen wurde mit Tapisserien ausgestattet (Juli, Aug. außer So 11–12, 14–18.30, sonst Ostern bis Allerheiligen tgl. 14–18.30 Uhr).

173

AURILLAC UND UMGEBUNG

Nach den grauen, schiefergedeckten Bergdörfern der Monts du Cantal scheinen in Aurillac, an den südwestlichen Ausläufern des Zentralmassivs gelegen, der Norden und der Süden Frankreichs aufeinanderzutreffen. Ausflüge führen in die Täler von Jordanne und Cère sowie nach Süden ins Kastanienland.

Aurillac

Atlas: S. 234, A3

Die Kleinstadt Aurillac mit rund 30 000 Einwohnern ist Verwaltungssitz des Départements Cantal und beeindruckt durch ihre lebendige Kulturszene, die im großen Straßentheaterfestival ›Éclat‹ unter Beteiligung von Gruppen und Scharen von jungen Leuten aus ganz Europa, vor allem aber aus Spanien und Italien ihren Höhepunkt findet.

Bekannt ist Aurillac auch für die Herstellung von Regenschirmen, was Anlass zu manchem Spott war. Der Wetterschutz wird hier seit 1840 produziert; ob man die Niederschlagsintensität dafür verantwortlich machen will, ist Geschmacksache, jedenfalls regnet es hier auch im Sommer immer wieder plötzlich wie aus Kübeln.

Zentrum von Aurillac ist die große **Place du Square,** die mit ihrem Park eine grüne Insel mitten in der Stadt bildet. Rundherum sorgen Hotels, der Palais de Justice, das Office de Tourisme, Cafés und Geschäfte für lebhaften Betrieb.

Östlich erstreckt sich der Cours Monthyon entlang der Jordanne, an dem die Promenade du Gravier wechselweise als Park- und Marktplatz dient. An der **Place Gerbert** führt der Pont Rouge auf das andere Ufer der Jordanne, dem gegenüber eine pittoreske Häuserfront sich direkt an die ehemalige Stadtmauer lehnt. Den besten Blick hat man von der Rue du Buis, an deren Beginn auch der alte **Marché aux Fromages** 1 einen Stopp lohnt: Einige Weinstuben servieren hier die lokalen Spezialitäten.

Über die Rue du Monastère kommt man zur **Kirche St-Géraud** 2, dem einzigen Überrest eines Ende des 9. Jh. gegründeten Klosters, das zeitweilig die bedeutendste Abtei des Zentralmassivs war. Gegründet wurde sie vom hl. Gerald, der 856 in der Burg von Aurillac als Sohn des Feudalherrn geboren wurde. Aus diesem Konvent, einem der intellektuellen Zentren Europas im Mittelalter, ging unter anderen jener Gerbert hervor, der 999 als Silvester II. zum Papst gewählt wurde. 1569, während der Religionskriege, wurde das Kloster von den Protestanten niedergebrannt. Im Innern der Kirche sind aufgrund häufiger Umbauten nur noch im Bereich des Chors romanische Bauformen erkennbar; die Orgel gilt als eines der besterhaltenen aus dem 18. Jh. in Frankreich.

Von der Terrasse des erhöht am nördlichen Stadtrand gelegenen **Château St-Étienne** 3 reicht der Ausblick auf die Berge des Cantal und das Tal der Jordanne. Nur der Donjon stammt noch vom mittelalterlichen Bau, der nach einem Brand 1868 rekonstruiert wurde. Das **Muséum des Volcans** in der Burg informiert über die geologische Geschichte der Cantal-Region und Vulkangebiete in der ganzen Welt (Feb.–Nov. Di–Sa 10–12, 14–18 Uhr, Mitte Juni–Mitte Sept. tgl. 10.30–18.30 Uhr).

Für den Rückweg in die Stadt nehme man die Rue du Collège und die Rue du Consulat, die von hübschen historischen Häusern, überwiegend

aus dem 17. und 18. Jh., gesäumt werden. Sehenswert ist vor allem die **Maison Consulaire** 4, ein Renaissancegebäude von 1580, dessen Portal das Wappen von Aurillac, die Muschel der Jakobspilger und die Lilien der französischen Könige zeigt.

Ein Bummel durch die belebte Altstadt, zum großen Teil Fußgängerzone, führt, vorbei am klassizistischen **Hôtel de Ville** (Rathaus), durch die Rue des Forgerons zurück zum Square.

An der Ecke zur Rue des Carmes steht die **Kirche Notre-Dame des Neiges** 5, die eine hochverehrte *Vierge noire*, eine Schwarze Madonna, beherbergt, deren Prozession am ersten Sonntag im August stattfindet. Von hier führt die Rue des Carmes, eine der Haupteinkaufsstraßen, zum **Muséum d'Art et d'Archéologie** 6

Altstadthäuser von Aurillac an der Jordanne

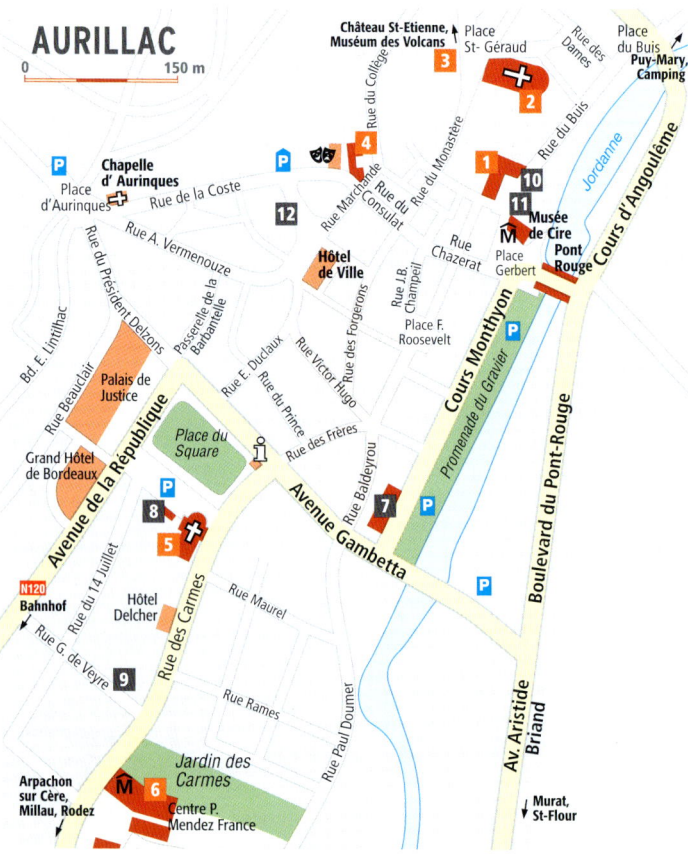

AURILLAC

0   150 m

Château St-Etienne, · Place St-Géraud
Muséum des Volcans

Place du Buis
Puy-Mary, Camping

Chapelle d' Aurinques
Place d'Aurinques
Rue de la Coste
Rue A. Vermenouze

Rue du Président Delzons
Passerelle de la Barbantelle

Rue du Collège
Rue Marchande
Rue du Consulat
Rue du Monastère

Rue du Buis
Jordanne
Rue des Dames

Musée de Cire
Place Gerbert
Pont Rouge

Rue Chazerat

Hôtel de Ville

Rue J.B. Champeil

Place F. Roosevelt

Bd. E. Lintilhac
Rue Beauclair

Palais de Justice

Rue E. Duclaux
Rue du Prince
Rue Victor Hugo
Rue des Forgerons

Cours Monthyon
Promenade du Gravier

Cours d'Angoulême

Grand Hôtel de Bordeaux

Place du Square

Rue des Frères
Rue Baldeyrou

Avenue Gambetta

Boulevard du Pont-Rouge

Avenue de la République

N120
Bahnhof

Rue du 14 Juillet

Hôtel Delcher

Rue Maurel

Rue des Carmes

Rue G. de Veyre

Rue Rames

Jardin des Carmes

Arpachon sur Cère, Millau, Rodez

Centre P. Mendez France

Rue Paul Doumer

Av. Aristide Briand

Murat, St-Flour

am Jardin des Carmes. Gezeigt werden Exponate zur Geschichte der Region, darunter arvernische Münzen, die rekonstruierten Innenräume einer Bauernkate des Cantal, Gemälde einheimischer Künstler, eine Fotosammlung – und natürlich Regenschirme (April bis Okt. Di–Sa 10–12, 14–18 Uhr, im Juli, Aug. auch So 14–18 Uhr).

Einen Abstecher lohnt das **Château de Conros** südlich von Aurillac in Arpajon-sur-Cère: Begründet im 12. Jh., wurde es später zu einer Renaissance Residenz umgestaltet. Neben der eindrucksvollen Innenausstattung werden historische Themenausstellungen und eine Sammlung zur Volkskunst des Cantal gezeigt (Juli, Aug. tgl. 14–18 Uhr).

Sehenswürdigkeiten

1. Marché aux Fromages
2. Kirche St-Géraud
3. Château St-Etienne / Muséum des Volcans
4. Maison Consulaire
5. Kirche Notre-Dame des Neiges
6. Museum d'Art et d' Archéologie

Hotels

7. Grand Hôtel St-Pierre
8. Hôtel Le Square

Essen und Trinken

9. La Reine Margot
10. Le Terroir
11. Le Bouchon Fromager
12. Bar du Marché

OTSI: Place du Square, 15000 Aurillac, Tel. 04 71 48 46 58, Fax 04 71 48 00 30, www.aurillac.fr, www.iaurillac.com.

***Grand Hôtel St-Pierre 7: 16, cours Monthyon, Tel. 04 71 48 00 24, Fax 04 71 64 81 83, www.ac-hotel.com. Angenehmes Hotel mit gut ausgestatteten Zimmern, netter Bar; sehens-

wert der Frühstückssaal mit seiner historischen Holzvertäfelung. DZ 69–104 €. Empfehlenswert auch das Restaurant ›Pommier d'Amour‹, Menü 15– 35 €, eine gute Wahl das Menu du Terroir.
**Hôtel Le Square 8: 15, place du Square, Tel. 04 71 48 24 72, Fax 04 71 48 47 57, www.cantal-hotel.com. Sehr freundlich eingerichtetes Haus am Hauptplatz, empfehlenswertes Restaurant. DZ 40–52 €.
Camping: de L'Ombrade, Rue du Gué Bouliaga, Tel/Fax 04 71 48 28 87. An der Jordanne und der Straße Richt. Puy Mary. Für Wohnmobile gibt es einen Parkplatz gegenüber der Place Gerbert.

Viele einfache Kneipen und Pizzerien reihen sich in der Altstadt an Rue des Frères und Rue Baldeyrou.
La Reine Margot 9: 19, rue Guy de Veyre, Tel. 04 71 48 26 46, www.toques-auvergne.com, Sa Mittag, So Abend, Mo geschl. Spezialitäten des Cantal mit mediterranen Akzenten. Menüs 13–21 €.
Le Terroir 10: 5, rue du Buis, Tel. 04 71 64 31 26. Bäuerlich traditionell eingerichtete Speisesäle; auvergnatische Gerichte wie Pounti, Truffade; große Auswahl an Käse.
Le Bouchon Fromager 11: 3, rue du Buis, Tel. 04 71 4807 80, Weinbistro, die regionalen Weine gibt es auch glasweise, dazu Toasts und kleine Gerichte.
Bar du Marché 12: Place de l'Hôtel-de-Ville. Preiswerte Bistrogerichte, beliebt bei jungen Leuten.

Distillerie Louis Couderc: 14, rue Victor Hugo, Spirituosen (Enzianschnaps, Maronenlikör u. a.).

Wandertouren mit Volcan Vert, Tel./Fax 04 71 47 13 64, Volcan.Vert @wanadoo.fr, cantal-vert.com.

Éclat: europäisches Festival des Straßentheaters, 2. Augustwoche.
Rencontres du Monde rural (ländliche

Lebenswelt in Kino und Fotografie), 2./3. Oktoberwoche, gemeinsam mit St-Flour, Mauriac etc. Ein großer **Viehmarkt** findet am 25. Mai (St-Urbain) und am 14. Okt. (St-Géraud) statt.

Das Jordanne-Tal

Atlas: S. 234, A/B2

Als alternative Strecke zur Hauptstraße, die unten im Tal verläuft, kann man die ›Route des Crêtes‹ wählen, die D 35 auf dem Höhenrücken, der das Tal der Jordanne nördlich begrenzt. Ab **St-Cirgues-de-Jordanne,** dessen kleine romanische Kirche eine ungewöhnliche, von außen rechteckige und von innen runde Apsis besitzt, wird das malerische Tal, das nach dem Hauptort **Vallée de Mandailles** genannt wird, enger.

Von **Mandailles-St-Julien** führt eine 15 km lange Auffahrt in Serpentinen 600 m hinauf zum **Puy Mary** (s. S. 167). Eine Verbindung über die Berge gab es jedoch nicht immer. Einst endete die Straße von Süden her in **Rudez,** dem auf 1050 m Höhe gelegenen letzten Weiler des Tals, und die Bewohner konnten sich nur ins nicht gerade nahe Aurillac auf den Weg machen.

Das Cère-Tal

Atlas: S. 234, B2

Das **Château de Pesteils** in Polminhac diente als Kulisse für mehrere Filme und wirkt besonders schön, wenn sich der Weinbewuchs und der Rotbuchenwald im Hintergrund gelb und rot färben. Der 40 m hohe imposante Donjon

wurde im 13. Jh. erbaut, um das Cère-Tal zu überwachen, und widerstand allen Angriffen im Hundertjährigen Krieg. Die Wohngebäude wurden im 16.–18. Jh. errichtet (Juli u. Aug. 10–19 Uhr, sonst von Ostern bis Allerheiligen 14–18.30 Uhr, jeweils Mi in Juli u. Aug. Besuch bei Kerzenlicht ab 21.30 Uhr).

Auch das Städtchen **Vic-sur-Cère** lohnt einen Stopp. In der Altstadt reihen sich historische Häuser, darunter die Maison des Princes de Monaco aus dem 16. Jh. Tatsächlich gehörten Vic und die Region Carladez der Familie Grimaldi bis zur Revolution; Rainier III blieb bis heute der Titel eines Grafen von Carladez erhalten. Dank der Hotels in der Neustadt im Tal ist Vic ein guter Ausgangspunkt für Touren in die Cantal-Berge.

In **Thiézac** führt von der gotischen Kirche inmitten hübscher Häuser mit Außentreppen und Holzbalkonen ein Fußweg zur Kapelle Notre-Dame-des-Consolations mit naiven Fresken – 45 Medaillons mit den Symbolen der Jungfrau Maria.

Der Tunnel beim Wintersportort **Super-Lioran** (dort Seilbahn auf den Plomb du Cantal, S. 168), der 1839 durch den Berg getrieben wurde, war lange Zeit der längste Frankreichs. Zuvor war das Cantal-Massiv ein unüberwindliches Hindernis, da die Straße am Pas de Peyrol fast die Hälfte des Jahres durch Schnee blockiert war.

Um eine Rundtour durch Jordanne- und Cère-Tal zu machen, fährt man nun zurück und biegt man bei St-Jacques-des-Blats ab. So kommt man über den Col du Pertus hinab ins Vallée de Mandailles.

Unterwegs im Cantal

Montsalvy

Atlas: S. 238, A1

Südlich von Aurillac, Richtung Lot-Tal (s. S. 188), liegt das ganz von Mauern umwallte Örtchen Montsalvy, das seinen Namen (›Heiliger Berg‹) der Gründung durch mittelalterliche Mönche verdankt. Ein Stopp lohnt schon allein wegen der Auberge des Fleuries am Stadttor Richtung Aurillac, ein Parade-beispiel eines unprätentiösen Dorf-gasthofs. Man serviert regionale Spe-zialitäten der Châtaigneraie, jenes Hü-gelgebiets südlich von Aurillac, wo einst Kastanienbäume einen wesentli-chen Beitrag zur Ernährung der Men-schen lieferten. Kastanienwälder gibt es heute noch auf den Anhöhen, während in den Tälern und Ebenen meist auf Viehwirtschaft umgestellt wurde.

Zwischen Lot und Tarn

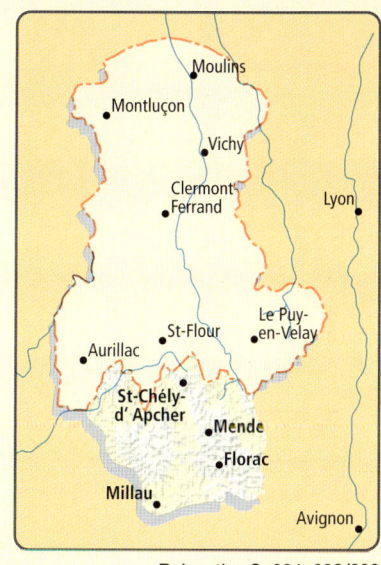

Karg und herb ist die Landschaft am Mont Lozère

Reiseatlas S. 234, 238/239

AUBRAC UND LOT-TAL

Südlich an die Auvergne grenzt das karge Hochplateau des Aubrac, das den Übergang zu der Region Cévennes bildet. Nahezu baumlos dehnen sich im Sommer die Weidewiesen, im Winter die Schneefelder. Im Frühjahr, wenn weiße und gelbe Narzissen die Wiesen färben, werden die Rinder der hellen Aubrac-Rasse aufgetrieben – Viehwirtschaft ist fast der einzige Wirtschaftszweig hier.

Bis zu 1000 m Höhenunterschied trennen das Aubrac vom Tal des Lot (s. S. 188), das nach Süden hin die Grenze bildet, eine echte Zäsur, jenseits derer der Midi beginnt. Der erste Schnee kann auf den Höhen schon Ende Oktober fallen, der letzte Ende Mai, oft kommt ein eisiger Wind hinzu.

Schon Robert Louis Stevenson ließ das Aubrac aufatmend hinter sich, um sich in die ihm viel freundlicher scheinenden Cevennen zu begeben. Auch im Mittelalter, als die Jakobspilger auf dem Weg nach Santiago de Compostela über die Hochebene zogen, waren das raue Klima und die Briganten dieses Streckenabschnitts gefürchtet. Heute, im Zeitalter moderner Verkehrsverbindungen und zersiedelter Ballungsgebiete, kann man die unendliche Weite – scheinbar ohne Anzeichen von Zivilisation – genießen und hier eine Landschaft von herber Schönheit entdecken. Im Winter ist die steppenartige Hochebene ein attraktives Skigebiet für Langläufer – rund um Laguiole werden über 200 km Loipen gespurt.

Laguiole

Atlas: S. 234, C4

Das belebte Städtchen Laguiole ist für seine Messer ebenso berühmt wie für seinen Käse. Während in Thiers die Messerschleiferei fast Geschichte ist, arbeiten hier noch mehrere *couteliers*. Ihre Verkaufsläden säumen die Hauptstraße. Das einstige Hirtenmesser mit der charakteristischen geschwungenen Form ist heute weltberühmt. Ebenso bekannt ist der dem Cantal-Käse ähnelnde Laguiole aus Kuhmilch, der mit einer AOC geadelt wurde.

OTSI: Allée de l'Amicale, 12210 Laguiole, Tel. 05 65 44 35 94, Fax 05 65 54 10 29.

Auguy: 2, allée de l'Amicale, Tel. 05 65 44 31 11, Fax 05 65 51 50 81, grand.hotel-auguy@wanadoo .fr. Hübsche, gepflegte Zimmer mitten im Ort, gutes Preis-Leistungsverhältnis; gute regionale Küche mit einem Michelin-Stern, fantastische Desserts.

Ginette et Michel Bras: 5 km außerhalb

an der Straße nach Aubrac, Tel. 0565 511820, Fax 0565484 02, www.michel-bras.fr. Michel Bras gehört zu den bekanntesten Köchen Frankreichs. Haute Cuisine in der Einsamkeit mit schöner Aussicht über das halbe Aubrac; das Restaurant bringt es auf 19 von 20 möglichen Punkten im Gault-Millau und 3 Sterne im Michelin; 15 Zimmer. DZ 155–312 €, Menü 85–135 €.

Laguiole-Messer: Die berühmten Schneidwerkzeuge werden überall im Ort verkauft. Die größte Fabrik ist Forge de Laguiole an der Straße nach Aubrac, www. forge-de-laguiole.com.

Fête de la Transhumance: Ende Mai in St-Chély d'Aubrac. Das Fest zum Almauftrieb der Aubrac-Rinder ist alte Tradition. Mit Bauernmarkt, Musik und Aligot-Verköstigung.

Dômerie d'Aubrac und Nasbinals

Atlas: S. 234, C4

Im Weiler **Aubrac** zeugt die Dômerie d'Aubrac von einstigen Pilgerströmen: sie entstand um 1120 als Schutzhospiz, das schon bald 120 Fratres, 30 Schwestern, 3 Ritter und 15 Priester umfasste. Nachts läutete beständig eine Glocke, damit die Pilger den Weg nicht verfehlten. Außer der romanischen Kirche und dem mächtigen viereckigen Turm aus der Zeit des Hundertjährigen Kriegs haben jedoch nur

Auf dem Viehmarkt in Nasbinal im Aubrac

wenige Teile der Anlage die Jahrhunderte überdauert.

Auch das Dörfchen **Nasbinals** mit einer hübschen romanischen Kirche aus dem 12. Jh. lohnt einen Stopp. Vor allem natürlich mittwochs, wenn hier Markt ist und regionaler Käse und Aubrac-Rinder verkauft werden, ist Nasbinals besonders pittoresk.

Das Gévaudan

Das Gévaudan, die Region zwischen Marvejols und den Margeride-Höhen, ist in Frankreich als Heimat der ›Bête du Gévaudan‹ berüchtigt (s. S. 157). Ein riesiger Wolf versetzte Ende des 18. Jh. als Menschenfresser die Bewohner in Angst und Schrecken. Heute sind die alten Darstellungen der Bestie beliebte Werbesymbole, in Aumont-Aubrac ziert sie sogar einen Brunnen.

Aumont-Aubrac & Marvejols

Atlas: S. 235, D4; S. 239, D1
Aumont-Aubrac ist ein kleines Städtchen an der alten Handelsstraße von St-Flour in den Süden. Heute verläuft hier die Trasse der A 75, die dem Städtchen einigen Auftrieb gegeben hat.

Weiter südlich an dieser Route liegt **Marvejols,** eine belebte Kleinstadt, die einst wehrhaft befestigt war. Drei gut erhaltene Stadttore zur Altstadt, darunter die mächtige Porte de Soubeyran, markieren den Verlauf der Wallmauer. Vormittags lohnt ein Bummel auf der früheren Grand' Rue, der heutigen Haupteinkaufsstraße, nachmittags hingegen sitzt man schön in den Bistros auf der Place Henri Cordesse.

🛏 🍴 ****Hôtel de la Gare et des Rochers:** 27, av. Pierre Semard, 48100 Marvejols, Tel. 04 66 32 10 58, Fax 04 66 32 30 63, E-Mail hotel.rocher@worldonline.fr. Am Bahnhof, für einen Zwischenstopp. DZ 27–49 €, Menü 12–32 €.
***Grand Hôtel Prouhèze: 2, rue du Languedoc, 48130 Aumont-Aubrac, Tel. 04 66 42 80 07, Fax 04 66 42 87 78, www.prouheze.com. Große Zimmer, kreative regionale Küche, natürlich steht auch Filet vom Aubrac-Rind auf der Karte. DZ 60–90 €, Menü ab 29 €.

Parc des Loups du Gévaudan

Atlas: S. 239, D1
Beim Dörfchen **Ste-Lucie** nahe Marvejols wurde mit aus der Mongolei, Kanada, Sibirien und Polen importierten Wölfen der Tierpark **Les Loups du Gévaudan** aufgebaut. Obwohl die Tiere hinter übermannshohen Gittern (und auf kaum artgerecht engem Raum) zusammengepfercht sind, erhob sich landesweiter Protest gegen den Wolfspark – zu tief sitzt die kollektive Angstneurose der Franzosen vor diesen Tieren. Für besondere Schlagzeilen sorgte damals Brigitte Bardot, die berühmteste Tierschützerin Frankreichs, die als Fürsprecherin der Wölfe auftrat (tgl. 10–17/18, Juli–Aug. 10–19 Uhr, Jan. geschl., www.loupsdugevaudan.com).

Réserve de Bisons d'Europe

Atlas: S. 236, C4
Mitten im Gévaudan, bei **Ste-Eulalie-en-Margeride,** grasen heute wieder Wisente, die europäischen Verwandten des nordamerikanischen Bisons, die in

Endlos dehnen sich die Weideflächen im Aubrac und im Gévaudan

Westeuropa während der Römerzeit ausstarben. Die majestätischen Tiere, deren Umrisse die prähistorischen Menschen an Höhlenwänden verewigten, wiegen etwa 600–1000 kg, werden bis zu 2 m groß und sind die seltensten Säugetiere Europas. Die Population weltweit wird auf etwa 2000 Tiere geschätzt. Auf 200 ha hat man hier Anfang der 1990er Jahre ein Reservat eingerichtet, in dem rund 20 aus Polen importierte Wisente angesiedelt wurden; bereits 1993 wurden drei Jungtiere geboren. Zu sehen bekommt man die Riesen auf Kutschfahrten von 50 Min. Dauer (Juni–Sept. tgl. 10–18, sonst 10–17 Uhr, www.bisoneurope.com).

Mende

Atlas: S. 239, D1

Die rund 11 000 Einwohner zählende kleine Hauptstadt des dünn besiedelten Département Lozère war einst Umschlagplatz und Verarbeitungsstätte für die Produkte der Schafzucht, dem wichtigsten wirtschaftlichen Faktor auf den Causses (s. S. 20). Bis ins 19. Jh. war es vor allem die Wolle, die in den Orten an Lot und Tarn zum Lebensunterhalt beitrug, während die Häute in Millau verarbeitet wurden (s. S. 203). Überdies war Mende am Flussübergang über den Lot, den noch heute die Brücke aus

185

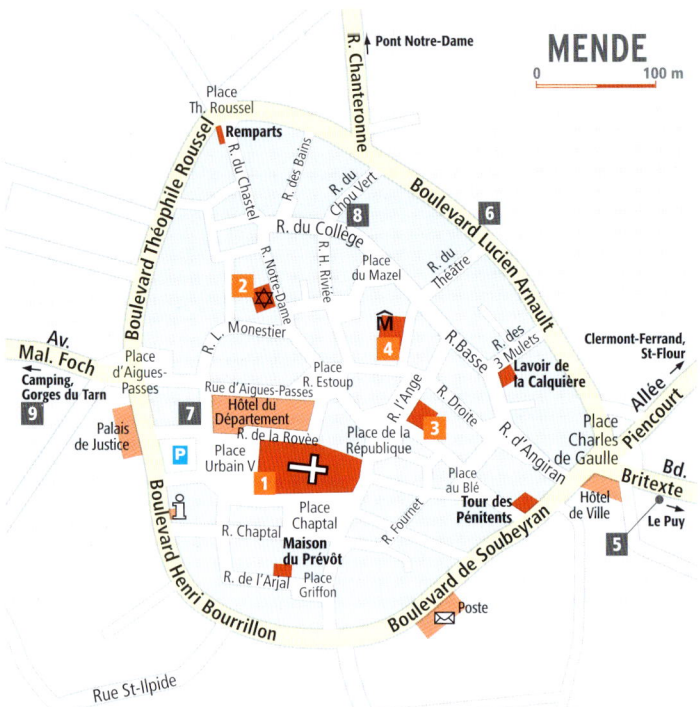

MENDE

0   100 m

Sehenswürdigkeiten

1   Kathedrale
2   Synagoge
3   Couvent des Carmes
4   Musée Départemental

Hotels & Restaurants

5   Hôtel Lion d'Or
6   Hôtel de France
7   Hôtel Le Drakkar
8   Restaurant Le Mazel
9   Restaurant La Safranière

dem 14. Jh. markiert, ein wichtiger Knotenpunkt zwischen Velay, Gévaudan, Causses und Cévennes. Bloß 73 000 Menschen leben heute im Département, nur 14 pro km².

Sehenswert ist vor allem die mächtige gotische **Kathedrale** 1, die ihre Westfassade dem ringförmigen Boulevard zuwendet, der die Altstadt umgibt. Das auf Wunsch des Papstes Urban V., der aus dem Gévaudan stammte, 1368 begonnene Bauwerk wurde 100 Jahre später geweiht und weitere 100 Jahre später, während der Religionskriege, durch den berüchtigten Capitaine Merle zu großen Teilen zerstört. Im Inneren der erneuerten Kathedrale sind eine Schwarze Madonna, deren Hände und das Jesuskind verschwunden sind, in einer der Chorkapellen, die Aubusson-Tapisserien im Chor sowie neben dem Portal der in der Wand eingelassene Schlägel der Glocke ›Non-Pareille‹ sehenswert. ›Die Unvergleichliche‹ hieß diese 25 t schwere und knapp 3 m hohe Glocke, weil sie die schwerste der ganzen Christenheit gewesen sein soll – allein der Schlägel wiegt 470 kg. Der Hugenottenführer Merle ließ die Non-Pareille einschmelzen, um Kanonen daraus zu gießen.

Bei einem Bummel durch den alten Ortskern stößt man in der Rue Notre-Dame auf eine **Synagoge** 2 aus dem 13. Jh., in der Rue de l'Ange auf ein altes Kloster, das **Couvent des Carmes** 3, in dem heute eine Kooperative von Handwerkern, Bauern und Künstlern aus dem Lozère ihre Produkte verkauft.

In den letzten Jahren wurde in Mende viel restauriert, schöne Fachwerkhäuser säumen die Gassen. Ein vorbildlich ausgeschilderter Rundgang (Faltblatt beim Office de Tourisme) führt zu sehenswerten Bürgerhäusern und kleinen gepflasterten Plätzen, zur **Maison du Prévôt** (Haus des Vogts), zur **Tour des Pénitents** (Büßerturm, ein Rest der alten Stadtmauer) oder zum **Lavoir de la Calquière** (Waschhaus der Gerber). Im **Musée Départemental Ignon-Fabre** 4 schließlich wird eine mehr oder minder kuriose Sammlung zur Geschichte der Stadt und ihrer Region gezeigt.

OTSI: 14, bd. Henri Bourillon, 48000 Mende, Tel. und Fax 04 66 65 02 69, www.ot-mende.fr.

***Lion d'Or** 5: 12, bd. Britexte, Tel. 04 66 49 16 46, Fax 04 66 49 23 31, www.liondor-mende.com. Nah am Zentrum, trotz Ausfallstraße nach hinten angenehm ruhige und große Zimmer, sehr gutes Restaurant mit vorzüglichen Fischgerichten und Desserts. DZ 52–75 €, Menü 18–29 €.
France 6: 9, bd. Lucien Arnault, Tel. 04 66 65 00 04, Fax 04 66 49 30 47, www.hoteldefrance-mende.com. Gepflegtes Hotel am Altstadtring in einem schönen historischen Haus, Restaurant mit regionaler Küche. DZ 42–65 €, Menü 15–25 €.
Le Drakkar 7: Place Urbain V, Tel. 04 66 49 04 04 Fax 04 66 65 24 43. Direkt vor der Kathedrale ein Hotel im alten französischen Stil, das Restaurant ist mittags eine beliebte Adresse. DZ 46–120 €, Plat du Jour 8–12 €
Camping: Le Tivoli, an der Straße Richt. Gorges du Tarn. Sehr schattiger Platz am Lot, allerdings ohne Badestelle.

Einfache Pizzerien in der Altstadt, z. B. an Rue d'Aigues-Passes und Place de la République.
Le Mazel 8: 25, rue du Collège, Tel. 04 66 65 05 33, Mo abends, Di geschl. Regionale Küche der Lozère. Menü 13–26 €.
La Safranière 9: 5 km westlich in Chabrits, Tel. 04 66 49 31 54, So abends und Mo geschl. Kreative Regionalküche und zeitgenössisches Ambiente in einem alten Bauernhof. Menü 24–40 €.

Artisans et Paysans de la Lozère: 4, rue de l'Ange. Regionale Spezialitäten, Kunsthandwerk.
Wochenmarkt: Mi auf Place Chaptal, Sa auf Place Chaptal und Place Urbain V. Am 1. Mi jeden Monats großer Bauernmarkt.

Pays d'Olt –
Im Tal des Lot

Atlas: S. 238, C2–A1

Am Lot, dessen Quelle am Mont Lozère liegt, erstrecken sich schon Weinberge. Die Redeweise von Espalion als *premier sourire du Midi* (erstes Lächeln des Südens) unterstreicht diesen Kontrast der vulkanischen Bergwelt zum lieblichen Südfrankreich. Auch historisch bildete der nach Westen strömende Fluss die Grenze zwischen Rouergue und Auvergne.

La Canourgue, meist nur Durchgangsstation auf dem Weg zur Tarnschlucht, ist wegen der aus dem 15./16. Jh. stammenden, munter durch den Ort plätschernden Kanäle, des alten Uhrturms und der schmalen, verwinkelten Gassen durchaus einen kleinen Spaziergang wert.

Im Pays d'Olt, auf der Fahrt Richtung Espalion, passiert man einige hübsche Orte am meist unzugänglichen Lot: **St-Laurent-d'Olt** liegt hoch oben auf einem Felssporn über dem Fluss; das mittelalterlich wirkende Winzerdörfchen schmiegt sich jeden Platz ausnutzend neben die Burg.

Das durch seine Gerbereien und Tuchmachereien einst reiche **St-Geniez-d'Olt** erstreckt sich als einziger Ort auf beide Ufer. In der Église des Pénitents aus dem 14. Jh. findet man ein sehenswertes gotisches Retabel, das die Anbetung der Hl. Drei Könige darstellt. Nebenan blieb von dem einstigen Augustinerkloster eine Galerie des Kreuzgangs erhalten.

Roquefort-Käse ist die bekannteste Spezialität des südlichen Zentralmassivs

188

St-Côme-d'Olt schließlich besitzt Schloss und Kirche aus dem 15. Jh. Der Ort gehört zu dem Abschnitt des Jakobspilgerwegs bis Estaing (GR 65), der von der Unesco zum Weltkulturerbe erklärt wurde.

 ***Hostellerie de la Poste: 3, place Ch. de Gaulle, 12130 St-Geniez d'Olt, Tel. 05 65 47 43 30, Fax 05 65 47 42 75, www.hoteldelaposte12.com. Mit 50 Zimmern, Pool und Tennisplatz. DZ 36–48 €.

Camping: ***La Boissière, Route de la Cascade, St-Geniez, Tel. 05 65 70 40 43, Fax 05 65 47 56 39. Gut ausgestatteter Platz am Lot, 400 m vom Zentrum, mit gehiztem Pool.

Espalion

Atlas: S. 238, A1

Espalion ist ein geschäftiges Städtchen, da sich hier die Straßen nach Rodez, St-Flour, Laguiole und Aurillac treffen. Der Blick von der alten Brücke aus dem 13. Jh. über den Lot zeigt die malerische Uferfront des Ortes mit ehemaligen Gerbereien am Wasser. Die säkularisierte Kirche St-Jean birgt heute ein Heimatmuseum und ein kurioses Museum für Tauchermasken.

Berühmt ist die **Église de Perse** etwas außerhalb am Friedhof, ein romanisches Kirchlein mit Kammglockenturm. Das Tympanon des Südportals gestaltet mit naiven Figuren das Pfingstgeschehen, ein seltenes Motiv der romanischen Portalplastik.

Die Burg **Calmont d'Olt,** die einst den Flussübergang kontrollierte, thront als Ruine auf einem Felssporn über der Stadt. Heute werden hier im Sommer

verschiedene mittelalterliche Belagerungs- und Kampftechniken mit Bogen- und Armbrustschießen sowie verschiedenen Katapulten vorgeführt. Im Innenhof sind weiterhin Ausgrabungs- und Rekonstruktionsarbeiten im Gange (Mai, Juni, Sept, Okt. Sa–Mi 10–12, 14–18 Uhr; Juli, Aug. tgl. 9–19 Uhr).

 OTSI: 2, rue St-Antoine, 12500 Espalion, Tel. 05 65 44 10 63, Fax 05 65 44 10 39, www.ot-espalion.fr.

Hôtel Moderne: 27, bd. Guizard, Tel. 05 65 44 05 11, Fax 05 65 48 06 94. Zentral, aber nicht gerade leise gelegenes Hotel mit dem renommierten Restaurant **L'Eau vive,** dessen Spezialitäten Fisch aus dem Lot sind.

Méjane: 8, rue Méjane, Tel. 05 65 48 22 37. Kreative regionale Küche. Menü 20–50 €.

Adalpa: Tel. 05 65 44 14 75. Kanu, Kayak, Mountainbike, Angeln.

Estaing

Atlas: S. 238, A1

Der pittoreske Ort Estaing am Lot wird ganz vom mittelalterlichen Schloss dominiert; von der alten Brücke am Ortsausgang Richtung Entraygues ist der Blick am schönsten. Das mächtige **Château d'Estaing,** das zu einer nie zerstörten Barock-Residenz ausgebaut worden ist, überragt die Häuser der Uferfront (Mi–Mo 10–12, 14.30–18 Uhr) – im Sommer finden hier Son et Lumière-Vorführungen statt. Die hübsche Kirche gegenüber stammt ebenfalls aus dem 15. Jh. Aus dem Geschlecht der Estaing will übrigens auch der frühere Staatspräsident Giscard d'Estaing abstammen.

  Aux Armes d'Estaing: Quai du Lot, Tel. 05 65 44 70 02, Fax 05 65 44 74 54. Provinzhotel (33 Zimmer) mit rustikaler Küche. DZ 42–65 €, Menü 13–35 €.

L'Auberge Saint-Fleuret: 19, rue Francois, Tel. 05 65 44 01 44, Fax 05 65 44 72 19. Freundliches, gut geführtes Hotel im Zentrum in einem alten Bruchsteinhaus.DZ 35–47 €, Menü 17–45 €.

Camping: La Cavalerie, Tel. 05 65 44 71 94. Schöner Platz am Lot, der hier zu einem See gestaut ist.

 St. Fleuret: 1. So im Juli, große Prozession mit Volksfest zu Ehren des Stadtheiligen.

Entraygues

Atlas: S. 238, A1

Der kleine Ort wird auch *ville entre-les-eaux* genannt, da er am Zusammenfluss von Lot und Truyère liegt (und also auch bei Kayakfahrern beliebt ist). Alte Fachwerkhäuser und ein als Schule genutztes wehrhaftes Château prägen das Ortsbild. Im OTSI-Büro gibt es eine Stadtplan mit einem kommentierten Stadtrundgang. Sehenswert auch die alte Mühle hinter dem Schloss, die 1902 zum ersten Kraftwerk der Region umgebaut wurde und die gotische Brücke über die Truyère am Ortsausgang Richtung Aurillac. Abends sitzt man schön in den Restaurants an der Place de la République (z.B. Le Dancing) und kann den Boule-Spielern zusehen, die hier mittwochs und freitags einen Stadtwettbewerb austragen.

 OTSI: 12140 Entraygues, Tel. 05 65 44 56 10, Fax 05 65 44 50 85.

 Hôtel Lion d'Or: Rue Principale, Tel. 05 65 44 50 01, Fax 05 65 44 55 43. Direkt im Zentrum, mit Restaurant. DZ 30–40 €.

Auberge du Fel: in Le Fel, einem kleinen Bilderbuch-Weiler über dem Lot (Zufahrt von der Straße nach Montsalvy), Tel. 05 65 44 52 30, Fax 05 65 48 64 96, Email: info@auberge-du-fel.com. Einsam gelegenes, geschmackvoll geführtes Haus, mit Restaurant.

Camping: Val de Saures, Tel. 05 65 44 56 92, www.camping-massifcentral.com. Gut ausgestatteter Platz direkt im Zentrum, mit Kayak-Station, Freibad und Fußballplatz direkt nebenan.

 Asv'olt: Tel. 05 65 44 54 90 (Juli, Aug.), www.asvolt.com. Kanu und Kayak,im Frühjahr auch Rafting.

Camin d'Olt: Rundwanderung (54 km und 67 km) durch Lot- und Truyère-Tal, zu Fuß, per Mountainbike oder zu Pferd.

Conques

Atlas: S. 234, A4

Hinter Entraygues wird das Lot-Tal enger, immer wieder gibt es kleine Campingplätze mit Kayakstationen. Dann biegt die D 901 über den Fluss zur einsam im Wald gelegenen **Abtei Conques** ab. So verwunschen die Anfahrt durch die Einsamkeit, so erstaunlich ist der Trubel in dem Dörfchen, das weit vorher auf seinen riesigen Parkplatz aufmerksam macht (gebührenpflichtig).

Conques, eine bedeutende Station auf dem Jakobsweg, besitzt mit der **Kirche Ste-Foy** das wichtigste romanische Baudenkmal im Aveyron, von der Unesco zum Weltkulturerbe erklärt. Seit dem Mittelalter scheint sich wenig geändert zu haben, nur dass heute die meisten steingedeckten Fachwerkhäuser als Hotel, Restaurant oder Laden dienen.

Das **Tympanon des Westportals** der Basilika zählt zu den schönsten Frankreichs: Thema ist das Jüngste Gericht, das hier mit rund 120 Personen gestaltet ist. Vor allem die Darstellung der Hölle und ihrer Schrecken ist anschaulich gelungen. Im Zentrum thront Christus in der Mandorla, seine erhobene Rechte weist auf die Auserwählten, die ins Paradies einziehen, seine linke auf die Verdammten, denen ihren Sünden entsprechende Leiden zugedacht sind. Das Innere wirkt aufgrund der modernen Glasfenster kühl. Sehenswert aber ein Kreuzigungsfresko des 14. Jh., das die Figuren in zeitgenössischen Gewändern darstellt.

Wertvollstes Stück des **Kirchenschatzes** (im ›Trésor‹, 9–12, 14–18, Juli, Aug. bis 19 Uhr) ist die Statue der hl. Fides. Lange meinte man, die Figur stamme aus dem 9. Jh. und sei später mit Juwelen besetzt und mit neuen Händen und Füßen versehen worden. Bei der Restaurierung entdeckte man aber, dass als Gesicht eine spätantike Goldmaske verwendet worden war. Darüber hinaus ist das ›A‹ Karls des Großen, ein Reliquiar, das trotz seines Namens wohl aus dem 12. Jh. stammt, eindrucksvoll. Viele Stücke sind mit Edelsteinen besetzt, deren Einritzungen (orientalische, römische Motive) zeigen, dass es sich wohl um wiederverwertete antike Siegelringe handelt.

Ausschnitt aus dem Tympanon von Ste-Foy: oben auferstandene Selige, unten Abraham mit zwei Seelen im Schoß, Propheten und Märtyrer

OTSI: 12320 Conques, Place de l'Église, Tel. 05 65 72 85 00, Fax 05 65 72 87 03, www.conques.com.

***Hostellerie Ste-Foy: Rue Charlemagne, Tel. 05 65 72 80 30, Fax 05 65 72 82 84, www.hostellerie-de-l-abbaye.fr. In historischen Mauern, stilvolle, schlichte Zimmer. Gutes Restaurant (abends) mit regionaler Küche. DZ 74–96 €.

Lumière du Roman: Juli bis Aug. Konzerte in der Kirche. So nach dem 6. Okt. **Wallfahrt** am Fest der hl. Fides.

DIE CEVENNEN

Das schroffe Bergland der Cévennes und die steppenartigen Hochplateaus der Causses sind ein wildes, karges Land mit geringer Bevölkerungsdichte. Die Region gehört zu den ärmsten Frankreichs, da Schafzucht und Landwirtschaft stets nur eine bescheidene Existenzgrundlage boten. Kayakfahrer und Naturfreunde jedoch handeln die einsame Gegend wegen ihrer grandiosen landschaftlichen Schönheit als Geheimtipp.

Mont Lozère

Atlas: S. 239, E–F2

Der Mont Lozère im nördlichen Teil der Cévennes ist mit Heide, Ginster und Blaubeeren bewachsen. Hier herrscht ein raues Klima mit plötzlichen Wetterumschwüngen, eisigem Wind und Nebel, Schnee und Frost. Von Mende fährt man über das Bergdorf **Le Bleymard,** und wer einen Tag mit Sonnenschein erwischt, der sollte vom Parkplatz der Skistation das kurze Stück (250 Höhenmeter) zum **Sommet de Finiels** hinaufwandern. Mit 1699 m überragt er die anderen Gipfel des südlichen Zentralmassivs, weithin reicht der Blick über die kahle, einsame Bergwelt. Der Weg folgt einer der alten *drailles,* der Viehauftriebswege, über die einst Tausende von Schafen im Juni auf die Sommerweide geführt wurden. Die meisten Drailles werden nur noch als Wanderwege benutzt; nur noch wenige Herden ziehen heute durch die Ber-

ge. Die Konkurrenz preiswerter Importe, die Zersiedelung der Frühjahrsweiden in der Languedoc-Ebene und ihre Nutzung für den Weinbau ließen die Zahl der Schafe auf ein Zehntel schrumpfen und die Tradition der Weidewirtschaft fast untergehen.

Le Pont-de-Montvert

Atlas: S. 239, E2

Auf der Südseite des Mont Lozère führt die D 20 hinab nach Le Pont-de-Montvert, in dem 1702 der blutige Camisardenkrieg seinen Ausgang nahm (s. S. 196). Das periodisch auftretende Hochwasser hat hier schon mehrmals die Brücke niedergerissen, doch beharrlich wurde sie immer wieder aufgebaut. Oberhalb des Orts, der im Talgrund des Tarn liegt, befindet sich das **Écomusée du Mont Lozère,** das Haupthaus eines Ökomuseums mit Ausstellungen zur regionalen Architektur- und Agrargeschichte (Mitte

April–Sept. 10.30–12.30, 14.30–18.30 Uhr). Durch das (offene) Untergeschoss des Bruchsteinhauses, in dem auch eine Wanderhütte *(gîte d'étape)* untergebracht ist, führt der Weg, den Stevenson einst mit seinem Esel nahm (s. S. 200). Zu dem Museum gehören noch weitere Einrichtungen: das **Mas Camargues** beim Weiler L'Hôpital, ein Gehöft mit Naturlehrpfad, ein weiterer Weg, der Sentier de Mas de la Barque, und die **Ferme de Troubat** mit Mühle und Brotbackofen (Juni–Sept. außer Do und Fr 10.30–12.30, 14.30–18.30 Uhr).

Florac

Atlas: S. 239, E2

Florac (2000 Einw.) liegt am Zusammenfluss von Tarn, Tarnon und Mimente. Das sympathische Städtchen duckt sich äußerst malerisch unter die steile Abbruchkante des Causse Méjean, und markiert genau den Punkt, wo die bewaldeten Hänge der Cévennes in die karstigen Hochflächen der Causses übergehen. Durch das Zentrum sprudelt munter die Source du Pêcher. Die schattige, bei Sonne sehr mediterran wirkende Platanen-Esplanade lädt zu einer Rast ein, bevor man den kleinen ausgeschilderten Spaziergang hinter dem Château beginnt. Im kleinen Schloss aus dem 17. Jh. hat die Verwaltung des Cevennen-Nationalparks ihren Sitz, die dort Ausstellungen zu Fauna und Flora, Höhlenforschung, Vulkanismus, Architektur, Kunsthandwerk und Geschichte der Region organisiert.

OTSI: Av. Jean Monestier, 48400 Florac, Tel. 04 66 45 01 14, Fax 04 66 45 25 80, www.ville-florac.fr, www.floractourisme.com.
Nationalpark Cévennes: Im Château, Tel. 04 66 45 01 14, Fax 04 66 45 25 80, www.bsi.fr/pnc. Broschüren zu ökologischen oder historischen Themen

***Grand Hôtel du Parc: 47, av. J. Monestier, Tel. 04 66 45 03 05, Fax 04 66 45 11 81, www.grandhotelduparc.fr. Altes Hotel mit neuem Anbau, Garten und Pool. DZ 42–55 €, Menü 15–29 €, Kindermenü 7,70 €.
**La Lozerette: in Cocurès, 6 km Richt. Le Pont-de-Montvert, Tel. 04 66 45 06 04, Fax 04 66 45 12 93, E-Mail: lalozerette@wanadoo.fr. Kleine, aber sehr gemütliche Zimmer, sehr schön gelegen. Mit einem hervorragenden Restaurant (Di und Mi ge-

Wanderer am Mont Lozère

schl.) DZ/F 59–80 €, Halbpension ca. 60 €/Pers., Menü 14–16 €.

Camping: Vier Plätze am Tarn in Stadtnähe. Schöne Badeplätze am Rocher des Fées bietet z. B. Camping La Tière, 1,5 km Richtung Vebron/Mont Aigoual.

An der Esplanade reihen sich die Restaurants im Platanenschatten, darunter auch einfache Pizzerien,

Le Chapeau Rouge: 3bis, rue Th. Roussel, Tel. 04 66 45 23 40, www. restaurant-florac.com. Cevenolische Spezialitäten, Fisch und Fleisch vom offenen Grill, im Sommer auf der Terrasse, Menü 12–28 €, Kindermenü 7,50 €.

*La Source du Pêcher: 1, rue du Remuret, Tel. 04 66 45 03 01. Restaurant mit hübscher Terrasse direkt am Wasserfall; die Idylle ist postkartenwürdig, die Menüs haben einen Schwerpunkt auf Produkte von der Ente (Confit, Foie gras etc.). Menü 15–30 €, ab 20.30 Uhr nur Menü für 30 €.

Markt: Place de la Mairie, Do vor mittags. **Regionale Produkte** bei Maison du Pays Cévenol, Rue du Pêcher.

Cévennes Évasion: Tel. 04 66 45 18 31. Mountainbike, Wandern, Kanu, Canyoning, Höhlentouren.

Florac en fête: Mitte Aug. ein großes Fest mit Konzerten und einem riesigen Bauernmarkt am 15. Aug.

Die Corniche des Cévennes

Atlas: S. 239, E3

Diese Höhenstraße (D 9) wurde im 17. Jh. aus strategischen Gründen angelegt, um der protestantischen Camisarden (s. S. 196) Herr zu werden. Sie führt durch das historische Kernland der Cevennen, einst ein undurchdring-

Ausblick von der Corniche des Cévennes

liches Dickicht ohne Weg und Steg, in dem gut Unterschlupf zu finden war. Wer im Anschluss an die Tour nach Florac zurückkehren will, kann den Weg durch die Vallée Française nehmen, das abgeschiedenste Tal der Cévennes, in dem kaum noch Menschen leben. In den letzten hundert Jahren haben über 70 % aller Cevenolen ihre Heimat verlassen; überall künden verlassene Gebäude und zerfallende Terrassenmauern an den Steilhängen von der Entvölkerung.

Von St-Laurent-de-Trèves nach St-Jean-du-Gard

Über die D 983 erreicht man **St-Laurent-de-Trèves,** wo auf dem Felsplateau Abdrücke von Dinosauriern entdeckt wurden, die annähernd 200 Mio. Jahre alt sind. **St-Roman-de-Tousque,** eine alte Etappe an der Draille aus dem Languedoc, gehört zu den wenigen Dörfern, die auf dem Kamm liegen. Immer wieder öffnen sich weite Ausblicke. Parallel laufende Täler, in denen die Wasserläufe alle ›Gardon‹ heißen, rhythmisieren die Landschaft, zahllose aufeinanderfolgende Bergrücken verschwimmen am Horizont ins Blaue.

In Serpentinen windet sich die Straße nach rund 50 km vom Col de l'Exil hinunter zum Col de St-Pierre bis nach **St-Jean-du-Gard,** wo die Corniche endet und wo einst auch für Robert Louis Stevenson seine Wanderung mit dem Esel Modestine endete (s. S. •••). Aus früherer Zeit stammen eine malerische alte Brücke *en dos d'âne* (Eselsrücken) über den Gardon und der romanische Uhrturm in der Altstadt.

Bambuswald

Die Bambouseraie in Générargues bei Anduze, (Atlas S. 239, F 4) ist ein 1855 angepflanzter exotischer Bambuswald mit über 150 Arten (manche wachsen 1 m pro Tag!). Er gilt als eine der größten Bambusbaumschulen der Welt, die die Riesengräser züchtet und exportiert (März–Okt. tgl. 9.30–19 Uhr, www.bambouseraie.fr).

Le Mas Soubeyran

Atlas: S. 239, F4
Im Weiler Le Mas Soubeyran gelangt man zum **Musée du Désert,** (Museum der Wüste), das mit der Geschichte der cevenolischen Protestanten vertraut macht, mit Verfolgung und Widerstand, dem Alltag im Untergrund und dem Krieg von 1702 bis 1704 (s. S. 196). Es wurde im Geburtshaus von Pierre Laporte untergebracht, einem berühmten Camisardenführer, der unter dem Namen Roland bekannt wurde (musee-dudesert.com, März–Nov. 9.30–12, 14–18, Juli, Aug. 9.30–19 Uhr).

Unweit vom Le Mas Soubeyran liegt die **Grotte de Trabuc,** eine weitläufige Kalksandsteinhöhle, die von den Camisarden als Versteck genutzt wurde, mit einem grünlich schimmernden See und Wasserfallen, die vermutlich zum Gardon werden. Sehenswert sind die ›100 000 Soldaten‹, eine ganze ›Armee‹ circa 10 cm hoher Stalagmiten, und der ›Kronleuchter‹ (Öffnungszeiten wie Musée du Désert).

DIE CAMISARDEN

Glaubenskämpfer in den Bergen der Cevennen

Am Abend des 24. Juli 1702 stürmt ein Trupp junger Bauern unter Führung des Wollkämmers Séguier, genannt Esprit (›Geist Gottes‹), das Pfarrhaus an der Brücke zu Pont-de-Montvert. Von drinnen wird geschossen, sie aber zertrümmern die Tür und zünden, nachdem sie etliche Gefangene aus dem Keller befreit haben, das Pfarrhaus an. Die Verteidiger seilen sich an Bettlaken ab, doch während die Diener und Soldaten über das Flussufer entkommen, wird der Hausherr gestellt, auf den Marktplatz geschleift, wo man ihn am nächsten Morgen mit 52 Messerstichen in der Brust findet. An diesem Vergeltungsschlag der Protestanten, der Ermordung des verhassten Abbé du Chaila, entzündet sich der Funke des Aufstands in der kargen Bergwelt der Cevennen, der Camisarden-Krieg.

Auch wenn von einem ›richtigen Krieg‹ nicht die Rede sein kann: Die Camisarden waren einfache Leute – und Protestanten, die für ihre Religionsfreiheit kämpften. Schon in den frühen Jahren der Reformation hatte die neue Bibelauslegung rasch zahlreiche Anhänger in den Cevennen gefunden. Die armen Bauern sahen sich in ihrem Urteil über die Pfaffen, die sich eifrig an der Auspressung des dritten Standes beteiligten, bestärkt; die wörtliche Bibelauslegung und das Leitbild der Armut Christi fanden in ihrem eigenen, selbstgenügsamen Leben ihren Niederschlag. In den Religionskriegen flüchteten viele Hugenotten vor den Massakern der Katholischen Liga in die abgelegenen Cevennen – die nach der Zerstörung der katholischen Kirchen bald fast gänzlich reformiert waren.

Das Edikt von Nantes und die Herrschaft Richelieus brachten etwas Ruhe, doch als Ludwig XIV. selbst die Regierung übernahm, wuchs die Repression rasch wieder an. 1679 begannen die berüchtigten Dragonnaden, bei denen königliche Dragoner in den Dörfern und den Häusern der Protestanten einquartiert wurden – mit all den bedenklichen Folgen für Hab und Gut, die Vorräte (und die Frauen), dazu kamen Berufsverbote, viele protestantische ›Tempel‹ wurden zerstört. 1685 schließlich hob Ludwig das Edikt, das Frankreich etwa 100 Jahre Frieden gebracht hatte, auf, was den Protestanten nur die Wahl zwischen Konversion oder Emigration ließ (die meisten wählten letzteres, und wenig später war zum Beispiel ein Fünftel der Bevölkerung von Berlin französisch).

Doch für die armen Cevenolen war das kein Ausweg. Ihrer Pastoren beraubt, führten sie ihren Glauben in aller Heimlichkeit in der Familie weiter oder versammelten sich in abgelegenen Tälern zum Gottesdienst unter freiem Himmel. Dabei nahm der zunehmend brutal unterdrückte Glaube prophetische, apokalyptische Formen an, vor allem als katholische Geistliche in das Gebiet geschickt wurden, die einen nicht weniger fanatischen Missionierungseifer entwickelten, Spitzel rekrutierten und systematisch Verdächtige verhaften, foltern und hängen ließen.

196

Mit der Vision des Esprit Séguier, er müsse eine Gruppe Gefangener befreien, die bei der Flucht nach Genf in die Gewalt des für seine Foltermethoden und schnellen Todesurteile berüchtigten Abbé du Chaila geraten war, nahm der Krieg am 24. Juli 1702 in Pont-de-Montvert seinen Anfang. Dem Tod des obersten Missionsinspektors du Chaila folgten weitere Racheakte an den schlimmsten Verfolgern. Unter dem Einfluss zahlreicher militanter Propheten, die verkündeten, die Zeit der Unterwürfigkeit sei vorbei, formierten sich Banden, kristallisierten sich Führer heraus.

Als die Truppen des Königs unter Maréchal de Montrevol eingriffen, trafen sie auf eine Bewegung, die sich inzwischen in den Bergen militärisch organisiert hatte: mit einem Bäckergesellen (Jean Cavalier, der es später noch bis zum Gouverneur der britischen Insel Jersey brachte), einem Schafhirten (Gédéon Laporte) und einem Wollkämmer (Abraham Mazel) als Generälen. Da sie keine Uniform, sondern nur Hemden *(chemises)* trugen, erhielten die ›Bauernsoldaten‹ den Namen Camisarden. Doch der erbitterte Kampf der hugenottischen Partisanen gegen die Armeen des Königs und die katholischen ›Gegenpartisanen‹ der Florentiner, Religionskrieg und Volksrevolte zugleich, war zum Scheitern verurteilt.

Nach immerhin zwei Jahren blutiger Auseinandersetzungen, in denen die königlichen Truppen einige Niederlagen wie bei Alès hinnehmen mussten und die meisten Dörfer der Cevennen niedergebrannt wurden, um die Partisanen jeglicher Versorgung zu berauben, brach der Aufstand zusammen. Bis 1710 gab es zwar immer wieder Versuche, den Kampf weiterzuführen, aber erst das Toleranzedikt von 1787 brachte den wenigen verbliebenen Protestanten die Glaubensfreiheit zurück.

In den dichten Wäldern der Cévennes verbargen sich die Camisarden

TARN-SCHLUCHT UND CAUSSES

Der Tarn, der am Mont Lozère entspringt, hat sich tief in das Kalkgestein der Causses gegraben und eine grandiose Schlucht geformt. Zwischen Ispagnac und Le Rozier ragen die steilen Felswände mehrere hundert Meter hoch. Sie begrenzen die Hochflächen des Causse de Sauveterre und des Causse Méjean – in der Stille oben lässt sich kaum erahnen, wie turbulent es im Sommer unten auf dem Fluss zugeht.

Gorges du Tarn

Die Gorges du Tarn zählen zu den meistbesuchten Naturdenkmälern Frankreichs, berühmt ist der atemberaubende Canyon vor allem als Kayakstrecke.

Von Mende fährt man über die N 106 und erreicht den Tarn bei **Ispagnac**, einem verschlafenen, sympathischen Städtchen mit hübschen Gemüsegärten am hier noch flachen Ufer. Einen Blick lohnen auch das romanische Portal und die Rosette der Kirche am hübschen, von Platanen beschatteten Dorfplatz, an dem ein kleiner Markt abgehalten wird. Kurz vor dem Ort blieb eine Brücke aus dem Mittelalter erhalten, kurz dahinter führt eine weitere nach Quézac auf der anderen Uferseite.

Das Tal wird nun enger; am Aussichtspunkt kurz vor **Prades** lohnt ein weiterer Stopp: Von weit oben schaut man hinunter auf den Tarn und das malerisch am Felsen klebende Örtchen **Castelbuoc**.

Ste-Enimie

Atlas: S. 239, D2
Zu beiden Seiten des Flusses türmen sich zwischen Ste-Enimie und Le Rozier, an der engsten Passage, die Steilwände bis zu 500 m hoch. Ste-Enimie, ausgezeichnet als eines der schönsten Dörfer Frankreichs, ist daher ein beliebter Startpunkt für Wanderer, Radfahrer und Wildwasserfahrer. Entlang der Uferstraße, wo die alte Brücke Causse Méjean und Causse de Sauveterre miteinander verbindet, haben sich zahllose Souvenirläden, Restaurants und Crêperien darauf eingestellt, und überwiegend in Sportklamotten gekleidete junge Leute prägen das Bild.

In den steilen Gassen des alten Ortskerns von Ste-Enimie mit seinen mittelalterlichen Häusern wird es hingegen schnell ruhiger. Am oberen Ortsrand liegt das von der hl. Enimie, einer Merowinger-Prinzessin, gegründete **Kloster** mit einer Ausstellung zur Geschichte der Stadt.

OTSI: 48210 Ste-Enimie und La Malène, Tel. 04 66 48 53 44, otsi-gorgesdutarn@wanadoo.fr. Internet: www.gorgesdutarn.net

**L'Auberge du Moulin: Rue Combe, Ste-Enimie, Tel. 04 66 48 53 08, Fax 04 66 48 58 16. Schönes altes Haus aus Bruchstein mit Terrasse zum Tarn. Das Restaurant lohnt einen Abstecher. DZ 42–54 €, Menü 15–30 €.
Camping les Fayards: Ruhig gelegen etwas südl. direkt am Tarn (3 km zum Ort), www.camping-les-fayards.com.

Kanu-Touren: In allen Orten und auf allen Campingplätzen am Tarn werden Kanus für Touren verliehen, man kann wählen von 3 Std. (ca. 12-15 €/Pers.) bis 2 Tage (30 €/Pers.). Eine leichte, kindergeeignete Strecke ist z. B. die von Castelbouc zurück nach Ste-Enimie. Info im Internet: www.canoe-france.com/tarn oder www.canoe2000.fr oder www.le-soulio.com.

Markt: Jeden Do abend (19–23 Uhr) im Juli und August ein Marché Nocturne

St-Chély-du-Tarn

Atlas: S. 239, D2
St-Chély-du-Tarn scheint ein Dorf aus einem Bilderbuch zu sein: Man erreicht es nur über eine schmale, einspurige Brücke, neben der ein Wasserfall tosend in den türkisfarbenen, hier sanft-verspielten Tarn hinabstürzt, der an anderen Stellen so wild und ungestüm wirkt. Das Dorf selbst besteht eigentlich nur aus einem Platz, ein paar Häusern, einer Wassermühle und einer winzigen, unter überhängende Felsen gequetschten Kapelle.

Das **Château de la Caze,** ein als Hotel genutztes Schloss aus dem 15. Jh., steht in einem 130 ha großen Park direkt am Tarn, etwas unterhalb der Straße. Etwas weiter auf der anderen Seite liegt der hübsch und zurückhaltend restaurierte Weiler **Hauterives** wie an die Steilwand geklebt.

*Auberge de la Cascade: St-Chély-du-Tarn, Tel. 04 66 48 52 82, Fax 04 66 48 52 45, www.aubergecascade.com. Kleines, einfaches Hotel, aber mit Pool, direkt am Wasserfall. DZ 44–49 €, Menü 12–26 €.
****Château de la Caze: La Caze, Tel. 04 66 48 51 01, Fax 04 66 48 55 75, www.chateauxhotels.com/lacaze, E-Mail: Chateau.de.la.Caze@wanadoo.fr. Stilvolles Schlosshotel am Tarn. DZ 92–260 €, Menü 27–65 €.

La Malène

Atlas: S. 239, D2
La Malène ist deutlich kleiner als Ste-Enimie; hier bieten die *bateliers* Ausflüge auf flachen Barken durch die Schlucht an (1 Std., 8 km bis zum Cirque des Baumes,von dort Rücktransport, im Preis inklusive). Die eher gemächliche Fahrt führt durch den engsten und spektakulärsten Teil der Gorges, Les Détroits genannt.
Am **Pas de Soucy** weiter flussabwärts kann man einen Aussichtsfelsen über eine Eisentreppe erklimmen, um auf die wie von Riesen hingeworfenen Felsbrocken hinabzublicken, die das Flussbett versperren, hier müssen die Kanuten einen Umweg über Land machen. Bei **Les Vignes** gibt es eine weitere Brücke, am dortigen Wehr kann

Das Dorf La Malène in der Tarn-Schlucht

man gut baden. Der Flußabschnitt bis Le Rozier ist dann etwas schwieriger, wer hier Kanu fahren will, sollte schon etwas Übung haben.

Les Détroits: La Croze, 4 km von La Malène, Tel. 04 66 48 55 20, Fax 04 66 48 50 62. Hotel in einem Bruchsteinhaus in unvergleichlicher Lage direkt in der Engstelle Les Détroits.

Point Sublime

Bei Les Vignes führt ein Sträßchen aus den Gorges du Tarn hinauf zum **Point Sublime** mit der schönsten Aussicht auf die Schlucht und den Causse Méjean gegenüber.

Im Restaurant lokale Spezialitäten, preiswertes Menü. DZ 39–46 €, Menü 14–27 €. ***Manoir de Montesquiou:** La Malène, Tel. 04 66 48 51 12, Fax 04 66 48 50 47, www.manoir-montesquiou.com. Herrenhaus aus dem 15. Jh., regionale Küche. DZ 64–125 €, Menü 20–40 €.

Le Rozier-Peyreleau

Bei Le Rozier, das sich lang an der Jonte entlangzieht, fließen Tarn und Jonte zusammen. In dem auf einem Felsen erhöht gelegenen Peyreleau drängen sich ein kleines trutziges Schloss, ein efeubewachsener Turm und alte Häuser malerisch aneinander, Im Sommer vervielfacht der Orte seine Einwohnerzahl, wenn man die Besucher der Campingplätze ringsum mitrechnet.

Viele Jugendgruppen wählen dieses zentrale Standquartier, eben weil Touren in beide Schluchten möglich sind.

Ein Netz von Wanderwegen führt durch die Steilwände auf die Causses-Ebenen, immer wieder mit tollen Ausblicken auf Jonte- und Tarnschlucht, z. B. von der Aussichtsplattform des **Rocher du Capluc.**

Lohnend auch ein Abstecher Richtung Rivière sur Tarn zum **Château de Peyrelade,** wo im Sommer Troubador-Vorführungen stattfinden und für Kinder Kurse im Bogenschießen veranstaltet werden. Die Burg wurde in den Religionskriegen zerstört, seit mehr als 25 Jahren arbeitet man an der Restaurierung (Juli/August Führungen tgl. 10, 12.15, 14.30 und 18.15 Uhr). Unterhalb kann man zudem die Caves de Peyrelade besichtigen, wo der Bleu de Causses hergestellt wird (Juli/August Mo–Sa 9–13, 15–20 Uhr, So 15–20 Uhr).

OTSI: 48150 Le Rozier, 12720 Peyreleau, Tel. 05 65 62 60 89.

***Grand Hôtel de la Muse et du Rozier: Peyreleau, Tel. 05 65 62 60 01, Fax 05 65 62 63 88, www.hotel-delamuse.com. Modern und geschmackvoll renoviertes Haus direkt am Ufer des Tarn, mit Restaurant und Pool. Die Zimmer zum Fluss sind zu bevorzugen, an der anderen Seite führt die Straße entlang. Die Küche ist sehr modern, tolle Präsentation. DZ 76–115 €, Menü 27–46 €, Kindermenü 12 €.

La Grange Templière: Peyreleau, Tel. 05 65 61 82 09, www.lagrangetempliere.com, 4 schöne Gästezimmer mit Bad.

Le Pas du Loup: Le Rozier, Tel. 05 65 62 69 96. Fantasievolle Kreationen, recht lockeres Ambiente. Ein Gedicht ist die Roquefort-Terrine mit Birne und Lebkuchen. Menü 26 und 38 €.

La Barbote: Tel. 05 65 62 66 26. Kanuverleih an der Brücke, organiseren Touren ab La Malene und bis Pailhas; dazu auch Mountainbiking, Höhlentouren, Canyoning und Steilwandklettern.

Millau

Atlas: S. 238, C4

Südliches Flair bestimmt den ersten Eindruck von der lebendigen Kleinstadt (22 500 Einw.) in einer weiten Ebene zu Füßen der Causses: Hier hat man die Berge verlassen und den Midi erreicht. Dass der bedeutendste Wirtschaftszweig der Cevennen die Schafzucht ist, machte Millau zum Zentrum der Lederverarbeitung. Das Fleisch der Causse-Lämmer wird von Gourmets verspeist, die Wolle am Tarn versponnen, aus der Milch der würzige Roquefort hergestellt, die Häute schließlich werden hier zu Taschen und Jacken verarbeitet, vor allem aber zu feinen Handschuhen, denen die Stadt ihre Bezeichnung ›Ville du gant‹ verdankt.

Einem Shopping-Bummel steht nichts entgegen, zumal die engen Gassen der Altstadt innerhalb des Boulevardsringes zum großen Teil Fußgängerzone sind. Die halbkreisförmige, von Brasserien gesäumte **Place du Mandarous,** der zentrale Verkehrsknotenpunkt der Stadt, bildet den Ausgangspunkt. Beim ziellosen Schlendern durch die Altstadtgassen stößt man sicher auf den hoch aufragenden **Beffroi** [1], einen 42 m hohen, oktogo-

nalen Turm mit schönem Ausblick über die Dächer der Altstadt hinweg, der im 17. Jh. an den massiven viereckigen Turm aus dem 11. Jh. angebaut wurde.

Von der Markthalle hinter dem Turm erreicht man in wenigen Schritten die **Place du Maréchal Foch,** einen reizvollen Platz mit alten Arkadenhäusern auf der einen und dem lohnenden **Musée de Millau** 2 auf der anderen Seite, das im Hôtel Pégayrolles, einem Stadtpalais aus dem 17. Jh., untergebracht ist. Hat man noch nichts Passendes aus Leder gefunden, kann man spätestens hier die Wunderwerke der Handschuhmanufakturen vergangener Zeiten sowie Maschinen und Werkzeuge bewundern (Juli, Aug. tgl. 10–18 Uhr, sonst tgl. 10–12, 14–18 Uhr, Okt.–Mai So geschl.). In der Archäologischen Abteilung des Museums ist gallo-römische Keramik aus Graufesenque ausgestellt, einem Ausgrabungsort 1 km südlich von Millau, von wo im 1. Jh. mehr als 500 Töpfer Tausende von Gefäßen ins ganze Römische Reich exportierten.

OTSI: 1, place du Beffroi, BP 331, 12103 Millau, Tel. 05 65 60 02 42, Fax 05 65 60 95 08, www.ot-millau.fr.
Parc Naturel Régional des Grands Causses: 71, bd. de l'Ayrolle, Info-Zentrum des Regionalparks Grands Causses, www.parcs-naturels-regionaux.tm.fr.

Château de Creissels 3 : 12100 Millau-Creissels, etwa 2 km südwestlich Richtung Gorges de la Dourbie, Tel. 05 65 60 16 59, Fax 05 65 61 24 63, www.chateau-de-creissels.com. Schön gelegenes Schlosshotel mit altem Mobiliar und kleinem Park; sehr gutes Restaurant (Tel. 05 65 60 31 79) in altem Gewölbe mit ambitionierter regionaler Küche, von den Tischen auf dem Balkon Blick über den Tarn. DZ ab 40 €.
La Musardière 4 : 34, av. de la République, Tel. 05 65 60 20 63, Fax 05 65 59 768 13, www.millau-clic.com/musardiere. 14 große Zimmer in einer renovierten Villa auf schönem Gartengrundstück. DZ 60–75 €.
Camping Les Rivages: Tel. 05 65 61 01 07, www.campinglesrivages.com. Schön gelegener großer Platz ca. 3 km östl. vom Zentrum direkt an der Dourbie. Viel Sportangebote (Kanu, Bungee, Canyoning) in der Nähe (www.roc-et-canyon.com).

Einfache **Tavernen** und **Pizzerien** säumen die **Rue de la Capelle** in der Altstadt, eine hübsche Fußgängerstraße mit Fachwerkhäusern.
La Mangeoire 5 : 8, bd. de la Capelle, Tel. 05 65 60 13 16. Grillgerichte vom Holzkoh-

lenfeuer, deftige lokale Gerichte, Terrasse zum schattigen Boulevard. Menu 24–45 €
L'Ecrevisse 6 : Rue Droite, Ecke Rue Peyssière, Tel. 05 65 61 01 90. Beliebte Kneipe in der Altstadt mit ruhiger Terrasse an einem kleinen Brunnen. Regionale Küche. Menü 13 –25 €
La Braconne 7 : 7, pl. Maréchal Foch, Tel. 05 65 60 30 93, So abends und Mo geschl. Im Restaurant unter den Arkaden an Millaus schönstem Platz serviert man regionale Küche. Menu 16–37 €

Geführte Wanderungen, Canyoning, Rafting, Kanu/Kayak; Klettern, Verleih von MTB (VTT), Paragliding bieten:
Antipodes: Place des Halles, www.antipodes-millau.com.
Roc et Canyon: 55, av. Jean Jaurès (im Sommer Route de Nant), www.roc-et-canyon.com.
Horizon Millau Vol Libre: 6, place Lucien Grégoire, www.millau-vol-libre.com.

Markt Mi und Fr rund um den Marché Couvert. An der Rue Droite und in der Nähe der Place Mandarous viele **Ledergeschäfte.** Regionale Spezialitäten gibt es z.B. bei **Le Buron,** Rue de Beffroi. Spezialität der Stadt ist der **Gateau de Broche,** eine Art Baumkuchen.

Millau en Jazz, Mitte Juli, Jazz-Festival (www.millauenjazz.net).

Causse Noir und Gorges de la Jonte

Atlas: S. 239, D3
Kaum weniger spektakulär und grandios, aber weniger bekannt als die Tarn-Schlucht ist die Schlucht der Jonte, lieblicher und abwechslungsreicher dagegen das grüne Tal der Dourbie. Bei einer

Tour zum Mont Aigoual (1567 m) im südlichen Toil der Cevennen wählt man das eine Tal zur Hin- und das andere zur Rückfahrt. Von Millau aus etwa sollte man zunächst der D 110 folgen, die in steilen Serpentinen mit schönem Blick auf das Städtchen am Zusammenfluss von Tarn und Dourbie auf den **Causse Noir** hinaufführt.

Der Causse Noir gehört wie der Causse du Larzac und der Causse de Sévérac südlich und nördlich von Millau zum 1995 geschaffenen **Parc Naturel Régional des Grands Causses** (s. S. 20). Die wilden, schwindelerregend tiefen Schluchten, die kahlen Gipfel mit panoramaartiger Weitsicht und die geröllübersäten Kalksteinhochflächen mit bizarren Felsbildungen halten immer neue atemberaubende Eindrücke bereit, am intensivsten in den späten Nachmittagsstunden, wenn die schräg einfallende Sonne die Vorsprünge plastisch hervortreten lässt. Weite Horizonte prägen den Landschaftseindruck auf den Hochflächen, kaum ein Haus, geschweige denn ein Dorf sind zu sehen.

Die D 110 führt durch lichten Wald nach **Montpellier-le-Vieux,** einem ›Felsenchaos‹, das gegen Gebühr auf Routen unterschiedlicher Länge (ab 40 Min.) zu besichtigen ist (Mitte März–Okt. tgl. 9.30–18 Uhr). Alternativ durchfährt eine kleine Bimmelbahn unter lauter Beschallung mit Kommentaren das Gelände mit den fantastischen Felsformen. Weil das Felsenlabyrinth an der Abbruchkante zur Schlucht aus der Ferne einer Stadt glich, gaben ihm vorbeiziehende Schäfer aus dem Languedoc den Namen. Zwei Aussichtspunkte sind zu erklettern, von denen man über das Felsenmeer und die Jonte-Schlucht auf den Causse du Larzac (s. S. 209) blickt.

Gorges de la Jonte

Atlas: S. 238, C3

Nach Überquerung des Causse Noir fährt man in Serpentinen wieder hinab und erreicht bei **Le Rozier-Peyreleau** das Tal der Jonte, das Causse Noir und Causse Méjean voneinander trennt und hier auf die Gorges du Tarn stößt. Die Jonte ist schmaler und daher im Gegensatz zum Tarn für Kanufahrer weniger interessant, weil nicht durchgängig befahrbar.

Richtung Meyrueis erreicht man den **Belvédère des vautours,** die Beobachtungsstation für ausgewilderte Geier (Mitte März–Okt. tgl. 10–18, Mitte Juni–Aug. bis 19 Uhr). Neben einer guten Ausstellung kann man die Geier auch live sehen: per Fernrohr von einer Aussichtsterrasse und per in den Felsen installierter Videoanlage.

Meyrueis

Atlas: S. 239, D3

Die Straße bleibt im engen Tal, bis Meyrueis (1050 Einwohner) erreicht ist, das im 19. Jh. den ganzen Midi mit Hüten aus Filz belieferte und sich heute auf den Tourismus eingestellt hat. Immerhin sieben Campingplätze gibt es in der Umgebung, denn die Stadt ist ein gutes Standquartier zur Erkundung des gesamten Causses und Cevennen-Gebiets. Zu Füßen der alten **Tour de l'Horloge** ducken sich die hübschen Bruchsteinhäuser; Restaurants und Crêperien besetzen am Quai Sully unter alten Platanen das Flussufer des in die Jonte mündenden Bächleins Bétuzon. Sogar die schmalen Steinbrücken werden im Sommer genutzt, um Tische rauszustellen.

Nördlich der Jonte liegt der **Causse Méjean.** Durch Erosion entstanden nicht nur die wilden Schluchten, sondern auch unterirdische Höhlen, die hier *aven* heißen. Der **Aven Armand,** unweit der D 986 von Meyrueis nach Ste-Enimie, wurde erst Ende des 19. Jh. von dem Speläologen Martel das erstemal betreten. Ein Besuch des effektvoll illuminierten Saals mit bis zu 30 m hohen, nadüldünnen Stalaktiten ist eines der eindrucksvollsten Erlebnisse im Zentralmassiv (April, Mai 10–12, 13.30– 17, Juni bis Aug. 10–19, Sept., Okt. 10.30–12,13.30–16 Uhr, Nov.– März geschl.).

Nur 3 km weiter lohnt die **Ferme Caussenarde** in Hyelzas einen Besuch. Der restaurierte Museumsbauernhof ist ein typisches Gehöft der Causses. Hier wird an das harte Bauernleben vom 18. Jh. bis in die 1950er Jahre erinnert (Juli, Aug. tgl. 10–19, April–Juni, Sept. 10–12, 14–18, Okt. 10–12, 15–17 Uhr).

Gegenüber auf dem Causse Noir, etwa 5 km westlich von Meyrueis, kann eine weitere große Tropfsteinhöhle besucht werden. Die **Grotte de Dargilan** wird wegen ihrer Farbenpracht auch ›Grotte rose‹ genannt. Durch sie strömte einst ein Fluss, der einen gewaltigen steinernen Wasserfall, die Grande Cascade, geschaffen hat (April–Juni, Sept. 9–12, 13.30–18, Juli, Aug. 9–19, März,

Okt. 10–12, 13.30–17 Uhr, Nov.– Feb. geschl.).

Am Col de Perjuret (1028 m) östlich von Meyrueis gabelt sich die Straße nach Florac und Mont Aigoual. Hier kann man beim Weiler Le Veygalier das **Chaos Nîmes-le-Vieux** besuchen. Im Gegensatz zu Montpellier-le-Vieux (s. S. ●●●) zahlt man keinen Eintritt, muss die (etwas weniger spektakuläre) Felsenlandschaft aber auch erwandern.

OTSI: 48150 Meyrueis, Tour de l'Horloge, Tel. 04 66 45 60 33.

***Château d'Ayres: Tel. 04 66 45 60 10, Fax 04 66 45 62 26, www.chateau-d-ayres.com. Ruhiges, etwas außerhalb des Ortes gelegenes Schlosshotel (Relais du Silence) mit gutem Restaurant und Pool. DZ 76–136 €, Menü 17–41 €.

Hôtel du Mont Aigoual: 34, quai de la Barrière, Tel. 04 66 45 65 61, Fax 04 66 45 64 25. Logis de France mit 28 Zimmern, Schwimmbad, netter Empfang, regionale Küche. DZ 43–71 €, Menü 17–35 €.

Ferme Equestre d'Alauze: Tel. 04 66 45 65 67, Fax 04 66 45 62 83, www.terre-equestre.com/alauze-endurance. Reiterhof mit Gästezimmern (B&B). Ausritte auf dem Causse.

Camping Le Champ d'Ayres: Tel./ Fax 04 66 45 60 51, http://campinglechampdayres.com. Stadtnah gelegener Platz (beim Schloß) mit Pool.

Fremyo: Tel. 04 66 45 61 04. MTB-Touren, Wandern, Kanu, Klettern.

Anatole Rando âne: Tel. 04 66 45 66 48. Eselvermietung.

 Markt: Mi und Fr, regionale Produkte wie Saucissons und Wein.

Mont Aigoual und Gorges de la Dourbie

Atlas: S. 239, E3 und E 4

Wenn man in Meyrueis nicht weiter nach Florac (s. S. 193) fährt, sondern auf die D 986 abbiegt, öffnet sich nach wenigen Kilometern nach rechts der Ausblick auf die Abbruchkante des Causse gegenüber mit der **Abîme de Bramabiau.** In dieser engen dunklen Felsklamm taucht weiß gurgelnd das Flüsschen Bonheur wieder auf, das auf dem kleinen Causse de Camprieu im Fels verschwindet. Die 700 m unterirdisch verlaufende Felsklamm kann über eiserne Stege besichtigt werden (April bis Mitte Nov., mit Führung, Parkplatz und Eingang gleich hinter dem Aussichtspunkt).

Je höher man kommt, desto kahler werden die Berghänge. Auf den nur von Grasmatten überzogenen **Mont Aigoual** (1567 m) windet sich eine schmale Straße hinauf. An einem klaren Tag erblickt man vom Aussichtspunkt des Observatoriums jenseits der bewaldeten Hügelrücken ringsum in der Ferne im Osten die Alpen, das Mittelmeer im Süden und die Pyrenäen im Südwesten. Daher ist man hier im Sommer nicht alleine – doch sind die klaren Tage selten, denn zwei Drittel des Jahres liegt die höchste Erhebung der Südcevennen im Nebel.

Vom Mont Aigoual geht es in Serpentinen wieder hinunter und über die D 151 durch Kastanienwälder und Garrigue-Buschland. Die beiden Ferienorte St-Jean-du-Bruel und Nant profitie-

Über die kargen Causse-Plateaus ziehen Schäfer mit ihren Herden

ren von ihrer reizvollen Lage inmitten der Gorges de la Dourbie; hier lässt der Fluss die Schiefer- und Granitberge der Cevennen hinter sich, um sich durch das Kalkgestein der Causses zu graben.

Bei **Nant** verbreitert sich das Tal – geschützt vor den Winden, die über die Plateaus fegen – zu einer für den Gemüseanbau genutzten Ebene mit milderem Klima. Der große zentrale Platz mit den Arkaden einer Markthalle aus dem 14. Jh. und einer plätschernden Brunnenanlage verführt zu einer Rast. Durch malerische Gassen erreicht man eine wehrhafte romanische Kirche, dem Überrest einer Benediktinerabtei.

Bald wird das Dourbie-Tal wieder enger, **Cantobre** liegt malerisch hoch oben auf einem Felssporn am Zusammenfluss von Dourbie und Trévezel. Wenige Kilometer weiter flussabwärts lohnt ein Abstecher zum oberhalb liegenden, nicht minder pittoresken **St-Véran** ein. Dann verengt sich das Tal wieder zum Canyon, um sich erst kurz vor Millau zur Ebene zu öffnen.

🛏 **Val de Cantobre:** Castel Camping Caravaning, Tel. 05 65 58 43 00, Fax 05 65 62 10 36, ac@valdecantobre.com. Ein Vier-Sterne-Camping teils mit historischen Bauten aus der Zeit der Templerritter, von ANWB zu einem der schönsten Plätze Frankreichs gewählt.
Hermitage St-Pierre: Revens, Tel. 05 65 62 27 99, Internet: hermitage.st.pierre. site.voila.fr. Wunderschönes altes Gemäuer eines Klosters aus dem 12. Jh. etwas oberhalb der Dourbie, historisch eingerichtete Zimmer, teils mit Baldachin-Betten (mit *tables d'hôtes,* Halbpension). DZ 61–69 €, 3. Pers. 15 €.

Roquefort

Der berühmte Blauschimmelkäse aus Schafsmilch mit dem kräftig-würzigen Geschmack stammt vom Causse du Larzac. Die Höhlenkeller bei **Roquefort-sur-Soulzon,** 20 km südlich von Millau, in denen die Laibe reifen, kann man besichtigen (im Sommer tgl. 9.30–18.30, sonst 9.30–11.30, 14–17 Uhr, www.roquefort-societe.com).

Causse du Larzac

Atlas: S. 238, A–C4

Südlich von Millau liegt der Causse du Larzac, das größte (1000 km^2) und am dünnsten besiedelte Plateau – hier leben nur 4 Einwohner pro Quadratkilometer! Zum Schlagwort wurde sein Name in den 1970er Jahren, als in dem dortigen militärischen Übungsgelände Atomraketen stationiert werden sollten, was allerdings verhindert wurde.

Das befestigte, von einer Stadtmauer umgebene Dorf **La Couvertoirade** auf dem Causse ist außergewöhnlich gut erhalten. Im 12. Jh. von den Tempelrittern begründet und im 15. Jh. von den Johannitern erweitert, wirkt der Ort wie eine mittelalterliche Filmkulisse in der Einsamkeit. Heute ist La Couvertoirade eine Touristenattraktion, in der Kunsthandwerker und Crêperien vom sommerlichen Rummel profitieren. Mitte Juli (angekündigt in Prospekten) findet dort eine Mittelaltervorführung mit Ritteraufzügen und Schaukämpfen statt.

MIT DEM ESEL DURCH DIE CEVENNEN

Im Herbst des Jahres 1878, fünf Jahre vor Erscheinen seines Welterfolgs »Die Schatzinsel«, brach Robert Louis Stevenson zu einer Reise durch die Cevennen auf. In Le Monastier, einem kleinen Nest südlich von Le Puy, wo er die Ausrüstung für die Wandertour zusammenstellte, betrachtete man das Vorhaben mit einer Mischung aus Skepsis und Verwunderung, als sei der junge Schotte im Begriff, eine Reise zum Mond oder zum unwirtlichen Nordpol zu unternehmen: »Von einem Touristen meiner Sorte hatte man in dieser Gegend noch nie gehört.« Als Lasttier und einzige Begleitung ersteht Stevenson eine Eselin, die er – noch in Unkenntnis ihres Charakters – Modestine (›Die Bescheidene‹) nennt. Vor seinem Aufbruch warnt ihn die Dorfbevölkerung eindringlich vor Kälte, Räubern, Wölfen und jähem Tod.

Bei allen düsteren Prophezeiungen übersehen sie das tatsächlich eintretende Missgeschick: Die Eselin stellt sich stur. Ab dem zweiten Reisetag löst ein Stock das Problem und bringt das störrische Tier in munteren Trab. Vom Mont Mézenc geht es in Richtung Allier und von dort, der Grenze des Velay, ins wilde und bergige Gévaudan. Bald muss Stevenson feststellen, dass sein Weg durch eine scheinbar endlose Einöde führt, die ihn an das raue schottische Hochland erinnert, eine kalte, trostlose und unwirtliche Region, ohne Baumbewuchs, scheinbar ohne Leben, mit eisigem Wind. Doch da er unterwegs ist, »um aus der Zivilisation auszusteigen und die Nöte und Haken der Existenz unmittelbar zu spüren«, ist die Reaktion des Schriftstellers anders als zu erwarten: »Indem ich mich nun morgens in einem verlassenen Waldeswinkel Gévaudans vorfand, ohne zu wissen, wo Nord und Süd, so fremd in meiner Umgebung wie der erste Mensch auf Erden, ein Schiffbrüchiger des Festlandes – , da ergab es sich, dass sich ein Teil meiner Tagträume verwirklicht hatte.«

Nach einem kurzen Aufenthalt im Kloster Notre-Dame des Neiges führt die Route zum Mont Lozère, von dem die Sicht bei klarem Wetter über das Languedoc bis ans Mittelmeer reicht. Stevenson hatte gar mit Leuten gesprochen, die vermeintlich weiße Schiffe an Montpellier und Sète hatten vorbeisegeln sehen. Da das Wetter umgeschlagen war und die weite Hügellandschaft ihm blau und golden im besonnten Dunst des Morgens zu Füßen liegt, packt auch Stevenson die Begeisterung für die wilde, schöne Landschaft. An die steilen Hänge klammern sich herbstlich-bunt belaubte Eichen und Edelkastanien, hier und dort stürzen Wildbäche durch eine Klamm mit großen Felsbrocken zu Tal – die Naturerlebnisse werden in packenden Bildern beschrieben, so dass man die Reise am liebsten gleich nachvollziehen möchte. Auch über die Geschichte erfährt man in seinem Bericht einiges, vornehmlich über die Glaubenskämpfe zwischen Camisarden und Katholiken. Über Pont-de-Montvert, die Camisardenhochburg, wandert Stevenson durch das Tal des Tarn ins liebliche Florac und von dort durch das Tal der

Mimente nach Cassagnas und St-Germain-de-Calberte. Zwölf Tage nach seinem Aufbruch endet die Wanderung des jungen Schriftstellers mit dem langen Abstieg aus den Cevennen hinunter nach St-Jean-du-Gard.

1879 erscheint »Travels with a Donkey in the Cevennes« als zweites Buch von Stevenson; der erste, ein Jahr zuvor publizierte Band war ebenfalls ein Reisebericht gewesen, über eine Kanufahrt durch Belgien und Nordfrankreich, der viele junge Leute für ähnliche Exkursionen begeisterte. Aber erst die abenteuerliche, spannende und herrlich unwahrscheinliche Geschichte von der Schatzinsel (1883), eher als Nebenprodukt entstanden, verschaffte dem Schriftsteller Ruhm und Reichtum.

Heute folgt der Fernwanderweg GR 70 den Spuren des berühmten Schotten (Topoguide 700); man kann den Weg auch mit einem (Gepäck-) Esel erwandern; Infos bei den Fremdenverkehrsämtern (s. S. 218) und der Organisation ›Sur le Chemin de R. L. Stevenson‹, Rue Célestin Freinet, 48400 Florac, Tel. 04 66 45 05 32; im Internet: www.cevennes.com/stevenson.htm (dort auch Angaben zu den IGN-Wanderkarten). Wandertour: 220 km gesamt, 12 Tage; ab Mont Lozère: circa 60 km. Die deutsche Übersetzung des Buches ist leider vergriffen, doch in den Orten am Weg ist die englische Ausgabe in manchen Läden zu erstehen.

Auf den Spuren von Robert Louis Stevenson

REISEINFOS VON A BIS Z

Alle wichtigen Informationen rund ums Reisen auf einen Blick – von A wie Anreise bis Z wie Zeitungen

Extra: Ein Sprachführer mit Hinweisen zur Aussprache, wichtigen Redewendungen, einem Überblick über die französische Speisekarte und Zahlen

In Salers

REISEINFOS VON A BIS Z

Anreise

Mit dem Auto

Aus **Norddeutschland** kann man über Belgien und Paris oder über Saarbrücken, Metz, Dijon fahren, wobei auf der Paris-Strecke die Mautgebühr *(péage)* für die französische Autobahn geringfügig höher ist (www.auto routes.fr). Die ›Ausweichstrecke‹ über Freiburg ist hingegen kaum günstiger, aber staugefährdeter.

Von Paris fährt man über die A 71 via Orléans und Bourges nach Montluçon bzw. Clermont-Ferrand (ab Köln etwa 900 km). Auf der Südroute verlässt man die A 6 bei Mâcon und fährt über Nationalstraße (N 79) nach Moulins im Bourbonnais. Wer direkt in die südliche Auvergne will, fährt über Lyon nach St-Étienne, von dort über die gut ausgebaute Nationalstraße N 88 nach Le Puy.

Aus **Süddeutschland** und Österreich reist man über Freiburg oder Basel, passiert Mulhouse und folgt der A 36, die bei Beaune auf die A 6 trifft. Aus der **Schweiz** kann man auch über Genf (Genève) und die A 40 auf die Strecke nach Lyon stoßen.

In die **Cevennen** fährt man am günstigsten über die Autobahn A 75 von Clermont-Ferrand über St-Flour bis hinunter nach Millau, die bislang nicht mautpflichtig ist.

Tipp: Für kleinere Péage-Beträge ist Bargeld erforderlich, größere können per Kreditkarte bezahlt werden.

Mit der Bahn

Direkte **Autoreisezüge** in die Auvergne werden nicht angeboten, eine Alternative ist aber die Verbindung nach Avignon, mit der man die Auvergne von Süden her erschließen kann.

Auch sonst muss man bei der Bahnanreise stets umsteigen. Aus Norddeutschland fährt man über Paris, am schnellsten mit den neuen Thalys-Zügen ab Köln. Da alle Pariser Bahnhöfe Kopfbahnhöfe sind, muss man dann von der Gare de l'Est oder Gare du Nord mit Taxi oder Métro quer durch die Stadt zur Gare de Lyon. Ab dort bestehen circa 8 x tgl. Verbindungen mit Clermont-Ferrand (Fahrzeit 3.30 Std.), circa 7 tgl. nach Moulins (Fahrzeit 2.30 Std.) oder Aurillac (Fahrzeit 5.45 Std). Zeitsparender nach Le Puy ist die Verbindung mit den TGV-Schnellzügen bis St-Étienne (Fahrzeit 4.15 Std.). Info: (www.bahn.de, www.sncf.fr)

Aus **Süddeutschland,** Österreich und der Schweiz fährt man über Lyon; von dort Weiterfahrt über St-Étienne nach Le Puy oder nach Clermont-Ferrand.

Auskunft über die Ermäßigungen der französischen Bahngesellschaft SNCF erhält man in den DER-Reisebüros. Fahrplanauskunft landesweit: Tel. 08 36 35 35 35; im Internet: www.sncf.fr.

Fahrrad-Mitnahme: Bei der Bahnanreise kann das eigene Fahrrad nicht als Begleitgepäck mitgeführt werden. Man muss das Rad daher als Gepäckstück aufgeben und sollte es gut verpacken (www.adfc.de/service/euro).

In Frankreich kann das Fahrrad in bestimmten Nahverkehrszügen kostenlos als Handgepäck befördert werden (Sie müssen die Räder eigenhändig einladen). Diese Züge sind im Fahrplan durch ein Rad-Piktogramm gekennzeichnet (mitunter Beschränkung auf maximal drei Fahrräder pro Zug).

Mit dem Flugzeug

Zum internationalen Flughafen Clermont-Ferrand Auvergne (früher Aulnat, Buchungskürzel CFE) bestehen mit Air France (oder den Tochtergesellschaften BritAir bzw. Régional) ganzjährig Verbindungen via Paris oder Lyon, Direktflüge auch ab Brüssel oder Genf (jeweils etwa einmal täglich außer So). Flüge über Lyon sind vorteilhafter, denn in Paris muss man meist quer durch die Stadt zum Flughafen Orly (Inlandflüge) fahren (kostenloser Shuttle-Bus *(navette)* Roissyrail zur Station der RER-Schnellbahn (Linie B) bis Station Antony mit Shuttle-Bus Orlyval). Buchung im Internet: www.airfrance.fr.

Neben dem internationalen Flughafen CFE gibt es noch Regionalflughäfen bei Vichy (Charmeil), Aurillac (Tronquières) und Le Puy-en-Velay (Loudes). Diese werden nur in der Saison (Juni bis Mitte Sept.) mehrmals wöchentlich angeflogen. Querverbindungen bestehen nicht, man muss jeweils über Paris oder Lyon fliegen.

Ärztliche Versorgung

Nach den EU-Abkommen können sich Pflichtversicherte auch in Frankreich behandeln lassen. Dazu benötigt man einen internationalen Krankenschein, den man sich bei einigen Krankenkassen schon über das Internet selbst ausdrucken kann.

Trägt man hingegen die Kosten zunächst selbst, sollte man sich eine *feuille de soins* genannte detaillierte

Abrechnung der erbrachten Leistungen ausstellen lassen. Gegen Vorlage erstatten die meisten Krankenkassen den gesetzlich festgelegten Anteil der Kosten. Dieser kann freilich unter dem tatsächlichen Honorar liegen.

Auskunft vor Ort

Informationsstellen: S. 218.
OTSI-Büros: Auskünfte vor Ort erhält man von den kommunalen Fremdenverkehrsbüros, *Office du Tourisme* oder *Syndicat d'Initiative*, die unter der gemeinsamen Abkürzung OTSI firmieren (Adressen bei jeweiligen Orten).

Die Büros sind in größeren Orten meist ganzjährig vor- und nachmittags geöffnet, in kleineren Urlaubsorten nur in der Sommersaison. Hier ist umfangreiches Material mit Stadtplänen, Hotellisten und zahlreichen Broschüren zu allen Ausflugszielen der Umgebung zu bekommen.

Autofahren

Die Straßen in der Auvergne sind in der Regel in gutem Zustand und problemlos zu befahren. Je nach Wetterlage können einige wichtige Pässe in der Haute-Auvergne von Oktober bis April wegen Schneefall gesperrt sein. Auf schmalen Bergstraßen hat immer das bergauf fahrende Fahrzeug Vorfahrt.

In der Umgebung größerer Orte sind in den letzten Jahren fast alle Kreuzungen zu Kreisverkehren ausgebaut worden. Vorfahrt haben dabei die Wagen im Kreisel. Wer unsicher in der Orientierung ist, fährt am besten erst einmal eine ›Ehrenrunde‹.

Verkehrsregeln

In Frankreich gilt ein generelles Tempolimit je nach Straßentyp:

– **Autoroute** (A plus Nummer): gebührenpflichtige Autobahn, außer im Bereich großer Städte. Höchstgeschwindigkeit 130 km/h (bei Nässe 110 km/h).

– **Route Nationale** (N plus Nummer): Höchstgeschwindigkeit 90 km/h, bei vierspurigem Ausbau 110 km/h (bei Nässe 80 km/h bzw. 100 km/h).

– **Route Départementale** (D plus Nummer): vergleichbar der deutschen Landstraße; Höchstgeschwindigkeit 90 km/h.

– **Innerorts** darf man nicht schneller als 50 km/h fahren.

– Für **Motorräder** gilt ein Tempolimit von 90 km/h auf Autobahnen und 80 km/h auf sonstigen Straßen.

Wer seinen Führerschein noch keine zwei Jahre besitzt, darf außerhalb von Ortschaften maximal 80 km/h, auf Schnellstraßen 100 km/h und auf Autobahnen 110 km/h fahren.

Bei Regen und Schneefällen muss das Abblendlicht eingeschaltet werden. Die Promillegrenze liegt bei 0,5.

Wichtige Hinweisschilder

Aire de …..	Rastplatz
Cédez le passage	Vorfahrt beachten
Déviation	Umleitung
Sens Unique	Einbahnstraße
Serrez à droite	Rechts halten
Sortie	Ausfahrt

Tankstellen

Bleifreies Benzin (*essence sans plomb,* 89 Oktan), Super (*super,* 95 Oktan) und Super plus (98 Oktan) ist etwas teurer als in Deutschland, Diesel (*gazole* oder *gazoil*) etwas günstiger. In der Regel werden alle gängigen Kreditkarten akzeptiert. Achtung: Tankstellen in kleinen Orten oder an Landstraßen haben meist 12–14.30 Uhr geschlossen!

Parken

Vor Krankenhäusern, Postämtern oder Polizeirevieren ist Parken generell untersagt, ebenso an gelb markierten Bordsteinen. Um in den *zones bleues* (blaue Bordsteine) zu parken, benötigt man eine Parkscheibe, die im Tabac oder Schreibwarenladen erhältlich ist. Hier gilt eine maximale Parkdauer von 1 Stunde (außer nachts).

Bußgelder

Die Strafgelder sind drastisch: Schon eine Geschwindigkeitsüberschreitung von 15 km/h wird mit einer Geldbuße von 140 € geahndet, bei 25 km/h werden schon 230 € fällig. Falschparken kostet bis zu 90 €, die Nichtbeachtung eines Rotlichts 380 € und Alkoholsünden bis zu 4570 €. Wird man als Ausländer auf frischer Tat ertappt, verlangen die ›Flics‹ heute regelmäßig Bargeld (oder legen das Auto bis zur Begleichung der Rechnung still!). Ist man schuldhaft in Unfälle verwickelt, muss man sogar mit mehreren Tagen U-Haft rechnen.

Pannen & Unfälle

Polizeinotruf: Tel. 17

Auf Autobahnen ist der Pannendienst über die Notrufsäulen zu erreichen; auf allen anderen Straßen: AIT-Assistance, Tel. 08 00 08 92 22. Ein Auslandsschutzbrief ist empfehlenswert.

Mietwagen

kann man über deutsche Agenturen reservieren lassen, was in der Hauptreisezeit von Juli bis Mitte September auch durchaus anzuraten ist. Will man vor Ort mieten, helfen die Hoteliers oder die Offices de Tourisme weiter. Wenn man man internationalen Agenturen mietet, kann man den Wagen auch bei der Vertretung am Endpunkt der Reise abgeben. Hohe Kautionen vermeidet, wer eine Kreditkarte vorlegen kann.

Entfernungen

Paris – Clermont-Ferrand	382 km
Paris – Aurillac	548 km
Montluçon – Le Puy	222 km
Clermont-Ferrand – Le Puy	132 km
Le Puy – Aurillac	166 km

Camping

Das CRT d'Auvergne (s. S. 218) gibt ein Verzeichnis aller Campingplätze der Auvergne heraus. Infos im Internet: www.campingfrance.com.

Ländliche Idylle und zumeist auch engeren Kontakt zu den Einheimischen bietet das **Camping à la Ferme** (auf dem Bauernhof). Adressen mit vielen genauen Angaben sind in der CRT-Broschüre ›Accueil à la Campagne‹ aufgelistet.

Diplomatische Vertretungen

Botschaft von Deutschland

13, av. Franklin D. Roosevelt
75008 Paris
Tel. 01 53 83 45 00, Fax 01 43 59 74 18
E-Mail: info@amb-allemagne.fr

Botschaft von Österreich

6, rue Fabert
75007 Paris
Tel. 01 40 63 30 63, Fax 01 45 55 63 65
E-Mail: paris-ob@bmaa.gv.at

Botschaft der Schweiz

142, rue de Grenelle
75007 Paris
Tel. 01 49 55 67 00, Fax 01 49 55 67 67
E-Mail: vertretung@par.rep.admin.ch

Einkaufen

Die **Geschäfte** haben in der Regel Mo–Sa 9–12 und 15.30–19 Uhr geöffnet; zur Mittagszeit erstirbt das Leben in den Orten fast vollständig. Lebensmittelläden (*épiceries*) und Bäckereien (*boulangeries*) öffnen meist schon früher. Nur Kaufhäuser sind durchgehend geöffnet, die großen Supermärkten (*hypermarchés*) an den Ortsrändern abends sogar bis 22 Uhr. Samstag ist der Haupteinkaufstag; alle Läden haben bis zum Abend geöffnet. Dafür bleiben viele Läden wie auch die Banken am Montag geschlossen.

Auch Sonntagvormittag findet man eigentlich immer einen Bäcker oder Kramladen, wo alles Lebenswichtige zu bekommen ist.

Spezialitäten zum Mitnehmen sind vor allem kulinarische Produkte, von Eingelegtem wie *tripoux* über Schinken, Wurstwaren und Wein bis zu den delikaten Käsesorten. Ein sehr stilvolles Souvenir sind darüber hinaus die edlen Messer aus Laguiole oder Thiers. Im Sommer finden häufig auch Märkte für Trödel (*brocante*) und Antiquitäten statt.

Einreisebestimmungen

Staatsbürger von Deutschland, Österreich und der Schweiz müssen einen gültigen Personalausweis oder Reisepass mit sich führen, Kinder unter 16 Jahren benötigen einen Kinderpass oder müssen im Pass eines Elternteils eingetragen sein. Für **Haustiere** ist eine Tollwutschutzimpfung nachzuweisen, die nicht älter als ein Jahr sein darf.

Zur Einreise mit dem **Pkw oder Caravan** für bis zu sechs Monaten braucht man nur den Führerschein und den Fahrzeugschein (Achtung: die alten Führerscheine werden in Frankreich nicht akzeptiert, am besten besorgt man den EU-Führerschein im Scheckkartenformat!). Die grüne Versicherungskarte ist nicht mehr vorgeschrieben, wird aber noch empfohlen. Besitzt das Fahrzeug kein Euro-Kennzeichen, benötigt man noch ein Nationalitätskennzeichen.

Zollbestimmungen: Innerhalb der EU gibt es keine Zollpflicht mehr für Waren des persönlichen Bedarfs. Als Obergrenzen gelten 110 l Bier, 90 l Wein (davon max. 60 l Schaumwein) oder 10 l Spirituosen und 800 Zigaretten, 400 Zigarillos, 200 Zigarren oder 1 kg Tabak.

Für Nicht-EU-Bürger und für Einkäufe in Duty-Free-Shops gelten weiterhin die alten Grenzwerte von 200 Zigaretten (oder 100 Zigarillos bzw. 50 Zigarren), 1 l Spirituosen (oder 2 l Wein) sowie 50 ml Parfüm.

Elektrizität

Die Netzspannung beträgt 220 Volt. Für Geräte mit Flachstecker braucht man keinen Adapter, Schukostecker passen jedoch meist nicht.

Feiertage

An ›Brückentagen‹ zwischen Feiertagen und Wochenende haben viele Banken, Geschäfte oder Büros geschlossen.
1. Januar Neujahrstag *(Jour de l'An)*
Ostermontag *(Lundi de Pâque)*
1. Mai Tag der Arbeit *(Jour de Travail)*
8. Mai Kapitulation Hitler-Deutschlands; Ende des Zweiten Weltkriegs *(Armistice de 1945)*
Christi Himmelfahrt *(Ascension)*
Pfingstmontag *(Pentecôte)*
14. Juli Nationalfeiertag, Sturm auf die Bastille
15. August Mariä Himmelfahrt *(Assomption)*
1. November Allerheiligen *(Toussaint)*
11. November Waffenstillstand; Ende des Ersten Weltkriegs *(Armistice de 1918)*
25. Dezember Weihnachten *(Noël)*

Informationsstellen

Die Informationsbüros der **Maisons de la France** verschicken auf Anfrage Hochglanzbroschüren mit vielen bunten Bildern und allgemeinen Reisehinweisen.

... in Deutschland
Maison de la France
Westendstr. 47
60325 Frankfurt/Main
Tel. 0190/57 00 25
Fax 0190/59 90 61
maison_de_la_France@t-online.de
www.maison-de-la-france.com
www.franceguide.com

... in Österreich:
Maison de la France
Argentinier Str. 41a
1040 Wien
Tel. (01) 503 28 90, Fax (01) 503 28 71
info@maison-de-la-france.at
www.maison-de-la-france.at

... in der Schweiz:
Maison de la France
Löwenstr. 59
8023 Zürich
Tel. (01) 211 30 85, Fax (01) 212 16 44
tourismefrance@bluewin.ch
www.doucefrance.ch

... in Frankreich:
Nähere Informationen zur gesamten
Auvergne erhält man beim:
Comité Régional du Tourisme (CRT)
44, av. des Etats-Unis,
63057 Clermont-Ferrand Cedex 1
Tel. 04 73 29 49 49, Fax 04 73 34 11 11,
documentation@crt-auvergne.fr
www.crt-auvergne.fr
Zu beziehen sind Hotel-, Ferienhaus-
und Campingverzeichnisse, Kataloge
über Aktivurlaub (von Skikursen bis zu
Reittouren); über die Reservierungs-
stellen der vier Départements kann
man Unterkünfte auch buchen.
   Jedes Département führt ein eigenes
Informationsbüro (Comité départemental du Tourisme: CDT), das Prospekte
und Informationshefte verschickt:
CDT Allier (03):
Pavillon des Marronniers
6, rue Jean Vidal, B. P. 65
03402 Yzeure Cedex
Tel. 04 70 46 81 50, Fax 04 70 45 32 73
cdtallier@aol.fr
cdl.pays-allier.com

CDT Cantal (15):
11, rue Paul Doumer
15000 Aurillac
Tel. 04 71 63 85 00, Fax 04 71 63 85 10
cdt-cantal@net15.fr
www.cdt-cantal.fr
CDT Haute-Loire (43):
12, place Monseigneur de Galard
43012 Le-Puy-en-Velay Cedex
Tel. 04 71 07 41 54, Fax 04 71 07 41 55
cdt@mididelauvergne.com
www.mididelauvergne.com
CDT Puy-de-Dôme (63):
Place de la Bourse
63038 Clermont-Ferrand Cedex 1
Tel. 04 73 42 22 50, Fax 04 73 42 22 65
tourisme.63@planetepuydedome.com
www.planetepuydedome.com
CDT Lozère / Cevennen (48):
14, bd. Henri Bourillon
48001 Mende
Tel. 04 66 65 60 00, Fax 04 66 49 27 96
CDT.lozere@wanadoo.fr
www.france48.com
CDT Aveyron (12):
17, rue Aristide Briand
BP 831 – 12008 Rodez
Tel. 05 65 75 55 75, Fax 05 65 75 55 71,
aveyron-tourisme-cdt@wanadoo.fr
www.cdt-aveyron.fr

Info im Internet

Sehr viele touristischen Anbieter in der
Auvergne haben einen Internet-Auftritt,
die meisten auch in Fremdsprachen,
mindestens in Englisch. In Suchma-
schinen können Bindestriche und Ak-
zente stets ignoriert werden. Um die
Trefferquote zu verbessern, kann man
die französische Version von Yahoo
(www.yahoo.fr) versuchen.

Internet-Adressen sind in diesem Buch immer bei der Adresse angegeben. Spezielle Sites zur Vorab-Info:

www.auvergne-centrefrance.com
Hotels, Restaurants, Aktivitäten, mit vielen guten Links

www.massifcentral.worldweb.com
alle Départements des Zentralmassivs im Überblick

www.guide-clermontville.com Veranstaltungstipps, Webcam etc.

www.meteo.fr Das Wetter

Jugendherbergen

Ein internationaler Herbergsführer ist beim Deutschen Jugendherbergswerk, Bismarckstr. 8, 32754 Detmold, Tel. 05231/73010, www.djh.de, erhältlich. Die französischen Herbergen sind in der Fédération Unie des Auberges de Jeunesse, 27, rue Pajol, 75018 Paris, Tel. 01 44 89 87 27, Fax 01 44 89 87 10, E-Mail centre-national@fuaj.org, www.fuaj.org, zusammengeschlossen.

Karten

Die Karte »Auvergne« (1:250 000, rote Serie, Nr. 111) des Institut Géographique National (www.ign.fr) reicht als Straßenkarte in der Regel aus. Detaillierter sind die Karten der grünen Serie (1:100 000), insgesamt sechs für Auvergne (Nr. 42, 43, 49, 50) und Cevennen (Nr. 58, 59). Daneben gibt es auch Karten für jedes Département (orange Serie).

Wanderkarten: Die IGN-Karten im Maßstab 1:25 000 (blaue Serie) decken in verschiedenen Ausschnitten die gesamte Auvergne ab. Darüber hinaus gibt es Spezialkarten *(topoguides)* zu den französischen Fern- (GR) und Regionalwanderwegen (7.50–15 €)

Katalog im Internet, Bezug über spezialisierte Buchhandlungen oder über: Fédération de la Randonnée Pédestre, 14, rue Riquet, 75019 Paris, Tel. 01 44 89 93 93, Fax 01 40 35 85 67, info@ffrp.asso.fr, www.ffrp.asso.fr.

Wander- und Mountainbike-Karten für die Auvergne liefert ebenfalls: Chamina, 5, rue Pierre-Le-Vénérable, 63057 Clermont-Ferrand Cedex 1, Tel. 04 73 92 81 44, Fax 04 73 91 62 24, www.chamina.com.

Lesetipps

Leider nur antiquarisch zu beziehen:
– Jean Carrière, Der Sperber von Maheux, Verlag Das Wunderhorn, Heidelberg 1980 (Familiensaga aus den Cevennen)
– Bernard Craplet, Romanische Auvergne, Echter, Würzburg 1992
– Robert Louis Stevenson, Reise mit dem Esel durch die Cevennen, Köln 1978 (s. S. 200)
– Ludwig Tieck, Der Aufruhr in den Cevennen, Rowohlt, Reinbek 1987 (über den Kamisardenkrieg)
– Viele außergewöhnliche Tipps und Hintergrundberichte über touristische, museale oder historische Themen bietet die **Zeitschrift ›Massif Central‹,** die es in Frankreich an Kiosken zu kaufen gibt.

Museen & Schlösser

Museen und Schlösser sind außer im Juli/Aug. immer über Mittag geschlos sen. Geöffnet haben sie in der Regel 9/10–12 und 15–17/18 Uhr. Die letzte Führung in Schlössern beginnt aber meist schon gegen 16 oder 17 Uhr. Die Museen sind in der Regel Mo oder Di geschlossen.

Notruf

s. Umschlagklappe vorn

Öffnungszeiten

s. Umschlagklappe vorn

Post

Postämter (bureaux de poste) sind in den Städten zumeist Mo–Fr 9–19 und Sa 9–12 Uhr geöffnet, auf den Dörfern gelten eher kürzere Öffnungszeiten mit einer Mittagspause. Briefmarken (timbres) sind auch in allen Tabacs (s. S. 53) erhältlich.
Postgebühren nach Deutschland, Österreich und Schweiz: Brief und Karte jeweils 46 c.

Reisekasse

Währung ist der Euro, der in Frankreich eine Kaufkraft von 87 Cent hat (Statistisches Bundesamt, Jan. 2003). EC/Maestro-Karten werden an manchen Bankautomaten akzeptiert, nur selten aber in Supermärkten oder an Tankstellen.

Die Zahlung per **Kreditkarte** ist in Frankreich weit verbreitet. Karten von Visa, MasterCard, Diners Club oder AmEx akzeptieren fast alle Hotels und Tankstellen, Restaurants und Kaufhäu-

ser. Auch Autobahngebühren können problemlos über Kreditkarten abgerechnet werden. Um bei Problemen mit der elektronischen Kartenabfrage nicht mittellos dazustehen, sollte man dennoch genügend Bargeld mit sich führen.

Das **Preisniveau,** v. a. für touristische Dienstleistungen und Nebenkosten, ist in der Auvergne relativ hoch.
Museumseintritt: 4–8 €
1 Cola (0,2 l): 2,50 €
1 Bier (0,25 l): 2,20–3 €
1 Eis: 2,50 €
1 Pizza: 6–8 €
einfaches Menü: 15 €

Sicherheit

Es empfehlen sich die üblichen Vorsichtsmaßnahmen, doch ist die Auvergne weitaus sicherer als manch andere Region Frankreichs. Achtung vor allem bei der Anreise auf der ›Lyon-Route‹ (A 6), die für nächtliche Überfälle auf parkende Campingwagen und zahlreiche Nepp- und Diebstahlfälle berüchtigt ist.

Telefon

s. auch Umschlagklappe vorn

Für Telefonzellen benötigt man Telefonkarten (télécartes), die ab 50 Einheiten (cinquante unités) in Postämtern, an Zeitungskiosken, in Bistros und in den Tabacs erhältlich sind. Günstigere Tarife gelten wochentags 21.30–8 Uhr sowie Sa 14 Uhr bis Mo 8 Uhr.
Anrufe innerhalb Frankreichs: Alle Teilnehmer in Frankreich haben zehnstellige Rufnummern, die ohne weitere

Ortsvorwahl von überall in Frankreich angewählt werden können. Aber auch bei Ortsgesprächen muss die gesamte Nummer gewählt werden.

Nationale Auskunft: Tel. 12

Trinkgeld

Die Preise in Hotels oder Restaurants sind stets inklusive Service. Jedoch pflegt man in Bars und Cafés aufzurunden, in Restaurants sind etwa 5 % des Rechungsbetrages angemessen. Bei Zahlung per Kreditkarte gibt man das Trinkgeld am besten in bar.

Unterkunft

Hotels

Bei allen Hotels sollte man in der Hauptsaison zur Sicherheit frühzeitig reservieren. Dabei verlangen die Hoteliers vorab immer eine Anzahlung per Scheck. Ist man in der Auvergne auf eigene Faust unterwegs, kann man sich telefonisch ankündigen und versuchen, eine Reservierung bis 16 Uhr auszuhandeln. Die Zimmer werden durchweg als Doppelzimmer vermietet, entweder mit französischem Bett *(grand lit)* oder mit Einzelbetten *(lits séparés)*. Das Frühstück (7–20 €) ist zumeist nicht im Preis enthalten.

Eine umfassende Zusammenstellung von Hoteladressen bietet der jährlich aktualisierte Hotelführer, den das CRT d'Auvergne (s. S. 218) kostenlos verschickt und der alle wichtigen Fakten (Preise, Ausstattung etc.) der genannten Hotels auflistet. Als nützliches Nachschlagewerk erweisen sich zudem die Hotelführer Gault-Millau oder Guide Michelin, die auch im deutschen Buchhandel erhältlich sind.

In der Regel empfehlenswert sind die Häuser der Kette **Logis de France,** in der sich rund 200 kleinere, meist familiär geführte und eher günstige Hotels zusammengeschlossen haben. Sie verfügen zumeist auch über ein Restaurant mit regionaler Küche und werden je nach Komfort mit ein, bis drei Kaminen (gelb auf grünem Hintergrund) klassifiziert. Broschüren sind erhältlich beim CRT d'Auvergne (s. S. 218) und bei der Fédération des Logis de France, 83, av. d'Italie, 75013 Paris, Tel. 01 45 84 70 00, Fax 01 45 83 59 66, www.logis-de-france.fr.

Schlosshotels

In der Auvergne gibt es zahlreiche Schlösser, manche habe ihre Zimmerfluchten zahlenden Gästen geöffnet. Meist abseits von Städten, ruhig und idyllisch gelegen. Man rechne mit Preisen zwischen 90 und 300 € für ein Doppelzimmer. Mehrere Verbände verschicken Broschüren:

Relais du Silence, 17, rue d'Ouessant, 75015 Paris, Tel. 01 44 49 90 00, Fax 01 44 49 79 01, www.silencehotel.com.

Relais & Châteaux, 15, rue Galvani, 75017 Paris, Tel. 01 45 72 90 00, Fax 01 45 72 90 30, info@relaischateaux. com, www.relaischateaux.fr, Reservierung: Tel. 08 25 32 32 32, Fax 01 45 72 96 69.

Châteaux et Hôtels de France: 12, rue Auber, 75009 Paris, Tel. 01 40 07 00 20, Fax 01 40 07 00 30, info@ chateauxhotels.com, www.chateauxhotels.com. Verzeichnis 15 €.

Ferienhäuser (gîtes ruraux)

Besonders geeignet für Ferien mit Kindern oder zum Entspannen. Sie werden in der Regel wochenweise vermietet. Auch Ferienhäuser sind in vier Kategorien klassifiziert (ein bis vier Ähren). Buchen kann man diese Quartiere bei **Gîtes de France,** 59, rue Saint-Lazare, 75009 Paris, Tel. 01 49 70 75 75, Fax 01 42 81 28 53, www.gites-de-france.fr und www.resinfrance.com und bei **Clévacances,** www.clevacances.fr.

Gästezimmer (Chambres d'hôte)

Einfache Zimmer bei Privat, die in etwa mit den englischen Bed & Breakfast vergleichbar sind. Einen Katalog verschickt das CRT d'Auvergne (Accueil à la Campagne), umfassendere Verzeichnisse gibt es bei den regionalen bzw. lokalen Offices de Tourisme. Über die meist sehr gastfreundlichen Hauseigentümer kann man die typische Auvergne kennen lernen.

Wanderhütten (gîtes d'étape)

Einfache Hütten für Wanderer an den GR-Wegen, eine Voranmeldung ist meist erforderlich. Der »Guide Gîtes d'Étape et Réfuges« ist erhältlich über Annick et Serge Mouraret, 74 rue Albert Perdreaux , 78140 Vélizy, Tel. 01 34 65 11 89, www.gites-refuges.com.

Verkehrsmittel

Als Fortbewegungsmittel kann die **Bahn** in der Auvergne das Auto nicht ersetzen. Schöne Strecken sind aber die Tour von St-Flour über den Garabit-Viadukt ins Aubrac oder von Langeac durch die Gorges de l'Allier. Ermäßigungen auf die Tickets gibt die SNCF für Kinder unter 12 Jahren; daneben auch Ermäßigungskarten für Senioren und Leute zwischen 12 und 25 Jahren. Info über www.sncf.fr oder am Bahnhof (gare SNCF).

Busse verkehren selbst zwischen größeren Orten nur ein oder zweimal am Tag, zumeist morgens und abends. Auskünfte, Fahrzeiten und Tickets sind an den Busbahnhöfen (gares routières) und oft auch in den örtlichen Informationsbüros (s. S. 218) erhältlich.

Flugverbindungen S. 214

Zeit

In Frankreich gilt die gleiche Zeit wie in Deutschland; auf Sommerzeit (MEZ plus 1 Std.) wird zu den selben Terminen umgestellt.

Zeitungen

Die regionale Tageszeitung des Zentralmassivs ist *La Montagne*, die in Frankreich einen recht konservativen Ruf hat. Der jeweilige Lokalteil bietet eine Übersicht aktueller Veranstaltungen.

Ausländische Presse, auch deutsche Massenblätter, sind in der Hochsaison in den bedeutenden Touristenzielen erhältlich.

SPRACHFÜHRER

Wer in eigener Planung in Frankreich unterwegs ist, sollte schon ein wenig Französisch sprechen. Fremdsprachenkenntnisse (Englisch) sind seltener als bei uns, viele Franzosen setzen die Kenntnis ihrer Sprache einfach voraus und geben sich selbst wenig Mühe, eine Fremdsprache zu sprechen. Hilfreich sind folgende handliche Sprachführer: »Französisch (nicht nur) für Globetrotter« und »Französisch für Restaurant und Supermarkt«, beide von Gabriele Kalmbach, erschienen im Peter Rump Verlag, Bielefeld.

Begrüßung

Guten Tag	bonjour
Hallo	salut
Gute Reise	bonne journée
Guten Abend	bonsoir
Auf Wiedersehen	au revoir

Höflichkeit

Bitte	s'il vous plaît
Danke	merci
Verzeihung	pardon

Auskünfte

Wo ist …?	Où est …?
Wo gibt es …?	Où est-ce qu'il ya …?
Wann ist …?	Quand est …?
Auskunft	Information
fragen	demander
erklären	expliquer

Orientierung

links / rechts	à gauche / à droite
geradeaus	tout droit
hier / dort	ici / là

Verkehr

Auto	la voiture
Führerschein	le permis de conduire
Tankstelle	la station service
Benzin bleifrei	l'essence sans plomb
Diesel	le gazole (oder gazoil)
Pannenhilfe	le service de dépannage
Autobahn	l'autoroute
Rastplatz	l'aire
Ausfahrt	la sortie
Umleitung	le déviation
Autovermietung	la location de voiture
Parkplatz	parking
parken	stationner
Motorrad	la moto
Fahrrad	le vélo
Mountainbike	VTT
Bahnhof	la gare
Haltestelle	l'arrêt
Zug	le train
Flughafen	l'aéroport
Flugzeug	l'avion
Ankunft	l'arrivée
Abfahrt	le départ
Anschluss	la correspondance
Fahrschein	le billet
Zuschlag	le supplément
Rückfahrt	le retour

Geld

Bank	la banque
Unterschrift	la signature
Geld	l'argent
Kleingeld	la monnaie
Geldschein	le billet
Geldwechsel	le change
Was kostet …?	C'est combien …?
Rechnung	l'addition
Quittung	le reçu, la facture
bezahlen	payer
in bar	en espèces
mit Scheck	par chèque

Kreditkarte — la carte de crédit

Im Hotel

Empfang — l'acceuil, la réception
Zimmer — la chambre
Aufenthalt — le séjour
Nacht — la nuit
Haben Sie noch Zimmer frei?
  Il vous reste des chambres libres?
Kann ich es anschauen?
  Puis-je la voir?
Wie teuer ist das Zimmer?
  La chambre est à combien?
Ist das Frühstück inbegriffen?
  Le petit déjeuner est inclus?
Aufzug — l'ascenseur
Gepäck — les bagages
Schlüssel — la clé
Badezimmer — la salle de bains
Dusche — la douche
Doppelbett — le grand lit
Zusatzbett — le lit supplémentaire
  (für Kinder)
Bettdecke — la couverture
Handtuch — la serviette
Heizung — le chauffage
Kopfkissen — l'oreiller
Mülleimer — la poubelle
Zelt — la tente
wecken — réveiller

Im Restaurant

Frühstück — le petit déjeuner
Mittagessen — le déjeuner
Abendessen — le dîner
Wasser — l'eau
Ascher — le cendrier
Speisekarte — la carte
Tagesgericht — plat du jour
Haben Sie einen Tisch für zwei Personen?
  Il vous reste une table pour deux personnes?
Herr Ober bitte!
  Monsieur (Madame), s'il vous plait!
Haben Sie schon gewählt?
  Vous avez déjà fait votre choix?
Können Sie uns etwas empfehlen?
  Est-ce que vous pouvez nous recommander quelquechose?
Ich möchte bitte noch etwas Brot!
  Je voudrais encore un peu de pain, s'il vous plaît!
Wie möchten Sie das Fleisch bitte?
  Comment désirez-vous votre viande?
Ich möchte es blutig / rosa / gut durch.
  Je l'aimerai saignant / à point / bien cuit.

Zahlen

1	un, une	12	douze	50	cinquante
2	deux	13	treize	60	soixante
3	trois	14	quatorze	70	soixante-dix
4	quatre	15	quinze	80	quatre-vingt
5	cinq	16	seize	90	quatre-vingt-dix
6	six	17	dix-sept	100	cent
7	sept	18	dix-huit	200	deux cents
8	huit	19	dix-neuf	300	trois cents
9	neuf	20	vingt	1000	mille
10	dix	21	vingt-et-un	2000	deux mille
11	onze	30	trente	1999	mille neuf cent quatre-vingt dix-neuf
		40	quarante		

Kulinarisches Lexikon

à la jardinière mit Gemüsebeilage

aligot Kartoffelbrei mit Tomme-Käse

assiette de charcuterie Wurstplatte

bavette d'aloyau Filetspitzen

boudin aux pommes Bratwurst mit Kartoffeln

cèpes Steinpilze

chanterelles Pfifferlinge

chèvre chaud warmer Ziegenkäse, oft auf Salat

chiffonnade au cantal Salat mit frischem Cantal-Käse, Croûtons und geräucherter Gänsebrust

chou de la ménette Kohlauflauf mit Speck, Cantal-Käse und Sahne

chou farci Kohlauflauf mit Ei-Speck-Sauerampferfüllung

clafoutis Rührteigkuchen mit Kirschen

coq au vin Hühnchen mit Gemüse in Rotwein

coquilles Saint-Jacques Jakobsmuscheln

cornets de Murat Mürbteighörnchen mit Sahne und Früchten

entrecôte Zwischenrippenstück (›Hohe Rippe‹), häufig servierte Grillade

épinard Spinat

farine de châtaignes Kastanienmehl

farinettes Eierpfannkuchen mit zerlassener Butter

faude Kalbsbrust, mit Schweinehack gefüllt

filet de féra Felchen-Filet

foie de veau Kalbsleber

foie gras fein passierte Gänseleber

fouace Hefeteigkranz mit eingemachten Früchten

gésiers de volaille Geflügelmägen

gigot d'agnot Lammkeule

jambon à os Knochenschinken

jambon cru Schinken ungeräuchert

joue de porc zartes Fleisch von der Schweinebacke im Darm gebraten

jus de noix Sauce mit Walnuss

magret de canard Entenbrust

omble chevalier Seesaibling, typ. Fisch der Vulkanseen

papillote de veau Kalbsrouladen

pâté de pommes gedeckter Apfelkuchen

pâté de pommes de terre Kartoffeln in Blätterteig mit Sauerrahm

pavé Viereck‹, bezeichnet Kuchen, Filetstücke oder Käse

petit salé aux lentilles vertes Kasslerfleisch mit grünen Linsen

petits gris eine Schneckenart

pied de porc Schweinshaxe

pignons de pins Pinienkerne

potée Gemüseeintopf mit Kassler

pounti Gemüse-Hackfleisch-Pastete mit Backpflaumen

rillettes eingekochtes Schweinefleisch

ris de veau Kalbsbries (Kalbshirn)

salade au cabécou Salat mit Steinpilzen, Walnüssen, Marronen und Cabécou-Ziegenkäse von den Causses

salade auvergnate Salat mit Bleu-Käse, Croûtons, Walnuss und Schinken

saumon aux lentilles Lachs mit Linsen

selle d'agneau Lammrücken

steak frites Steak mit Pommes frites

steak hachée Frikadelle, Bulette

tarte aux myrtilles Mürbteigkuchen mit Heidelbeeren

terrine de foie gras Pastete mit Gänseleber

tripes Kutteln

tripoux eingekochte Würste mit Kalbsinnereien

truffade Stampfkartoffeln mit Cantal-Käse

truite au lard Forelle im Speckmantel

REGISTER

ATLAS
AUVERGNE & CEVENNEN

LEGENDE

1 : 500.000

0   15 km

A 71	Autobahn	Schloss, Burg /-ruine
	Schnellstraße	Kloster /-ruine
N79	Fernstraße	Kirche, Kapelle
	Hauptstraße	archäologische Stätte
	Nebenstraße	Sehenswürdigkeit
	Autobahn in Bau	Höhle
	Départementgrenze	Wasserfall
	National-, Regionalparkgrenze	Skigebiet
	Eisenbahn	Heilbad
	Flughafen / Flugplatz	Aussichtspunkt

Loye-sur-Arnon
Faverdines
La Celette
La Perche
Braize
Bardais
Étang de Pirot
Couleuvre
Franchesse

St-Christophe-Baudry
Épineuil-le-Fleuriel
Urçay
978A
Vitray
Tronçais
Le Breure
Le Breure
des Andars
Cerilly
St-Plaisir
Bourbon-l'Archambault

Meaulne
Le Brethon
Château du Creux
La Roche
St-Caprais
Le Vilhain
Theneuille
Ygrande
St-Aubin-le-Monial
Château de Plessi

Vesdun
St-Vitte
Vallon-en-Sully
Hérisson
Louroux-Bourbonnais
Château de la Salle
Vieure
Gipcy

Éloy-Allier
St-Désiré
Nassigny
Maillet
Le Chat
Aumance
Oeil
Cosne-d'Allier
Buxières-les-Mines
Saint-Hilaire

Courçais
Chazemais
Reugny
Magnette
Givarlais
Venas
Tortezais
ALLIER

Viplaix
Audes
Estivareilles
Louroux-Hodement
Sauvagny
Villefranche-d'Allier
Chavenon
Rocles
Tronc
Le Mo

La Chapelaude
Vaux
Bizeneuille
Verneix
Murat
Chappes
Deux-Chaises

Huriel
St-Victor
St-Angel
Deneuille-les-Mines
St-Priest-en-Murat
St-Marcel-en-Murat
Voussa

Frontenat
Domérat
St-Martinien
Désertines
Les Theix
Chamblet
Doyet
Château de la Souche
Bézenet
Sazeret
Montmarault
Target

Quinssaines
Prémilhat
Montluçon
Néris-les-Bains
Commentry
Montvicq
Montmarault
Louroux-de-Beaune
Blomard
Vernusse

Lamaids
Viersat
Lignerolles
Teillet-Argenty
St-Genest
Villebret
Durdat-Larequille
Colombier
Beaune-d'Allier
Oeil

Lépaud
Budelière
Mazirat
Ternat
Ronnet
La Celle
Ars-les-Favets
Lapeyrouse
Louroux-de-Boule
Bellenaves
Monesti

Chambon-sur-Voueize
Chambonchard
Marcillat-en-Combraille
La Crouzille
Montaigut
Moureuille
Château de Beauvoir
Échassières
Valignat
Veauce
Vicq
Ébreuil

St-Julien-la-Genête
Évaux-les-Bains
St-Marcel-en-Marcillat
Abbaye de Bellaigue
Youx
St-Éloy-les-Mines
Servant
Chouvigny
Lalizolle
St-Gal-sur-Sioule
St-Quin-sur-Siol

Sannat
Reterre
Château sur-Cher
Pionsat
La Cellette
Le Quartier
Menat
Teilhet
Pouzol
St-Pardoux

Arfeuille-Châtain
St-Maurice-près-Pionsat
St-Maigner
St-Julien-la-Geneste
Goutières
Lisseuil
Blot-l'Église
St-Hilaire-la-Croix

Mainsat
Rougnat
Charron
Roche-d'Agoux
Espinasse
St-Gervais-d'Auvergne
Châteauneuf-les-Bains

Auzances
Vergheas
Biollet
St-Priest-des-Champs
Sauret-Besserve
Queuille
Charbonnières-les-Vieilles
Combronde

Compas
Les Mars
Brousse
Dontreix
Charensat
Viaduc des Fades
St-Georges-de-Mons
Manzat
Prompsat

Lioux-les-Monges
Chard
Montel-de-Gelat
Les Ancizes-Comps
Comps
Chapdes-Beaufort
Château de Chazeron

Mérinchal
Tralaigues
Villosanges
Mirefont
Charbonnières-les-Varennes
Château de
Mozac

A · B · C

Rocher d'Agoux · Espinasse · St-Gervais-d'Auvergne · Biot-l'Église · St-Hilaire-la-Croix · N 144

Auzances · Vergheas · S. 230 · Châteauneuf-les-Bains · Charbonnières-les-Vieilles · Combronde

Le Compas · Les Mars · Dontreix · Biollet · St-Priest-des-Champs · Sauret-Besserve · Queuille · Manzat · Loubeyrat · Prompsat

oux-les-Monges · Brousse · Charensat · Barrage de Besserve · Viaduc des Fades · St-Georges-de-Mons · Château de Chazeron · Châ

Chard · Montel-de-Gelat · Les Ancizes-Comps (Les Ancizes) · Chapdes-Beaufort · Charbonnières-les-Varennes · Château de Tournoël · Mozac

Mérinchal · Villosanges · Miremont · Pulvérières · Volvic · 986 · Marsat

St-Bard · Tralaigues · St-Avit · 941 · Pontaumur · Montfermy · St-Ours · 941 · Malauzat · 941 · Blanzat · Ch

La Villeneuve · La Celle · Condat-en-Combraille · La Goutelle · Château Dauphin · Puy Chopine 1181 m · Sayat · Nohanent

cq · St-Hilaire-les-Monges · 941 · Bromont-Lamothe · Pontgibaud · 941B · Parc Vulcania · Durtol · Monte

Fernoël · Voingt · Giat · Maison du Patrimoine · Puy-St-Gulmier · Cisternes-la-Forêt · Mazaye · Orcines · Puy de Dôme 1464 m · Chamalières · Royat

roq · Flayat · Étang de la Ramade · Verneugheol · Sauvagnat · Gelles · Ceyssat · Olby · Beaumont · St-Genès-Champanelle · Romagnat

St-Merd-la-Breuille · St-Germain-près-Herment · Tortebesse · l'Éclache · Olby · Château de Cordès · Nébouzat · Puy de la Vache 1167 m · N 89 · Le Crest

Feyt · Lastic · Heume-l'Église · Rochefort-Montagne · St-Bonnet-près-Orcival · Montlosier · St-Amant-Tallende

Briffons · Rochefort-M. · Perpezat · Orcival · Ribeyre · 983 · Lac d'Aydat · Aydat

ygurande · Monestier-Merlines · Bourg-Lastic · St-Julien-Puy-Lavèze · E 70 · N 89 · Laqueuille · Saulzet-le-Froid · Cournols

Merlines · A 89 · Messeix · St-Sauves-d'Auvergne · 922 · Lac de Guéry · Puy de la Védrine 1311 m · Le Vernet-Ste-Marguerite · Olloix

Ussel-Est · Savennes · St-Étienne-aux-Clos · Singles · Avèze · 996 · 130 · Murat-le-Quaire · Le Mont-Dore · 983 · 996 · Chambon-sur-Lac · Las Chambon · St-Nectaire · Champ

Thalamy · La Bourboule · Tour Sancy · Grande Cascade · Puy de Sancy 1885 m · Chambon-des-Neiges · Murol · Grandeyrolles · St-Diéry · 978 · St-Floret

oux · Tauves · St-Pardoux · La Tour-d'Auvergne · Chastreix · Super-Besse · La Villetour · Grotte de Jonas · St-Pierre-Colamine · Saurier · Ronzie

St-Bonnet-près-Bort · Larodde · Trémouille-St-Loup · Bagnols · St-Donat · Lac Pavin · Besse-et-St-Anastaise · Chas

Labessette · Cros · Picherande · Dauzat-sur-Vodable · Valbeleix · Ter

Château de Val · Beaulieu · Plateau de l'Artense · St-Genès-Champespe · Parc Naturel Régional · Compains · Rentières

Château Pierrefitte · Lanobre · 922 · Bort-les-Orgues · Champs-sur-Tarentaine-Marchal · Lac de Lastioulles · Égliseneuve-d'Entraigues · Chanterelle · La Godivelle · Boutaresse · St-Alyre-ès-Montagne · Couze d'Arde

Pierre · Trémouille · Montboudif · Montgreleix · Mont Chamaroux 1476 m · Signal de Luguet 1551 m · Anzat-le-Luguet · Bou

Madic · Château de Couzans · Antignac · St-Étienne-de-Chomeil · St-Amandin · Condat · Marcenat · Cézallier · Levraux

Saignes · Vébret · Chastel-Marlhac · Riom-ès-Montagnes · Menet · S. 234 · Chastel · St-Bonnet-de-Condat · Landeyrat · Pradiers · des Volcans d'Auvergne · Brèche de Giniol · Laurie · S. 23

AUVERGNE

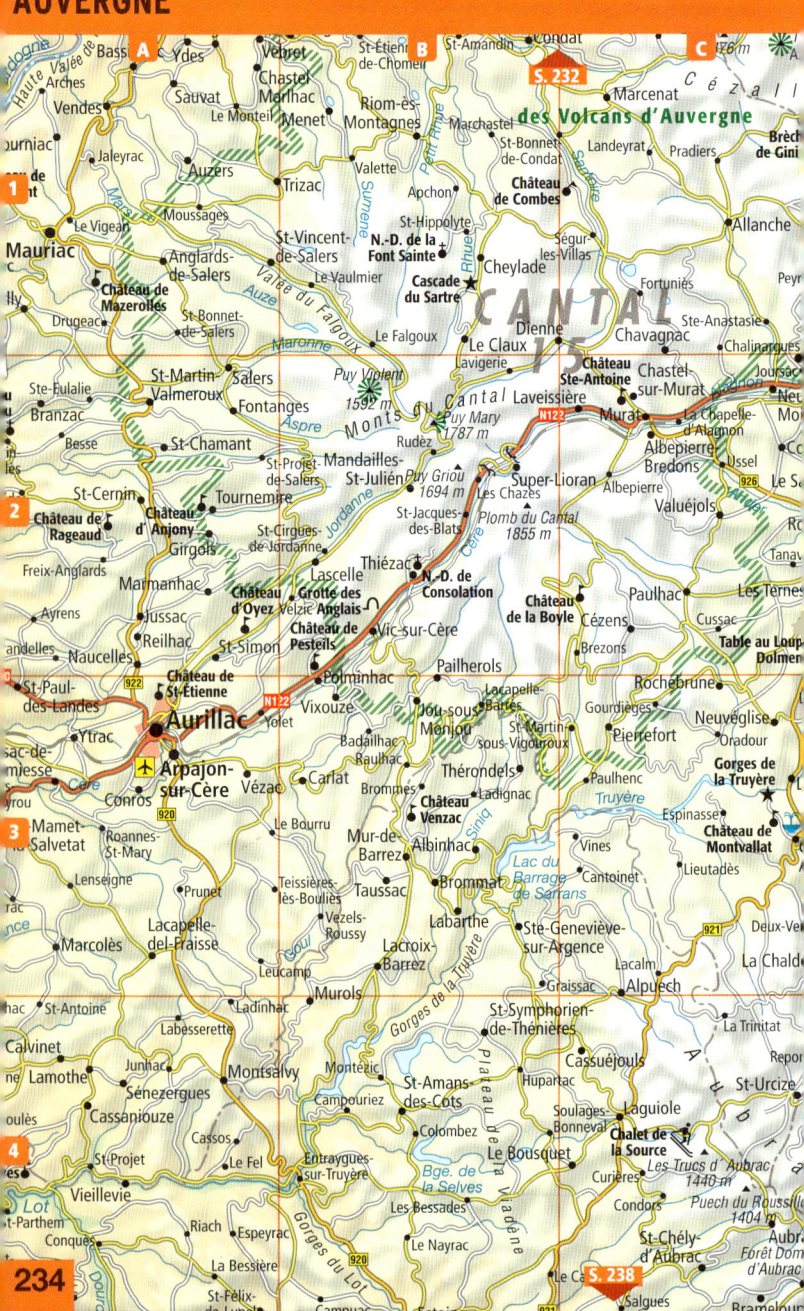

A **B** **C**

Haute Vallée de Bass - Ydes - Velbrot - St-Étienne-de-Chomeil - St-Amandin - Condat - 476 m

Arches - Chastel - Riom-ès-Montagnes - Marchastel - **S. 232** - Marcenat - Cézall - Bréch de Gini

Vendes - Sauvat - Le Monteil - Menet - Valette - Apchon - Marchastel - **des Volcans d'Auvergne** - St-Bonnet-de-Condat - Landeyrat - Pradiers

Jaleyrac - Auzers - Trizac - Valette - St-Hippolyte - **Château de Combes** - Allanche

Le Vigean - Moussages - St-Vincent-de-Salers - **N.-D. de la Font Sainte** - Cheylade - Ségur-les-Villas - Peyr

Mauriac - Anglards-de-Salers - Le Vaulmier - **Cascade du Sartre** - Dienne - Fortuniès - Ste-Anastasie

lly - **Château de Mazerolles** - St-Bonnet-de-Salers - Le Falgoux - Lavigerie - Le Claux - Chavagnac - Chalinargues

Drugeac - Ste-Eulalie - St-Martin-Valmeroux - Salers - Fontanges - **Puy Violent** 1592 m - **Château Ste-Antoine** - Chastel-sur-Murat - La Chapelle-d'Alagnon - Net - Mo

Branzac - Besse - St-Chamant - **Mont** du **Cantal** - Puy Mary 1787 m - Laveissière - Murat - Albepierre - Bredons - Ussel - Le S

St-Cernin - Tournemire - Mandailles-St-Julien - **Puy Griou** 1694 m - Rudez - Super-Lioran - Les Chazes - Albepierre - Valuéjols - 926

Château de Rageaud - **Château d'Anjony** - Girgols - St-Projet-de-Salers - St-Cirgues-de-Jordanne - St-Jacques-des-Blats - **Plomb du Cantal** 1855 m - Tanai - Ro

Freix-Anglards - Marmanhac - Lascelle - Thiézac - **N.-D. de Consolation** - Les Ternes - Cussac

Ayrens - Jussac - **Château d'Oyez** - Velzic - **Grotte des Anglais** - Paulhac - **Table au Loup-Dolmen**

andelles - Naucelles - Reilhac - St-Simon - **Château de Pesteils** - Vic-sur-Cère - **Château de la Boyle** - Cézens - Brezons

St-Paul-des-Landes - **Château de St-Étienne** - Polminhac - Pailherols - Rochebrune - Neuvéglise

Ytrac - **Aurillac** - 922 - Yolet - Vixouze - Jou-sous-Monjou - Lacapelle-Barbès - Gourdièges - Pierrefort - Oradour

sac-de-miesse - **Arpajon-sur-Cère** - Badailhac - St-Martin-sous-Vigouroux - Paulhenc - **Gorges de la Truyère**

yrou - Conros - Vézac - Carlat - Raulhac - Thérondels - Ladignac - Truyère - Espinasse

Mamet-Salvetat - Roannes-St-Mary - 920 - Le Bourru - Brommes - **Château Venzac** - Vines - Cantoinet - **Château de Montvallat**

Lenseigne - Prunet - Teissières-lès-Boulies - Mur-de-Barrez - Albinhac - Brommat - Lac du Barrage de Sarrans - Lieutadès - 921

rac - Marcolès - Lacapelle-del-Fraisse - Vézels-Roussy - Taussac - Labarthe - Ste-Geneviève-sur-Argence - Lacalm - Deux-Ve

nce - Leucamp - Lacroix-Barrez - Graissac - Alpuech - La Chald

hac - St-Antoine - Ladinhac - Murols - **Gorges de la Truyère** - St-Symphorien-de-Thénières - La Trinitat - Repor

Calvinet - Labesserette - Montézic - Cassuéjouls - St-Urcize

ne - Lamothe - Junhac - Montsalvy - St-Amans-des-Cots - Hupartac - Soulages-Bonneval - Laguiole

oulès - Sénezergues - Cassaniouze - Campouriez - Colombez - Le Bousquet - **Chalet de la Source** - Les Trucs d'Aubrac 1440 m

Cassos - Entraygues-sur-Truyère - Bge. de la Selves - Curières - Puech du Roussil 1404 m

St-Projet - Le Fel - Vieillevie - Riach - Espeyrac - Les Bessades - Condors - Aubra - Forêt d'Aubrac

st-Parthem - Conquès - La Bessière - Le Nayrac - St-Chély-d'Aubrac - Dom d'Aubrac - Bramelou

St-Félix-de-Lunel - Campuac - Estaing - **S. 238** - Salgues - Hautes - 921

AUVERGNE

1 cm = 5 km   1 : 500.000

0   15 km

Nova · Doranges · Arlanc

St-Sauveur-la-Sagne · Dore-l'Église

Medeyrolles · Sauvessanges

Estivareilles · La Tourette · Caloire (Vareilles)

St-Nizier-de-Fornas · St-Maurice-en-Gourgois

Fraisses · Unie · Château des Bruneaux · Aurec-sur-Loire

Doulon · Malvières · St-Jean-d'Aubrigoux · St-Victor-sur-Arlanc

Usson-en-Forez · Apinac · St-Pal-de-Chalencon · St-Hilaire-Cusson-la-Valmitte · Malvalette

Rozier-Côtes-d'Aurec · N88 · St-d'^ · Po · Salon

istrières · La Chaise-Dieu · es-sur-Doulon

Bonneval · Sembadel-Gare · Félines · Craponne-sur-Arzon · Boisset · St-Julien-d'Ance · Tiranges

Château de Rochebaron · Valprivas · Bas-en-Basset · 12 · La Séauve-sur-Sémène

Monistrol-sur-Loire · 5

St-Pal-de-Senouire · Jullianges · St-Georges-Lagricol · Chomelix

Chalencon · St-André-de-Chalencon · Beauzac · 42 · 43 · St-Pal

Collat · St-Pierre-du-Champ · St-Maurice-de-Roche · 46 · St-Maurice-de-Lignon · Les Villettes · 44 · Ste-Sigolène · Dunières

La Chapelle-Bertin · Monlet · Bellevue-la-Montagne · 9 · Retournac · Beaux · Grazac · Montfau

Ste-Marguerite · Allègre · Céaux-d'Allègre · 906 · Chamalières-sur-Loire · Lapte · 105

Mazerac-Aurouze · Château de Chavaniac-Lafayette · Vernassal · Vorey · St-Geneys-près-St-Paulien · St-Julien-du-Pinat · Versilhac

St-Geneys · St-Paulien · Château de Lavoûte-Polignac · Beaulieu · Rosières · Yssingeaux · N88 · Château de la Borie

Vissac · Château de la Rochelambert · Blanzac · Lavoûte-sur-Loire · Malrevers · Bessamorel · St-Jeures · Tenc

Vazeilles-Limandre · 906 · Loudes · Chaspinhac · Monibrand · Araules · Queyrières · Le Ch

St-Romain · Château · Chaspuzac · N102 · Polignac · St-Étienne-Lardeyrol · St-Hostien · Le Ch

arcons-lier · St-Julien-des-Chazes · Le Thiolent · 484 · Espaly · Château de Polignac · Blavozy · St-Pierre-Eynac · Massif du Meygal 1436 m · St-Voy · Maze · St-Vo

St-Bérain · Vergezac · Ceyssac · St-Marcel · Le Puy-en-Velay · St-Germain-Laprade · St-Julien-Chapteuil · 15

Prades · Bains · Vals-près-le-Puy · Volhac · Lantriac · Montusclat · Fay-sur-Lignon

St-Privat-d'Allier · St-Christophe-sur-Dolaison · 906 · N88 · Coubon · Gagne · Laussonne · St-Front · Chaudeyrolle · 3

Château Rochegude · St-Jean-Lachalm · Séneujols · Solignac-sur-Loire · Le Monastier-sur-Gazeille · Moudeyres

Monistrol-d'Allier · Le Devès 1421 m · Cayres · Le Brignon · Freycenet-la-Tour · Mont d'Alambre 1691 m

St-Préjet-d'Allier · Le Pont-d'Alleyras · Alleyras · Lac du Bouchet · St-Martin-de-Fugères · Présailles · Les Estables · Mont Mézenc 1753 m · Borée

Croisances · Le Bouchet-St-Nicolas · Costaros · Goudet · Vachères · Anc. Chartreuse de Bonnefoy

St-Vénérand · St-Christophe-d'Allier · St-Haon · Arlempdes · Salettes · Le Béage · Le Gerbier de Jonc 1551 m · Source de la Loire

phorien · Chambon-le-Château · Chabreaux · 88 · Landos · Barges · Le Lac-d'Issarlès · Les Jalades · Ste-Eulalie

Laval-Atger · 988 · Condres · Rauret · N88 · St-Paul-de-Tartas · Coucouron · Cros-de-Géorand · Usclades-et-Rieutord · Pérey

Château Fort · St-Étienne-du-Vigan · Issanlas · St-Cirgues-en-Montagne

Grandrieu · Fontanes · Auroux · Pradelles · N102 · Loire · Bur · 4

Baraques-de-la-Motte · Chastanier · Naussac · Lespéron · Lanarce · Montpezat-sous-Bauzon

Sauveur-inestoux · St-Jean-la-Fouillouse · Rocles · Langogne · Mazan-l'Abbaye · Mevras

andon · S. 239 · Arzenc · Nandon · Pierrefiche · N88 · St-Alban-en-Montagne · Astet · Barnas · Thueyts

Pierre · Chaudeyrac · St-Étienne-de-Lugdarès · Mayres · Ardèche

ARDÈCHE

237

AUVERGNE

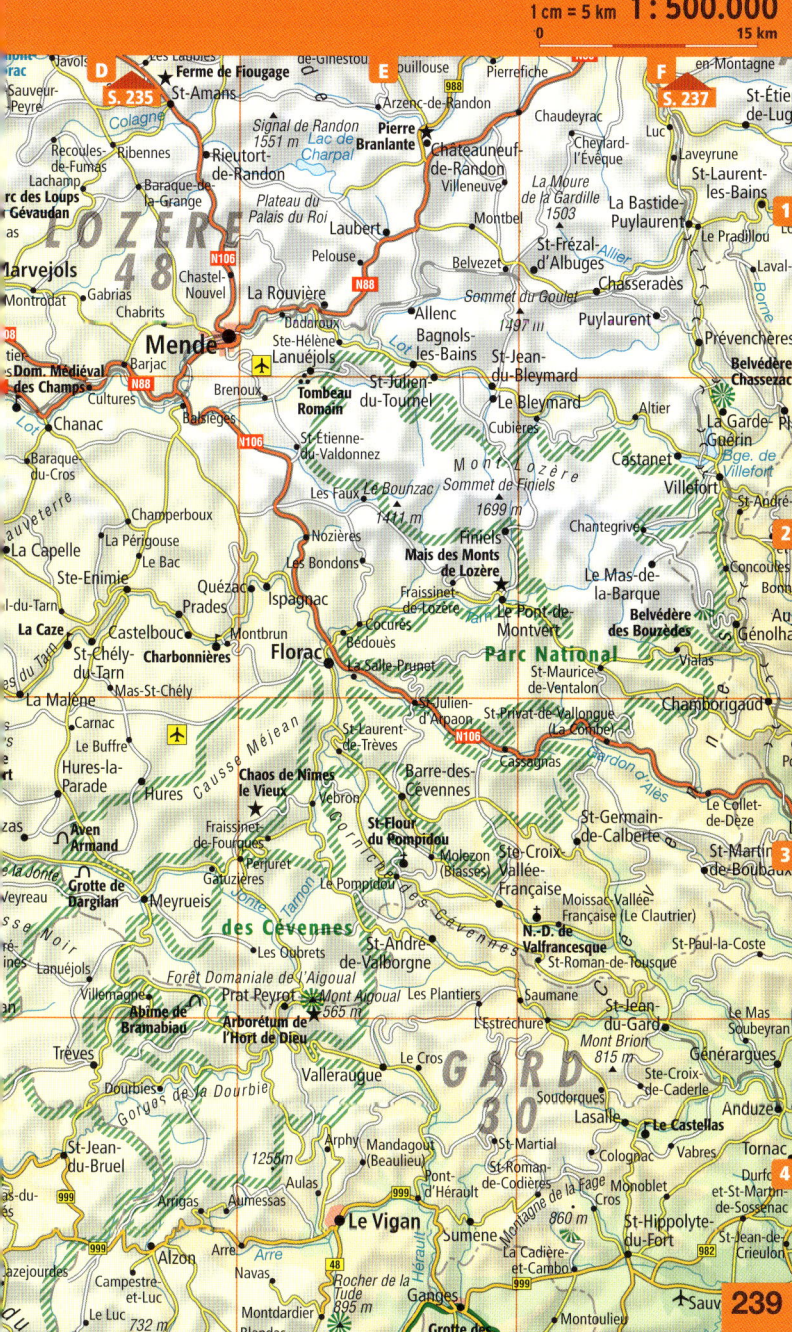

Impressum

Bildnachweis

Das Fotoarchiv (Essen) S. 188 (Jörg Meyer), 209 (Jochen Tack)

laif/Heiko Specht (Köln): S. 10, 21, 23, 30, 33, 39, 41, 49, 56, 60, 62, 68/69, 73, 79, 81, 83, 86/87, 90, 109, 130, 139, 141, 153, 154, 161, 168, 170/171, 175, 180, 185, 191, 193, 194, 197, 200, 206, Klappe hinten

Hans E. Latzke (Bielefeld): S. 19, 27, 36, 50, 55, 72, 113, 183

Martin Thomas (Aachen): Titel, Klappe vorn, S. 1, 2/3, 12/13, 45, 93, 100, 115, 120/121, 123, 128/129, 135, 147, 158, 164, 179, 210

Abbildungen

Titelbild: Die Burgruine von Polignac nördlich von Le Puy-en-Velay

Umschlagklappe vorn: Col de la Croix-Morand, ein Pass in den Monts Dore

Umschlagklappe hinten: St-Michel d'Aiguilhe in Le Puy-en-Velay

S. 2/3: Kanufahrer in den Gorges de l'Allier bei St-Julien-des-Chazes

Kartografie

DuMont Reisekartografie
© DuMont Reiseverlag, Ostfildern

© DuMont Reiseverlag, Ostfildern
2., aktualisierte Auflage 2005
Alle Rechte vorbehalten
Grafisches Konzept: Groschwitz, Hamburg
Druck: Rasch, Bramsche
Buchbinderische Verarbeitung: Bramscher Buchbinder Betriebe

Printed in Germany   ISBN 3-7701-6065-7